JN017539

債権総論

［第2版］

石田 剛・荻野奈緒・齋藤由起

［著］

N B S

**Nippyo
Basic Series**

日評ベーシック・シリーズ

🐚日本評論社

第2版はしがき

　本書の初版は2018年10月に刊行された。2017年の債権法改正後5年余りの間に、民法に関するいくつかの大きな法改正が続いて行われた。また、債権総論の規定をめぐる解釈論もこの間、大いに進展し、いくつかの重要な最高裁判例も出ている。

　そこで、このような最近の法改正と判例・学説における議論状況をふまえたうえで、全体を精査し、本書第2版を刊行することにした。重要裁判例の情報を追加するとともに、よりわかりやすい説明になるよう、必要に応じて記述を大幅に見直し、図表をより見やすいものにするための工夫を施した。また、第2版においては、原則として、2017年債権法改正の経緯に関する説明を省き、現行規定を所与のものとして解説する書きぶりに改めた。そのため、現行規定の内容を理解するうえで特に有用と考えられる場合にかぎり、2017年改正前民法の規定にさかのぼった説明が付されている。

　とはいえ、初版のはしがきで述べた本書のコンセプトに何ら変わりはない。

　本書は、これから民法をはじめて学ぶ読者が、とくに予備知識がなくても、無理なく債権総論の全体像と骨組みを理解することができるようになるための入門書として構想されている。

　将来、読者が法律に関係する専門職に就くかどうかと関係なく、民法を学んだ社会人としてぜひ身に着けてほしい内容は何かについて、3人の執筆者の間で、じっくりと会合を重ねて議論し、扱うべき項目を厳選した。その結果、細かな条文の解説を割愛した部分は少なくない。反面、取り上げるべきだと判断した根幹的な項目については、紙幅を節約することは一切せず、適宜図表を入れるなどして、しっかりと厚く解説するスタンスを貫いている。できるだけ教室で目の前に座っている学生に語りかけているような雰囲気がただよう文体をこころがけた。

本書の最大の特色は、債権総論の教科書としては異例の３部構成（第１部「債権の内容とその実現」第２部「債権回収の可能性を高める制度」第３部「当事者の変更」）にある。これは民法第３編「債権」第１章「総則」に置かれている各制度が社会で実際にどのような役割を果たしているか、という機能的な観点から、扱うべき内容の順序を部分的に再構成した結果である。そのため、叙述の順序が民法の条文の配列に即していない部分がある。再構成の趣旨は、本文の冒頭「はじめに」で、具体例も交えてかなり詳しく説明してあるので、とくに債権総論を初めて学ぶ人は、この部分を最初に丁寧に読んでいただきたい。すでに民法をある程度学習済みの読者は読み飛ばしてもおそらく支障はないであろうが、これまでの学習の総括・確認としても意味のある内容にしたつもりである。

　さらに、やや難しい解釈論上の問題や発展的な問題については、随所に囲みのコラムを設け、ちょっと立ち止まって思考をめぐらせる場も散りばめておいた。入門書とはいえ、「学問の楽しみ」の一端に触れてほしいとの思いからである。そうした記述を手掛かりに、少しでも関心や疑問をもった点については、より本格的な体系書や参考書もあわせて参照し、さらに一歩進んだ勉強へとつなげていってもらえれば、望外の幸いである。

　本書が、初版に続いて、はじめて民法を学ぶ読者が迷子になることなく債権総論の全体像を頭の中に定着させるための一助となる書物として、また、すでに民法を一通り勉強している読者にとって、短時間で債権総論の全体像を再学習する際に有用な書物としても、愛されることを、執筆者一同、心より願っている。

2023年8月

石田　剛・荻野奈緒・齋藤由起

債権総論

第7章　保証…170

第3部　当事者の変更

略語一覧

*本文中、民法については表記を省略している。また、関連法令も含め条文はすべて改正民法施行後の条文である。

Ⅰ　主要法令名

一般社団	一般社団法人及び一般財団法人に関する法律
会更	会社更生法
会社	会社法
貸金業	貸金業法
供託	供託法
国年	国民年金法
借地借家	借地借家法
出資法	出資の受入れ、預り金及び金利等の取締りに関する法律
商	商法
生活保護	生活保護法
通貨	通貨の単位及び貨幣の発行等に関する法律
動産債権譲渡特	動産及び債権の譲渡の対抗要件に関する民法の特例等に関する法律
動産債権譲渡登記規	動産・債権譲渡登記規則
日銀	日本銀行法
破	破産法
不登	不動産登記法
民再	民事再生法
民施	民法施行法
民執	民事執行法
民訴	民事訴訟法
利息	利息制限法
労基	労働基準法
労契	労働契約法

Ⅱ　判例集

民録	大審院民事判決録
民集	最高裁判所民事判例集、大審院民事判例集
裁時	裁判所時報
新聞	法律新聞
判時	判例時報
金判	金融・商事判例
家月	家庭裁判月報

はじめに

1　債権総論とは

　本書は「債権総論」の教科書である。しかし、民法の目次を見ても、「債権総論」という表題は見当たらない。では、「債権総論」とはどのような法分野なのだろうか。

　「債権総論」が扱う範囲は、民法第3編「債権」のうち、主に第1章「総則」の諸規定である。これに対して、同編第2章「契約」、第3章「事務管理」、第4章「不当利得」および第5章「不法行為」は、合わせて「債権各論」と呼ばれることもある。そうすると、「債権総論」はあらゆる場面に妥当する一般的な規定であり、「債権各論」は個別の状況に応じた特別の規定であるように思われる。それはそうなのだが、事はそう単純ではない。なぜなら、契約、事務管理、不当利得、不法行為はいずれも債権の発生原因であり、第2章から第5章には、どのような場合にどのような内容の債権が発生するのかが（も）規定されている。これに対して、第1章には、債権の発生原因に関する規定は存在しない。それは、同章が、発生原因にかかわらず、債権に共通の性質や効力に関するルールを括りだしているからである。したがって、同章の規定は、債権の発生原因にかかわらず、あらゆる債権に適用されうる。「債権総論」に含まれるルールには抽象度の高いものが多いが、それは以上のような特徴から説明できる。「債権総論」は、債権の発生原因とは切り離された形で、抽象的に、およそ「債権」に妥当するルールを構想するという考え方にたっているのである。

　たとえば、あなたが友人に1週間後に返してもらう約束で1万円を貸したと

しよう。このとき、あなた（貸主）と友人（借主）の間には金銭消費貸借契約（587条）という契約が成立する。この契約に基づいて、貸主は借主に対して返済期日が到来すると貸金の返還を請求することができる権利を取得する（借主の側からみれば、借主は貸主に対して借入金を返還する義務を負う）。このように特定の人に対して一定の行為を請求する権利として成立し、かつその特定の人に対して効力を主張することが予定されている権利を民法は「債権」と呼んでいる。

　上の例で、1週間後（借金の返済期日）になると、誠実な借主であれば、貸主から促されなくても、1万円を返すのが普通である。そして、借主が借入金を貸主に返還すると、つまり債務者が債権者に対して自らの債務を履行すると、貸主の債権は存在意義を失って消滅するものと考えられる。すなわち、貸主の債権は、そう遠くない将来に債務者の行為により消滅することがはじめから予定されており、そのような経過をたどることが社会的に期待されている。

　しかし、日々の社会生活において、人は誠実にふるまう場合もあれば、そうでない場合もある。最初から踏み倒してやろうという腹で借金をする輩もいるだろうし、返済する気持ちはあっても、資金が足りずにできない場合もある。借金をしてから返済期日が到来するまでの間に、想定外の出来事が生じたり、債務者の財産状態が悪化して、返済することができなくなることもあるだろう。債権が予定されたとおりに実現されないことも少なくないが、債権者は債務者以外の第三者に債務を履行するよう請求することはできない。このように、債権は、特定の人が特定の人に対してのみその効力を主張することができるという意味で相対的な権利であり、かつ債務者に対して一定の行為を求めることを内容とする権利であるため、その実現可能性が不確実であるという性質を免れない。

　ところで、このような性質をもつ権利は、契約以外の原因によっても発生しうる。たとえば、あなたが自転車で走っている際にわき見をしていたことから散歩中のお年寄りにぶつかって、怪我をさせてしまったとしよう。このとき、怪我をしたお年寄り（被害者）はあなた（加害者）に対して不法行為に基づく損害賠償債権を取得する（709条）。このような場合にも、加害者と被害者との間に相対的な権利としての債権が発生するのである。そして、加害者は被害者に生じた損害を填補するために、賠償金を自発的に支払うことが社会的に期待さ

れており、賠償金が支払われれば、損害賠償債権は目的を達成して消滅する。しかし、加害者が不誠実である場合や、その資力が乏しい場合に、被害者の損害賠償債権が満足を受けることはやはり難しい。

このように、契約を発生原因とする場合もそうでない場合も、「債権」に関する共通の問題が生じる。そこで、「契約総則」としてではなく、「債権総則」として、つまり債権の具体的な発生原因いかんにかかわらず、債権という抽象的な概念を通して共通に捉えられるべき問題がまとめられているのである。

ちなみに、このような抽象的・一般的規定を括りだすという方式は「パンデクテン方式」と呼ばれ、民法全体にみられる。民法第1編は「総則」であるし、第2編「物権」の第1章も「総則」である。他方、第3編第2章「契約」の第1節も「総則」であるし、同章第3節「売買」の第1款も「総則」である。パンデクテン方式には、規定の繰り返しを避けて条文の数を節約できるうえ、規定が論理的・階層的に配列されることで民法全体を体系的に把握することができるというメリットがある。ただその一方で、ある事案に適用されうる条文が民法の様々なところに散らばってしまい初学者にはわかりにくいというデメリットもある。契約を例に、考えてみよう。民法第3編第2章の表題は「契約」であるから、同章の規定が契約に適用されることは間違いない。それに加え、契約が締結されると、当事者の一方が他方に対して契約によって約束した行為をするよう請求する権利が生じるが、この権利は「債権」であるから、契約から発生する債権の効力については、第3編第1章の規定も適用される。さらに、契約は申込みと承諾という両当事者による相対立する意思表示によって成立するから（522条1項）、「法律行為」つまり意思表示を不可欠の要素とし、それによってその意思表示の内容どおりの法的効果を生じさせる行為の一種である。そうすると、契約には、第1編第5章「法律行為」の規定も適用される、といった具合である。

2　本書の構成

ところで、「債権総論」に含まれるルールを機能的にみてみると、以下の3つのグループに分けることができる。本書の目次立ては、この3つのグループに対応する形で構成されている。

(1) 債権の内容とその実現

　第1は、債権が発生してから消滅するまでに債権者と債務者との間で生じる基本的な問題に関する諸規定である。第1節「債権の目的」、第6節第1款「弁済」、第2節第1款「債務不履行の責任等」がこれに含まれる。発生した債権にはどのような種類のものがあって債務者はどのような義務を負うのか、債権の内容が実現されたといえるのはどのような場合か。また、債務者がなすべき行為をしてくれない場合に、債権者は債務者に対してどのような手段をとることができるのかといった、債権が発生してから消滅するまでの基本的な問題が扱われる。この場面での登場人物は、原則として、債権者と債務者の2人である。

　たとえば、あなたが友人との間で、友人の持っている自転車甲を代金2万円で買い受ける旨合意すると、その友人（売主）とあなた（買主）との間には売買契約（555条）が成立する。この契約に基づいて、売主は買主に対して代金2万円の支払を請求することができる権利を取得し、買主は売主に対して甲の引渡しを請求することができる権利を取得する。

　このとき、まず、債権の内容がどのようなものかが問題となる。中古自転車の売買のように、特定の物の引渡しを求める債権（「特定物債権」）にはどのような特徴があるか、売買代金の支払を求める債権のように一定額の金銭の支払を求める債権（「金銭債権」）にはどのような特徴があるか、といった具合である。

　次に、債権の効力がどのようなものかが問題となる。当事者間における債権の効力の問題として、まず取り上げられるべきものは、債務者が債務を任意に履行し、債権が目的を達成して消滅するという、債権が本来予定された経過をたどる場合に関するものである。債務者の履行により債権が目的を達成して消滅することを「弁済」とよぶ。弁済によって債権が消滅するにはどのような要件を満たす必要があるか、たとえば、上の例で、売主はどこでどのように甲を買主に引き渡すべきか、あるいは、売主が甲を買主に引き渡そうとしているのに、買主が甲を受領しようとしない場合はどうなるのか、といった類の問題である。

　債権の効力の問題のもう1つの柱は、債務者が債務を任意に履行しない場合

に、債権者は債務者に対してどのような法的措置をとることができるかという問題である。たとえば、上の例で、売主が買主に甲を引き渡さない場合に、買主は売主に引渡しを強制することができるか、どのような方法で強制することができるか、あるいは債務の不履行によって生じた損害について賠償を求めることができるのはどのような場合か、といった問題が考えられる。このように、債権が本来たどるべきコースから外れる事態（「履行障害」とか「給付障害」と呼ばれることも多い）を想定した規定群も、「債権総則」において非常に重要な位置を占めている。

(2) 債権回収の可能性を高めるための制度

第2は、債権回収の可能性を高めるための制度に関する諸規定である。第3節第5款「保証債務」、第2節第2款「債権者代位権」、同節第3款「詐害行為取消権」などが含まれる。

先に述べたように、債権は、特定の人と特定の人との間で成立する相対的な権利であり、かつ債務者に対して一定の行為を求めることを内容とする権利であるため、その実現可能性が不確実であるという性質を免れない。ある会社が銀行から1000万円を借りた場合を例に、もう少し詳しくみてみよう。返済期日になっても会社が銀行に1000万円を返済しない場合、銀行は会社が保有する財産（正確には、総財産から担保物権により把握された財産や差押禁止財産を除いた一般財産）を差し押さえ、換価して、そこから満足を得ることができる。これを可能にするのが強制執行の手続であり、たとえば会社が1000万円の価値の不動産を保有しているとすれば、銀行はこれを差し押さえて競売にかけ、売却代金から満足を得ることになる。不動産が1000万円で売却できた場合には、銀行は債権全額の満足を得られることになり、一件落着のようにみえる。もっとも、現実には、この会社の債権者がこの銀行だけであるという場合は稀だろう。会社が、取引先に対する債務（たとえば、商品を仕入れた場合の売掛代金債務）を負っていることが考えられるし、複数の銀行や親戚・知人から借金をしていることも多い。このように、債権者が複数存在し、それらの者が強制執行手続に参加する場合には、「債権者平等の原則」が妥当する。上の例でいえば、不動産の売却代金1000万円の全額が銀行に配当されるわけではなく、債権額に応じた配

当がされることになる。たとえば、売掛代金債権1000万円を有する取引先がいる場合には、銀行は500万円の配当しか受け取ることができない。かりにこの会社がほかにも財産を保有していれば、銀行は、会社が保有するほかの財産にもかかっていくことで債権を回収することができるが、債務者がその全債務を満足させるのに十分な財産を有しない場合も多い。

　そうすると、債権者としては、自身の債権の満足をどのようにして確保するかが課題となる。そのための手段はいくつかあるが、たとえば「保証」は、債権者が債権の満足を得る可能性を高めるために事前にとりうる手段の１つである。上の例でいえば、銀行が会社に1000万円を貸す際に、第三者との間で、会社が借金を返済しないときは、その第三者が履行をする旨の契約（保証契約）を締結する。そうすることで、銀行は、会社が保有する財産だけでなく、第三者（保証人）が保有する財産にもかかっていけることになる。

　また、債務超過に陥った債務者は、自身の有する権利を適切に行使しなかったり、自身の保有する財産を流出させたりしてしまうことがある。たとえば、債務者が詐欺に遭って不当に安い値段で自身の保有する絵画を売却してしまった場合、債務者は取消権を行使して絵画を取り返すことができるはずであるが、取り戻してもどうせ債権者に差し押さえられてしまうから意味がないと考えて、取消権を行使しないことがある。また、債務超過に陥った債務者が、債権者による差押えを免れようとして、その保有する財産を親戚や知人に贈与してしまうこともある。こうした場合に、債権者が何も口出しできないのは不当であろう。そこで、一定の要件のもとで、債権者が、債務者の有する権利を代わりに行使することや（債権者代位権）、債務者がした債権者を害する行為を取り消すこと（詐害行為取消権）が認められている。

(3)　当事者の変更

　第３に、債権の当事者が変更する場合に関する規定である。第４節「債権の譲渡」がこれに当たる。金銭債権は、債権者が債務者に対して一定額の金銭の支払を請求することができる権利であるから、金銭的価値がある。そこで、債権者がその債権を売却したり、担保に供したりする場合がある。債権それ自体が財産権として取引の対象となりうるのである。このような債権譲渡は、債権

債務関係という観点からみると、債権者の変更を生じさせる行為である。

　たとえば、あなたが金融業者から1000万円を借り受ける旨の金銭消費貸借契約を締結した場合、金融業者（貸主）はその契約から生じたあなた（借主）に対する貸金債権を自分1人の判断で別の人に譲渡することができる。債権譲渡により、債権は元の債権者である貸主（譲渡人）からその債権を譲り受けた人（譲受人）に移転する。債務者が見たこともない譲受人が、ある日突然新しい債権者として債務者の目の前に現れることになるのである。このとき、譲受人から債務の履行を求められた債務者が譲受人の求めに応じて履行しなければならないのはどのような場合か、同じ債権がさらに別の人にも譲渡されてしまった場合はどうなるのか、譲受債権の発生原因である金銭消費貸借契約に無効・取消事由があった場合に、債務者は譲受人に対してそのような事由を主張して、履行を拒絶することができるか、などの問題が生じる。そして、これらの問題は、金銭債権だけに限らず、特定物債権などその他の種類の債権にも生じうる（現実の例は少ないかもしれないが…）。そのため、「債権総則」の規定として、債権譲渡の要件および効果に関する一般的な規律が置かれているのである。

　債権の当事者が変更する場合としては、ほかにも、債務引受により債務者が変更される場合や、契約譲渡によって、契約上の地位がまとめて移転する場合も考えられる。

第1章

債権の目的

I　債権の概念

1　債権とは何か

(1)　債権の定義

「はじめに」でも述べたとおり、本書は「債権総論」の教科書であり、「債権」に関する共通のルールを扱っている。そう言われても、そもそも「債権」という言葉の意味がよくわからないという人も多いのではないだろうか。それもそのはず、「債権」は古来から日本に存在する言葉ではなく、明治時代にフランス語の「droit de créance」を翻訳するために造られた新語なのである。では、「債権」ないしその対義語である「債務」は、どのように定義されるのだろうか。

現行民法には定義規定がないが、旧民法は、債務（義務）とは「一人又ハ数人ヲシテ他ノ定マリタル一人又ハ数人ニ対シテ或ル物ヲ与ヘ又ハ或ル事ヲ為シ若クハ為ササルコトニ服従セシムル人定法又ハ自然法ノ覊絆」であると規定していた（財産編293条2項）。伝統的な見解は、この内容を引き継ぎ、債権を「ある特定の人が他の特定の人に対して、ある特定の行為をすること（作為）またはしないこと（不作為）を請求しうる権利」と定義した。このような定義が採用された背景には、主体（人）が客体を意思によって支配することが権利の本質だとする考え方（権利意思説）がある。そして、物は直接支配可能であるから、物権は物を対象とする権利だと考えて差し支えないのに対し、人に対する

人格的支配は許されないから、債権は人そのものではなく人の行為を対象とする権利だと考えなければならないというのである。

その後、債権者にとっては、債務者の行為だけではなくその結果を保持できることも重要であることが意識された。たとえば、売買がされた場合、買主にとっては、売主から目的物の引渡しを受けることだけでなく、引き渡された目的物を持っていられることも重要だというわけである。現在の多数説は、これをふまえて、債権を「ある特定の人（債権者）が他の特定の人（債務者）をして一定の行為をなさしめ、その行為のもたらす結果ないし利益を当該債務者に対する関係において適法に保持しうる権利」と定義している。

なお、このほか、権利の本質は法によって保護される利益だとする考え方（権利利益説）を背景として、債権を「債権関係において、債務者から一定の利益（債権者利益。契約の場合には、契約利益）を獲得することが期待できる債権者の地位」と定義する見解もある。

(2) 債権と物権

物に対する直接の支配権である物権と、債務者に対して一定の行為を請求しうることを内容とする債権とでは、自ずと性質が異なる。両者の主な相違としては、①物権の排他性⇔債権の非排他性、②物権の絶対性⇔債権の相対性、③物権法定主義⇔契約自由の原則が挙げられる。

まず、①1つの物について同じ内容の物権は1つしか成立しえないのに対し、同じ内容の債権は複数成立しうる。たとえば、ある土地の所有権が同時にAにもBにも確定的に帰属することはないが、AとBが同じ土地について所有者Cとの間で売買をした場合、CA間の契約もCB間の契約も有効であり、AもBも、Cに対して土地引渡債権を有することになる。もちろん、CはAとBのどちらか一方にしか土地を引き渡すことができないが、だからといって他方の債権が成立しえないわけではなく、引渡しを受けられなかったほうの債権が債務不履行になるだけである。

また、②物権の効力は万人に及ぶのに対し、債権の効力は当事者にしか及ばない。たとえば、他人の土地を使用する権利である地上権（265条）は物権であるから、地上権者は誰に対しても、自身の土地使用を妨害しないよう求めるこ

とができる。これに対し、土地の使用貸借（593条）が締結された場合、借主は、土地を使用する権利を有するが、これは契約から生じる債権であるから、貸主に対してしか、自身の土地使用を妨害しないよう求めることができない。なお、契約から生じる債権であっても、不動産の賃貸借（601条）については、賃借人は、対抗要件を具備すれば、第三者に対して、占有の妨害の停止または返還を請求することができる（605条の4）。このように、債権であるはずの賃借権に物権と同じような効力が認められるようになっている現象を、「賃借権の物権化」とよぶ。

　さらに、③物権の種類や内容は民法その他の法律が規定しており、それ以外の新種の物権を創設することは禁止されているのに対し（175条）、債権についてはそのような限定はなく、契約から生じる債権の内容は当事者が自由に決めることができるのが原則である（521条2項）。

　以上のように、債権と物権は概念上区別される。もっとも、実際には両者の相違はそれほど明らかではない。たとえば、①②債権の非排他性・相対性は、債権を侵害した第三者に対してなんらの請求もできないことを意味するものではないし（→コラム［10頁］）、③譲渡担保のように新たな物権とみうるものも認められる一方で、契約自由の原則には様々な制約がある。

第三者による債権侵害

　本文でも述べたとおり、債権は相対的で非排他的な権利である。つまり、債権者は債務者に対してしか債権の内容実現を請求することができず、第三者が既存の債権と両立しえない内容の債権を取得することは可能である。このような債権の性質からすれば、第三者によって債権の内容実現が妨げられたとしても、債権者が当該第三者に対して損害賠償を請求することはできないようにも思われる。もっとも、判例は、およそ権利には不可侵性があり、債権もその例外ではないとして、債権侵害による不法行為が成立する可能性を認めている（大判大正4・3・10刑録21輯279頁）。

　問題はどのような場合に不法行為が成立するかであり、具体的紛争類型ごとに、どのような利害の調整が問題となっているのかをふまえて検討する必要がある。詳しくは不法行為法の教科書を参照してほしいが、たとえば、不動産の二重譲渡がされた場合については、次のような議論がある。すなわち、悪意の

第二譲受人が所有権移転登記を備えると、第一譲受人の譲渡人に対する目的物引渡債務は履行不能になるが（→第3章II 2(1)[72頁]）、このとき、第一譲受人は第二譲受人に対して不法行為による損害賠償を請求することができるだろうか。判例は、177条「第三者」に関する善意・悪意不問の原則と連動させる形で、第二譲受人が悪意で不動産を買い受けて登記を経由しただけでは、第一譲受人に対する不法行為は成立しないとする（最判昭和30・5・31民集9巻6号774頁）。これに対し、学説には、177条の問題と709条の問題とを切り離して第二買主が単純悪意でも不法行為の成立を認める見解や、両者を連動させつつ悪意者排除論を支持する見解もある。

2　債権の発生

(1)　民法第3編の規定する債権発生原因

　債権はどのようにして発生するのだろうか。民法第3編の規定する債権の発生原因としては、契約（第2章）、事務管理（第3章）、不当利得（第4章）および不法行為（第5章）がある。

　このうち契約は、法律行為、つまり、意思表示を不可欠の要素とし、それによってその意思表示の内容どおりの法的効果を生じさせる行為の一種であるから、契約から生じる債権は、当事者の意思に基づいて発生する。債権が発生するためには契約が有効に成立していることが必要であり、債権の内容は契約解釈によって定まる。

　これに対し、事務管理、不当利得または不法行為に基づいて債権が発生する場合には、債権は、ある事実が法律の定める要件を満たすことによって発生し、その内容は法律の趣旨によって定まる。これらの債権は「法定債権」とよばれる。

(2)　信義則に基づく義務

　以上のほかに、必ずしも契約関係にはないが、一定の社会的接触関係にある者の間で、信義則（1条2項）に基づく義務が生じる場合がある。契約準備段階における注意義務や、安全配慮義務がその例である。こうした義務への違反

があった場合には、損害賠償が認められうる。

(a) 契約準備段階における注意義務

契約準備段階にある当事者間では、契約締結交渉が破棄された場合に、これを破棄した当事者に信義則上の注意義務への違反があるとされることがある。また、契約締結前に当事者の一方が他方に対して重要な情報を提供しなかったことが説明義務違反だとされる場合もある。

(i) 契約締結交渉の破棄に伴う責任

「何人も……契約をするかどうかを自由に決定することができる」（521条1項）ことからすれば、契約を締結しなかったことを理由とする損害賠償は認められないようにも思える。もっとも、不動産取引や企業間の取引では、当事者が交渉を重ねたうえで契約の締結に至る場合も多い。そして、交渉したが契約締結に至らなかった場合において、交渉を破棄した当事者に「契約準備段階における信義則上の注意義務違反」があるときは、損害賠償が認められうる。判例には、新築マンションの購入を希望する歯科医Aが、分譲業者Bとの間で契約締結に向けた交渉中に、歯科医院の開業を想定したレイアウトの希望を出したり、電気容量の不足を指摘し、Bが大幅な設計変更や工事をすることを容認していたにもかかわらず、後日自らの都合で交渉を破棄した事案において、Aの損害賠償責任を肯定したものがある（最判昭和59・9・18判時1137号51頁）。

契約締結交渉中の注意義務の内容

契約締結交渉中の注意義務の内容としては、①契約締結の可能性・確実性について相手方に誤信を生じさせてはならないというものと、②契約締結に向かって誠実に交渉しなければならず、正当な理由なく交渉を破棄してはならないというものとが考えられ、どちらと捉えるかによって賠償範囲が異なりうる。すなわち、①の注意義務への違反によって生じるのは、契約締結の可能性がある・確実であると誤信したために支出した費用などの損害であり、契約が締結され履行されていれば得られたであろう利益（履行利益→第3章Ⅲ2(1)(c)(ii)［93項]）の賠償が認められる余地はない。これに対し、②の注意義務への違反がなければ契約締結に至っただろうといえるなら、履行利益の賠償が認められる可能性は当然には否定されない。契約締結交渉は徐々に進展し「熟度」を増し

て契約締結に至るとの理解を前提に、交渉が相当程度進展した段階では②の注意義務も認められ、履行利益の賠償が認められる余地もあるとの見解もある。もっとも、②の注意義務は、契約を締結しない自由の制約になるし、履行利益の賠償を認めることは、契約の成立を否定することと矛盾しうるうえ、経済的にみれば契約の締結を強制したのと同じ結果になってしまう。

(ii) 契約締結前の説明義務

　契約締結の自由は、各当事者が、契約を締結するか否かを判断するために必要な情報を自ら収集することを前提としている。したがって、当事者の一方が情報の収集や分析に失敗したとしても、錯誤（95条）や詐欺（96条）の要件を満たさない限り、意思表示を取り消すことはできないし、相手方に損害賠償を請求することもできないのが原則である。もっとも、当事者間において情報力や専門知識に著しい格差がある場合には、この原則を貫くことは不当であり、情報力や専門知識を有する当事者は、信義則上、契約を締結するか否かの判断に影響を及ぼすべき情報を相手方に提供する義務（契約締結前の説明義務）を負うと解すべきである。たとえば、ハイリスクな金融商品を販売しようとする業者は、そのリスクについて顧客に説明しなければならないし（最判平成8・10・28金法1469号49頁［変額保険］。金融サービス提供法4条・5条参照）、不動産取引では、売主側に、取引の対象となる不動産の性状などに関する説明義務が認められることも多い（宅建業者については、宅建35条参照）。また、融資をした金融機関の説明義務違反が問題とされる場合もある（最判平成15・11・7判時1845号58頁［否定］、最判平成18・6・12判時1941号94頁［肯定］）。

　当事者の一方が契約締結前の説明義務に違反したことによって、相手方がそうでなければ締結しなかったはずの契約を締結するに至った場合には、相手方は、当該契約を締結したことにより被った損害の賠償を請求することができる。この責任の性質について、判例は、説明義務に違反した当事者が「不法行為による賠償責任を負うことがあるのは格別、当該契約上の債務の不履行による賠償責任を負うことはない」とする。締結された契約は説明義務違反によって生じた結果であって、その契約から説明義務が生じたと考えることは「一種の背理であるといわざるを得ない」からである（最判平成23・4・22民集65巻3

号1405頁。付随義務としての説明義務との相違について→第3章Ⅲ1(1)(c)コラム［84頁］）。

(b) 安全配慮義務

　使用者は労働者に対し、雇用契約に基づく報酬支払債務（623条）のほかに、労働者の生命や健康を危険から保護するよう配慮すべき義務（安全配慮義務）を負うと解されている（労契5条参照）。具体的には、労働に関連する物的・人的環境を整備したり、安全教育を行ったり、適切な業務指示を行ったり、業務関連疾病を防止するための措置を行ったりする義務である。使用者が負う安全配慮義務は雇用契約上の義務だといえるが、安全配慮義務は契約関係にない当事者間でも認められうる。

　第1に、契約以外の一定の法律関係にある者の間で安全配慮義務が認められることがある。たとえば、自衛隊員が隊内の車両整備工場で車両整備中に後退してきたトラックに轢かれて死亡したとする。この場合、国と公務員との関係は公法的規律に服する公法上の関係であり、公務員である自衛隊員と国との間には私法上の契約関係がないから、国が雇用契約上の安全配慮義務を負うとはいえない。しかし、判例は、「国は、公務員に対し、国が公務遂行のために設置すべき場所、施設もしくは器具等の設置管理又は公務員が国もしくは上司の指示のもとに遂行する公務の管理にあたって、公務員の生命及び健康等を危険から保護するよう配慮すべき義務」を負うとしている（最判昭和50・2・25民集29巻2号143頁）。

　第2に、契約の一方当事者と第三者との間で、安全配慮義務が生じることがある。たとえば、造船所Aの下請企業Bの労働者Cが、Aの造船所内でハンマー打ちの作業に従事したことによって騒音性の難聴に罹患したとする。CはBに雇用されており、AC間には契約関係がないから、AがCに対して雇用契約上の安全配慮義務を負うことはない。しかしながら、少なくともCがAの設備や工具を用い、事実上Aの指揮監督を受けて稼働し、その作業内容がAの従業員とほとんど同じだったような場合に、Aが何らの責任も負わないのは不当であろう。このような場合、判例は、Aは「下請企業の労働者との間に特別な社会的接触の関係に入ったもので、信義則上、右労働者に対し安全配慮義務を負う」としている（最判平成3・4・11判時1391号3頁）。

債務不履行構成の意義

　安全配慮義務違反による損害賠償には、債務不履行に関する規定が適用される。もっとも、安全配慮義務違反が問題となる場面では、不法行為による損害賠償（709条）の要件も満たす場合も多い。その場合には、労働者などの債権者（被害者）は債務者（加害者）に対し、債務不履行による損害賠償を請求することも、不法行為による損害賠償を請求することもでき、どちらの構成を選択するかは債権者の自由だとされている（請求権競合説）。では、どちらの構成を選択するかによって、どのような相違があるのだろうか。

　第1に、415条1項と709条を比較すると、前者では、債権者が債務不履行の事実を主張立証すれば、それが債務者の責めに帰することのできない事由によるものであることを債務者が主張立証しない限り、損害賠償が認められる。これに対し、後者では、被害者が加害者の過失を基礎づける事実の主張立証に成功しなければ、損害賠償は認められない。もっとも、安全配慮義務違反を理由に損害賠償を請求する場合には、原告が、債務不履行の事実として、安全配慮「義務の内容を特定し、かつ義務違反に該当する事実を主張・立証する責任」を負うとされており（最判昭和56・2・16民集35巻1号56頁）、これらの事実は過失を基礎づける事実に相当するから、原告が主張立証しなければならない事実が両者で大きく異なるわけではない。

　第2に、賠償されうる損害については、両者で大きな相違はないが、債権者＝被害者が死亡した場合には、不法行為構成であれば遺族に固有の慰謝料請求権が認められるのに対し（711条）、債務不履行構成では認められない（最判昭和55・12・18民集34巻7号888頁）。なお、弁護士費用の賠償はどちらの構成でも認められる（→第3章Ⅲ2(2)(b)(ii)コラム［98頁］）。

　第3に、過失相殺（→第3章Ⅲ2(5)(a)［102頁］）は、どちらの構成でも認められうる（418条、722条2項）。

　第4に、損害賠償債務が履行遅滞に陥る時期については、債務不履行構成の場合には、債務者が履行の請求を受けた時（最判昭和55・12・18前掲）であるのに対し、不法行為構成であれば損害発生時である（→第3章Ⅲ1(1)(a)［81頁］）。

　第5に、生命・身体の侵害による損害賠償請求権の消滅時効期間は、どちらの構成でも変わらない（主観的起算点から5年［166条1項1号、724条の2・724条1号］、客観的起算点から20年［167条・166条1項2号、724条2号］）。

以上のように、現在では、どちらの構成を選択するかによる相違は少ない。これに対し、平成29年改正前民法下では、消滅時効期間の点で、債務不履行構成を選択することに大きなメリットがある場合があった（旧167条1項、旧724条前段参照）。

3　債権の成立要件

(1)　債権の「目的」

　民法第3編第1章第1節のタイトルは「債権の目的」であり、その冒頭に置かれている399条は、「債権は、金銭に見積もることができないものであっても、その目的とすることができる」と定めている。給付に金銭的価値があることは債権の成立要件ではないことを明らかにした規定である。

　ここで注意しておかなければならないのは、債権の「目的」という言葉の意味である。「目的」という言葉は、日常用語では「実現しようとしてめざす事柄」「ねらい」という意味であるが、債権の「目的」とは、これとは異なり、債権の「内容」「対象」を意味する。具体的には、債務者がすべき一定の行為（給付）のことである。たとえば、土地甲の売買において、買主の債権の目的は、甲の引渡しである。なお、債権の「目的物」とは、物の引渡しを目的とする債権において債務者が引き渡すべき物のことをいう。上の例でいえば、甲が目的物である。

(2)　債権の目的に関する要件

　債権の目的に関する要件を定めた規定は399条以外にはみあたらないが、伝統的には、給付の適法性、可能性、確定性の3つの要件が必要だと考えられてきた。

(a)　給付の適法性

　給付の適法性は、債権一般についての要件というよりも、債権の発生原因である契約の有効要件であり、契約が公序良俗に反し無効とされるか（90条）という形で問題になる。たとえば、麻薬の譲渡は原則として無効であるが、一定の条件を満たせば有効とされる場合もあり（麻薬及び向精神薬取締法24条以下参

照)、この場合には、麻薬の引渡しを目的とする債権が発生する。

(b) 給付の可能性

平成29年改正前民法下の伝統的通説は、契約成立の時点で給付の内容が実現不可能な場合、つまり「原始的不能」の場合には、その契約は無効だと考えていた。その基礎には、「不能は債務たり得ず（impossibilium nulla obligatio est）」という法諺がある。これによれば、売主Aが買主Bとの間で別荘甲を売買する旨の合意をしたが、甲がその前日に火事で全焼していた場合、ＡＢ間の売買は無効である。そうすると、Ｂの目的物引渡債権（Ａの目的物引渡債務）はそもそも発生しておらず、ＢはＡに対して債務不履行による損害賠償（415条）を請求することはできないことになる。

このような考え方に対しては、不老不死の薬の売買のように、給付の内容がおよそ実現不可能な場合はともかく、上の例のように、契約成立の時点で目的物が存在していなかったにすぎない場合には、契約は有効だと考えるべきだとの有力な批判があった。これによれば、ＡＢ間の売買は有効であるから、Ａの目的物引渡債務は発生し、履行不能となっているから、ＢはＡに対して債務不履行による損害賠償を請求することができる。

現行法は、後者の考え方を採用し、「契約に基づく債務の履行がその契約の成立の時に不能であったことは、第415条の規定によりその履行の不能によって生じた損害の賠償を請求することを妨げない」と規定している（412条の2第2項）。

(c) 給付の確定性

以上に対して、給付の確定性は債権一般についての要件であり、債権が有効に成立するためには、給付の内容が確定可能でなければならない。法的に債権と認めるためには、一定の具体性がなければならないのである。したがって、「いいものをあげる」とか「幸せにする」といった漠然とした内容では、債権は成立しえない。

II 債権の種類

1 債権の分類

債権（債務）にはどのような種類があるのだろうか。また、債権の種類によって適用されるルールに違いがあるのだろうか。

債権者が債務者に対して何を求めることができるのかという観点からみると、各種の債権（債務）は、まず、作為債務と不作為債務とに大別することができるだろう。前者はさらに、財産権およびその目的物の占有を移転する債務（引渡債務）と、引渡し以外の債務者の行為を目的とする債務（行為債務）とに分けることができる。そして、引渡債務は、目的物が金銭であるか否か、金銭でないとして、当事者が取引の当初からその個性に着目して「これ」と決めて合意した物（特定物）であるか否かによって、さらに分類することができる。また、行為債務は、債務者以外の者によっても実現可能な（代替的な）ものであるか否かによって、さらに分類することができる。以上のような分類は、強制執行の方法を考えるうえで有用である（→第3章II3(2)［75頁］）。

【図表1-1】

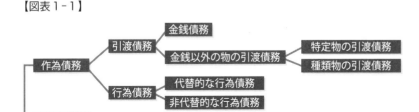

民法第3編第1章第1節には、特定物債権（400条）、種類債権（401条）、金銭債権（402条以下）、利息債権（404条以下）および選択債権（406条以下）に関する規定が置かれているが、このうち、特定物債権、種類債権および金銭債権は引渡債務に対応する債権であり、利息債権は金銭債権の一種である。上の分類（→図表1-1）と比較するとわかるとおり、400条以下の規定は、あらゆる債権を網羅的に列挙したものではない。

なお、債権の分類方法には、様々なものがある。本書では、結果債務・手段債務という分類や（→第3章Ⅲ1(1)(c)［83頁］）、分割債権・連帯債権・不可分債権、分割債務・連帯債務・不可分債務という分類が登場する（→第6章Ⅰ［146頁］）。こうした分類がどのような視点からされているのか、何のための分類なのかに気を付けて、該当箇所を読んでほしい。

2　民法400条以下の規定

以上をふまえて、民法400条以下の規定の内容を確認しよう。これらの規定は、主に、引渡債務の目的物がどのようなものであるかに応じて、債務者が引き渡すべき物がどのように定まるのか、債務者はどのような義務を負うのかといった事柄に関するデフォルト・ルールを定めるものである。

(1)　特定物債権

(a)　特定物と種類物

特定物債権とは、特定物の引渡しを目的とする債権である（400条）。

特定物とは、当事者が取引の当初からその個性に着目して「これ」と決めて合意した物のことをいう。たとえば、作家モノの器や絵画、ペット（動物）、不動産（土地・建物）、中古自動車は、通常、特定物である。「特定物」の対義語は、「不特定物」ないし「種類物」である。種類物は、個性に着目せず、種類と数量で表された物である。大量生産された器や新車、食料品などは、通常、種類物である。

ここで注意しなければならないのは、目的物が特定物か種類物かは、当該物の一般的な性質によって決まるのではなく、当事者の主観によって決まるということである。したがって、一般的には世の中に1つしかないと考えられている物であっても、契約当事者にとっては種類物だということもある。たとえば、犬は1匹1匹異なる個性を有するところ、ペットとして仔犬を購入する場合には、その個性に着目して「この犬」と決めるから特定物であるが、撮影用にある犬種の犬を101匹借りる場合には、個性には着目せず犬種と匹数を定めるから種類物だといえよう。反対に、一般的には世の中に同種の物が多く存在すると考えられていても、契約当事者にとっては特定物だということもある。

たとえば、ワイナリーやヴィンテージが同一のワインは複数存在するところ、飲食店で提供するために購入するワインは種類物であるが、著名人が1本だけ保管していたワインをファンが購入する場合のそのワインは特定物だろう。

(b) 特定物債務の特徴

特定物債権の債務者は、目的物である特定物を引き渡さなければならない。また、これを引き渡すまでの間、当該物を保存しなければならない（400条）。

(i) 目的物引渡債務

特定物債権の債務者は、「この物」と合意された目的物を引き渡さなければならず、同じ種類・数量の物を引き渡しても債務を履行したことにはならない。したがって、たとえば、ペットとして仔犬が売買された場合に、売主が同じ犬種の別の仔犬を引き渡しても、債務を履行したことにならない。

また、特定物債権の目的物が滅失すれば、目的物引渡債務は履行不能になる。ペットとして購入した仔犬が引き渡される前に死亡してしまった場合には、売主の目的物引渡債務は履行不能となり、買主はその履行を請求することができない（412条の2第1項）。

以上は、当事者にとって特定物は唯一無二であることの帰結である。もっとも、このことは、目的物の性質がどのようなものであれ、そのまま引き渡せば目的物引渡債務を完全に履行したことになることを意味するものではない。特定物債権であっても、引き渡された物が備えるべき品質を欠いていた場合には、債務が完全に履行されたとはいえない。特定物債権の目的物がどのような品質を備えていなければならないかは、「契約その他の債権の発生原因及び取引上の社会通念に照らして」定まる（483条）。したがって、たとえば、ペットとして購入した仔犬に先天性の病気があり、引き渡された後すぐに死亡してしまった場合には、売主の目的物引渡債務が完全に履行されたとはいえず、買主は売主の債務不履行責任を追及することができるだろう。契約の趣旨に照らせば、ペットの仔犬に先天性の病気がないことは、当該仔犬が備えるべき品質だといえるからである。

(ii) 保存義務

特定物債権の債務者は、目的物を引き渡すまでの間、「善良な管理者の注意をもって」当該物を保存する義務を負う（400条。善良な管理者の注意を払う義務

のことを「善管注意義務」という)。善良な管理者の注意がどの程度のものであるかは、契約その他の債権の発生原因および取引上の社会通念に照らして定まる。個々の債務者の能力に応じて決まるのでも、個別の事情と無関係に客観的かつ一律に決まるものでもない。

なお、無償で他人の物を保管する受寄者が負う「自己の財産に対するのと同一の注意をもって」寄託物を保管する義務(659条)は、善管注意義務が、無償性ゆえに軽減された義務である。このほか、善管注意義務が軽減される場合としては、債権者の受領遅滞がある(413条1項。→第2章Ⅱ3(2)(a)[56頁])。

(2) 種類債権

種類債権とは、種類と数量で表された物(種類物)の引渡しを目的とする債権である。

(a) 種類債務の特徴

種類債権の債務者は、定められた種類・数量の物を債権者に引き渡さなければならないが、目的物が種類と数量だけで表されている場合には、債務者がどのような品質の物を引き渡せばよいかが問題となる。また、種類債権の債務者は、少なくとも目的物が「特定」(→(b)[23頁])するまでは、目的物の調達義務を負う。

(i) 目的物の品質

種類債権の債務者が引き渡すべき目的物の品質は、法律行為の性質または当事者の意思によって定まることが多い。契約の場合には、目的物の品質は合意で定まっているのが通常である。たとえば、八百屋が卸売業者から「ふじ」リンゴを仕入れる際に、等級を指定しないことは考えにくい。

目的物の品質が法律行為の性質または当事者の意思によって定まらない場合には、中等の品質となる(401条1項)。これは、中等の品質とすることが当事者の意思に合致するであろうし、当事者がとくに品質の良い物またはとくに品質の悪い物を目的物としたい場合には、その旨の合意をするべきだったと考えられるからである。

(ii) 調達義務

種類債権の債務者は、特定物債権の債務者とは異なり、目的物の保存義務を

負わない。これは、種類債権の債務者は、定められた種類・数量・品質の物を引き渡しさえすればよいからである。たとえば、八百屋にリンゴ10kgを売った卸売業者は、リンゴ10kgを倉庫内に保管していたとしてもそれを引き渡す必要はなく、新たにリンゴ10kgを仕入れて引き渡せばよい。このことは、裏を返せば、債務者が所持する物が滅失しても目的物引渡債務は履行不能にならず、債務者は定められた種類・数量・品質の物を引き渡さなければならないことを意味している。卸売業者は、その倉庫内のリンゴがすべて滅失しても、新たにリンゴを仕入れて、八百屋に引き渡さなければならない。種類債権の債務者が負うこのような義務のことを、「調達義務」という。

種類債権が履行不能になる場合

　本文中で説明したとおり、通常、種類債権は履行不能にならず、債務者は目的物の保存義務を負わない。もっとも、よく考えると、種類債権であるからといって、常に履行不能にならないわけではない。たとえば、薬品の売買がされた後に当該薬品の取引が禁止された場合には、売主の目的物引渡債務は履行不能になる。また、種類債権であっても、定められた種類の範囲が限定されている場合には、履行不能になりやすい。たとえば、特定の農家が作った無農薬米100kgの売買がされた場合、売主の目的物引渡債務は、米の不作により、あるいは当該農家の廃業によって、履行不能となることがある。

　また、種類債権の債務者が、常に目的物の保存義務を負わないとは限らない。たとえば、ある倉庫に保管されているワインについて、在庫品限りの売買がされた場合、売主は倉庫内のワインであればどれを引き渡してもよいのであるから、買主の目的物引渡債権は種類債権である。もっとも、その範囲は倉庫内のワインに限定されており、倉庫内のワインが全部滅失すれば買主はもはやワインを引き渡してもらえない。このような場合には、売主は、善良な管理者の注意をもって倉庫内のワインを保存する義務を負うと解するべきだろう。

　種類債権であっても履行不能となりうることや債務者が目的物の保存義務を負いうることは、伝統的には、「制限種類債権」という概念によって説明されてきた。制限種類債権とは、取引上同じ種類と考えられるものをさらに特殊の範囲で制限したものを目的物とする債権をいう。在庫品限りで倉庫内のワインを売買した場合の買主の債権は、制限種類債権の典型例である。制限種類債権

については、制限の範囲内の物がすべて滅失すれば履行不能になるし、債務者は特定前であっても保存義務を負うとされる。もっとも、上述のとおり、通常の種類債権であっても、履行不能とならないわけではないし、種類債権の債務者が、履行期に履行ができるよう準備をする過程で、目的物を適切に保存する義務を負うと解される場合もあるだろう。このように、通常の種類債権と制限種類債権との境界は必ずしも明瞭なものではない。

(b) 種類債権の特定

種類債権の場合、債権発生時には、債務者が実際に引き渡すべき物は定まっていない。そのため、債権が発生してから履行がされるまでの間に、債務者が引き渡すべき物を定めなければならない。このプロセスを種類債権の「特定」という。種類債権が特定すると、以後はその物が債権の目的物となり（401条2項）、特定物債権とほぼ同じ扱いを受ける。

(ⅰ) 特定の要件

種類債権の債務者が引き渡すべき物について当事者が合意した場合には、その合意によって特定が生じる。また、発生原因が契約である場合には、特定の方法に関する特約が付されていることもある。さらに、債務者が債権者の同意を得てその給付すべき物を指定したときにも、特定が生じる。それ以外の場合には、「債務者が物の給付をするのに必要な行為を完了し」たときに特定が生じる（401条2項）。

同項の適用にあたって問題となるのは、債務者がどのような行為をすれば「物の給付をするのに必要な行為を完了」したといえるのかである。特定を生じさせるために債務者がすべき行為の内容は、目的物が引き渡されるべき場所がどこであるかによって異なりうる。債務者が債権者の住所に目的物を持参して引き渡すべき場合、つまり持参債務（484条1項参照）については、債務者が実際に引き渡す物を選んで債権者の住所に持参し、債権者がいつでも受け取れる状態に置くこと、つまり現実の提供（493条本文）が必要だろう。

これに対して、債権者が債務者の住所まで目的物を受け取りに行くべき場合、つまり取立債務についてはどうか。債務者が弁済の準備をしたことを債権者に通知して受領を催告すること、つまり口頭の提供（493条ただし書）があれ

ばよいのだろうか。「物の給付をするために必要な行為を完了」したといえるか否かは、事案ごとに契約内容に即して判断せざるをえないだろうが、目的物が特定すれば所有権の移転が生じうることからすれば（→(ii)[25頁]）、口頭の提供だけでは足りず、債務者が目的物を他の物と分離することも必要だと考えられよう（最判昭和30・10・18民集9巻11号1642頁参照）。たとえば、ある種類のワイン1本の売買がされた場合に、売主Aが同種のワインを10本仕入れて、準備ができたので引き取りにくるよう買主Bに言ったとしても、それだけでは10本のうちどのワインの所有権がBに移転するのかを判断することができない。Aが仕入れたワインのうちBに引き渡すべき1本に「B様売却済み」という札を貼るなどすれば、分離があったといえ、目的物が特定する。

送付債務における特定

　給付がされるべき場所は、債権者の住所（持参債務）か債務者の住所（取立債務）のどちらかには限られず、それ以外の場所（第三地）である場合もある（送付債務）。送付債務の場合には、通常は持参債務と同様に考えられ、債務者が第三地で現実の提供をしたときに、特定が生じる。もっとも、「物の給付をするために必要な行為を完了」したといえるか否かは事案ごとに判断せざるをえず、たとえば債権者の意向に応じて債務者が好意で目的物を第三地に送付する場合には、債務者が目的物を発送した時に特定が生じると考えても差し支えないだろう。

(ii)　特定の効果

　特定が生じると、その後はその物が債権の目的物となる。このことから、具体的には、次の3つの効果が生じる。

　第1に、債務者は調達義務を負わなくなる。すなわち、債務者は、特定された物を引き渡す義務を負うだけで、その後に目的物が滅失したとしても、同じ種類・数量・品質の物を引き渡す必要はない。債務者の目的物引渡債務は履行不能となり、債権者は履行を請求することができなくなるのである（412条の2第1項）。このことを、特定による「給付危険の移転」とよぶことがある。「給付危険」という用語は異なる意味で用いられることがあり注意が必要である

が、この場合の「給付危険」とは、債務者が調達義務を負うこと、つまり目的物の滅失により履行義務を免れないことを指している。

特定後に目的物が債務者の責めに帰することができない事由により滅失したときは、債権者は、損害賠償を請求することもできない（415条1項ただし書）。この場合、債権者は、目的物の滅失が自らの責めに帰すべき事由によるものでなければ、反対給付の履行を拒むことができ（536条）、契約の解除をすることもできる（542条1項1号、543条）。目的物引渡債務が履行不能となった場合に、債権者が反対債務を履行しなければならないかは「対価危険」の問題として論じられることがあるが、536条1項は、債務者が対価危険を負担すべきことを定めているわけである。同条見出しにいう「危険」は対価危険を意味する。

これに対し、特定後に目的物が滅失し、それが債務者の責めに帰することができない事由によるといえない場合には、債権者は債務者に損害賠償を請求することができる（415条）。もっとも、特定物債権の場合とは異なり、債務者は、債権者に目的物と同じ種類・数量・品質の代替物を引き渡すことによって、損害賠償義務を免れることができると解される。代替物の引渡しによって当初の契約内容の実現が可能であり、債権者に不利益が及ぶことはないからである。これを債務者の「変更権」という。なお、変更権は債務者の権利であって義務ではないから、特定後に目的物が滅失した場合に、債権者が代替物の引渡しを請求することはできない。したがって、買主Bの売主Aに対するワイン1本の引渡債権について特定が生じた後に、Aがそのボトルを取り落として割ってしまった場合、BはAに対して別のワインを引き渡すよう請求することはできないが、ワインの時価相当額の賠償を請求することはできる。もっとも、Aは、同種の別のワイン1本を引き渡せば、ワインの時価相当額の賠償義務を免れることができる。

第2に、債務者は、善良な管理者の注意をもってその物を保存すべき義務を負うようになる（400条）。すでにみたとおり、種類債権の債務者が目的物の保存義務を負わないのは、債務者が調達義務を負うからであった。これに対し、特定が生じた後は、債務者は調達義務を負わず、特定された物を引き渡す義務を負う。それゆえ、特定物債権の債務者と同様、保存義務を負うのである。

第3に、所有権が移転しうる状態になる。売買における目的物の所有権移転

時期については議論があるが（詳しくは物権法の教科書を参照してほしい）、判例によれば、種類物の売買がされた場合には、原則として、目的物が特定された時に所有権が移転する（最判昭和35・6・24民集14巻8号1528頁。ちなみに、特定物の売買がされた場合には、原則として、契約成立時に所有権が移転するとされている［最判昭和33・6・20民集12巻10号1585頁］）。

種類債権の特定と調達義務

　本文では、種類債権について特定が生じると債務者は調達義務を負わなくなるとの理解を前提に説明をした。もっとも、このような理解に対しては、平成29年改正により534条が削除され567条1項が新設されたことに伴い、疑義も呈されている。すなわち、567条1項は、目的物の滅失等についての「危険」（同条見出し参照）が、目的物の引渡しにより債権者に移転することを定めているところ、引渡しがされるまでは債務者が給付危険を負担することが前提となっているというのである。このように考えるならば、債務者は、特定が生じても目的物を引き渡すまでは、調達義務を負うと解することになるだろう。

　もっとも、このような解釈を採用すると、特定の意義はほとんどないことになってしまう。特定後引渡前に目的物が滅失しても債務者が調達義務を負うのなら、目的物引債務が履行不能になることはないし、債務者が善管注意をもって目的物を保存すべき義務を負うこともないはずだからである。また、実質的にみても、このような解釈は、債務者に酷であるように思われる。現行法下でも、特定が生じれば、債務者は調達義務を負わなくなると解したい。

---

(3)　金銭債権

(a)　金銭債権と通貨

　金銭債権とは、一定額の金銭の支払を目的とする債権である。売主の代金債権や請負人の報酬債権、賃貸人の賃料債権、さらには金銭消費貸借における貸主の貸金債権など、金銭債権が問題となる場面は多い。法定債権の多くも金銭債権である（たとえば不法行為について、722条1項、417条参照）。

　金銭債権においては、通常は、金銭の種類ではなく金額が重視されている。換言すれば、種類債権とは異なり、物ではなく価値を本質的内容としている。そのため、金銭債権の債務者は、どの通貨で弁済してもよい（402条1項本文）。

「通貨」とは、国内における強制通用力を認められた貨幣（法貨）であり、日本では、狭義の貨幣（硬貨）と日本銀行券（紙幣）がこれにあたる（通貨2条3項参照）。なお、日本銀行券は「法貨として無制限に通用する」（日銀46条2項）が、硬貨は「額面価格の二十倍までを限り、法貨として通用する」（通貨7条）。したがって、10万円の金銭債権について、債務者が1000円紙幣100枚で支払うことには問題がないが、債務者が500円硬貨200枚で支払おうとした場合には、債権者は受取りを拒否することができる。

　もっとも、債権の内容が特定の種類の通貨を給付するというものである場合には、債務者は、弁済期に当該通貨が強制通用力を失っているのでない限り（402条2項。その場合には、他の通貨で弁済をしなければならない）、その特定の種類の通貨で弁済しなければならない（同条1項ただし書）。たとえば、10万円の金銭債権について、1万円紙幣のみで支払うことが約された場合には、債務者は、1万円札10枚で支払わなければならない。このような債権を「相対的金種債権」とよぶ。

　なお、債権額が外国の通貨で指定されていることもあるが、その場合でも、債務者は、履行地における為替相場により、日本の通貨で弁済をすることができる（403条）。債権の内容が特定の外国の通貨を給付するというものである場合には、相対的金種債権に関する規定が準用される（402条3項）。

(b) 金銭債権の特徴

　金銭債権には、次のような特徴がある。

　第1に、金銭債権は履行不能になることがなく、特定が生じることもない。

　第2に、金銭債務の不履行を理由とする損害賠償の要件や効果について、特則がある（→第3章III 2(4)〔101頁〕）。

　第3に、貨幣価値の変動によって実質的価値が変化したとしても、額面が基準とされる（名目主義）。したがって、売買の後にハイパーインフレが生じたとしても、代金債権の債権者である売主は、原則として、額面を超える金銭の支払を求めることはできない。売主が、例外的に、額面を超える金額の支払を求めることができるとすれば、それは、事情変更の原則が適用されて、契約の改訂がされる場合である（→第3章II 2(1)コラム〔73頁〕）。

(c) 物としての通貨を目的物とする場合

　金銭債権の本質的内容は物ではなく価値である。したがって、金銭債権は、特定物債権でないことはもちろん、種類債権にもあたらない。

　もっとも、物としての通貨の引渡しを目的とする債権も存在する。このような債権は、金銭債権ではなく、種類債権または特定物債権として扱われる。第1に、特定の種類の物としての通貨を目的とする場合は、種類債権である（「絶対的金種債権」とよぶ）。たとえば、新規に発行される記念硬貨の売買における目的物引渡債権がこれにあたる。第2に、特定の物としての通貨を目的とする場合は、特定物債権である（「特定金銭債権」とよぶ）。たとえば、珍しい特定の番号の紙幣の売買における目的物引渡債権がこれにあたる。

(4) 利息債権

(a) 元本債権と利息債権

　利息債権とは、利息の支払を目的とする債権である。住宅ローンなどの消費貸借（587条）や、銀行預金などの消費寄託（666条）に多くみられる。利息とは、金銭をはじめとする代替物（元本）の使用の対価のことであり、利息債権は元本債権と対置される。利息は、期間に応じて一定の割合（利率）で発生するから、利息債権の額は、元本の額と使用期間に応じて算出される。

　ここで注意しなければならないのは、一般に「遅延利息」とよばれているものは、上記の意味での利息ではないということである。遅延利息は、履行期に弁済をしないこと、つまり、履行遅滞を理由とする損害賠償金（遅延損害金）であり（419条1項）、期間に応じて一定の割合で発生するという点では利息と同じであるものの、元本使用の対価ではない。したがって、利息付の金銭消費貸借がされた場合において、借主が弁済期に元本を返還しなかったときは、貸主は借主に対して、元本の返還のほか、弁済期までの利息と弁済期後の遅延損害金の支払を請求することになる。契約において、遅延損害金の率が利率よりも高く設定されている場合も多い。

(b) 利　率

　利息債権は、当事者の合意によって発生することもあるし（約定利息）、法律の規定によって発生することもある（法定利息）。民法では、消費貸借は原則と

して無利息であり、当事者が利息を付することを合意した場合にのみ、利息債権が発生する（589条1項）。これに対して、商人間の金銭消費貸借では、当然に利息が発生する（商513条1項）。

　約定利息の場合には、利率についても合意されているのが通常である。当事者が合意によって定めた利率のことを、約定利率という。これに対し、当事者が利率については合意しなかった場合や、法定利息については、利息が生じた最初の時点における法定利率が適用される（404条1項）。法定利率は、平成29年改正法が施行された令和2年4月1日時点では年3％であり（同条2項）、その後は、短期貸付の平均利率の変動に応じて、3年ごとに変動しうる（同条3項ないし5項）。もっとも、第2期（令和5年4月1日から令和8年3月31日まで）については、第1期の基準割合からの変動が1％未満だったので、法定利率は年3％のままである。

　約定利率については、高金利に対する規制が行われている。詳しくは契約法の教科書を参照してほしいが、概要だけ説明しておくと、一方で、利息制限法が、民事上の制限を課している。利息の上限は元本の額に応じて定められており（元本が10万円未満であれば年20％、10万円以上100万円未満であれば年18％、100万円以上であれば年15％の利率で計算した金額）、それを超える合意をしても超過部分は無効となる（利息1条）。他方で、出資の受入れ、預り金及び金利等の取締りに関する法律（出資法）が、刑事上の制限を課している。具体的には、利息や遅延損害金の率が年109.5％を超えた場合には、貸主に刑罰が科され（出資5条1項）、貸主が貸金業者である場合には、利息や遅延損害金の率が年20％を超えた場合に、刑罰が科される（同条2項）。そうすると、民事上は無効だが刑事罰は科されないいわゆる「グレーゾーン」が生じうるが、貸金業者については、行政処分の対象になりうる（貸金12条の8第1項参照）。

(c)　単利と複利

　利息の付き方には、単利と複利（重利）とがある。単利とは、当初の元本に対してのみ利息が付される場合であり、これが原則である。これに対し、複利とは、履行期の到来した利息が順次元本に組み入れられ、それにも利息が付される場合である。たとえば、元本が5万円で利息が年20％だとすると、単利の場合、1年目の利息は1万円（元本5万円の20％）であり、2年目の利息も1

万円である。これに対し、複利の場合には、1年目の利息は1万円であるが、2年目の利息は、1年目の利息1万円が元本に組み入れられ、合計6万円に対して利息が付されるから、1万2000円である。

当事者の合意がなくても、利息の支払が1年分以上延滞した場合であって、債権者が催告をしても債務者がその利息を支払わないときは、債権者はその利息を元本に組み入れて複利とすることができる（405条）。405条は、利息の支払の延滞に対して特に債権者の保護を図る趣旨に出たものであり、貸金債務の履行遅滞による遅延損害金にも適用されるが（大判昭和17・2・4民集21巻107頁）、不法行為に基づく損害賠償債務の履行遅滞への適用・類推適用は否定されている（最判令和4・1・18民集76巻1号1頁）。不法行為に基づく損害賠償は、貸金債務とは異なり、債務者にとって履行すべき債務の額が定かではないことも少なくなく、遅延損害金の不払いについて一概に債務者を責めることはできないし、不法行為に基づく損害賠償債務については不法行為の時から遅延損害金が発生するとされているから（→第3章Ⅲ1(1)(a)[81頁]）、遅延損害金の元本組入れを認めて債権者の保護を図る必要性も乏しいからである。

(5) 選択債権

選択債権とは、債権の目的が数個の給付の中から選択によって定まる債権である（406条）。数個の給付がそれぞれ個性を有するのでなければならない。

選択債権については、債権発生時には、債務者がすべき給付は定まっていない。そのため、債権が発生してから履行されるまでの間に、実際にされる給付が選択によって定まらなければならない。これを選択債権の特定という。特定は、当事者の合意によって、または当事者もしくは第三者が選択権を行使することによって、生じる。誰が選択権を有するかは、合意があればそれによって定まり、合意がない場合は債務者が選択権を有する（406条）。また、選択権者が選択をしない場合には、一定の要件のもとで、選択権が移転する。具体的には、当事者の一方が選択権者である場合、弁済期到来後に相手方が相当の期間を定めて催告をしても、選択権者がその期間内に選択をしないときは、選択権は相手方に移転する（408条）。第三者が選択権者である場合には、第三者が選択をすることができないか、選択をする意思を有しないときは、選択権は債務

者に移転する（409条2項）。選択権の行使は、意思表示によってされ（407条1項、409条1項）、その効果は遡及する（411条）。

　なお、選択債権の特定は、選択債権の目的である給付の中に不能のものがある場合にも生じうる。すなわち、その不能が選択権者の過失によるものであるときは、債権は残存する給付について存在することになる（410条）。これに対し、その不能が選択権者の過失によるものでないときは、債権の目的は残存給付に限定されず、選択権者は不能の給付を選択することもできる。たとえば、ＡＢ間で甲または乙を目的物とする売買がされ、選択権者がＢと定められたとしよう。甲がＡの過失により滅失した場合、選択債権の目的である給付（甲または乙の引渡し）のうち甲の引渡しは不能となるが、それは選択権者Ｂの過失によるものでないから、Ｂは甲の引渡しを選択することができる。このとき、Ｂは、履行請求はできないが（412条の2第1項）、履行不能を理由に契約を解除して（542条1項1号）、自身の代金債務を免れることができる。また、ＢはＡに対し、履行不能による損害賠償を請求することもできる（415条）。

第2章

債務の履行

I　弁済

1　弁済とは何か

　債権は最終的には消滅することを予定された権利である。たとえば、AがBに300万円の貸金債権を有している場合に、債務者Bが任意に300万円を支払うことにより、つまり債務を履行することにより、債権者Aは債権の満足を受け、債権は目的を達成して消滅する。債権関係がたどるべき通常の経過はこのようなものである。

　そこで、民法は、第1章第6節「債権消滅原因」の冒頭において、債務者が債権者に対して債務の弁済をすると、その債権は消滅すると定めている（473条）。このように債務者による給付の履行行為を債務の消滅という効果の側からみた場合の表現として弁済という概念が使われており、弁済は債務の消滅原因の中心に位置づけられる。

　弁済により債権が消滅することから、弁済は新たな権利関係の形成に向けられた意思的行為つまり法律行為の一種のように見えるかもしれない。しかし、弁済とは契約その他の債務の発生原因に基づいて発生した債務の内容を忠実に実現する履行行為にすぎない。いわば、すでに敷かれたレールの上を走るだけであり、新たな意思表示を含むものではなく、法律行為ではないという理解が一般的である。

　以下では、まず、誰がどのような場合に有効に弁済をすることができるか

（→2）、次に誰がどのような場合に有効に弁済を受領することができるか（→3）という問題を扱う。その後で、弁済の仕方（→4）、弁済の充当（→5）、の順序で説明する。

2　弁済者

(1)　債務者の弁済

債務者が債権者に対して弁済をすることができるのは当然である。問題は、債務者以外にどのような者が債務を弁済することができるか、である。

まず、債務者の履行補助者（→第3章Ⅲ1(2)［86頁］）による給付は債務者自身の行為と同視されることがあり、この場合は債務者本人による弁済として扱われる。

次に、債務者の代理人や財産管理人・破産管財人は、弁済をする権限を契約に基づきまたは法律上当然に与えられているから、それらの者が行った給付の効果は債務者に直接帰属するという意味で、債務者の弁済として扱われる。

なお、債務者の債務につき保証人または連帯債務者がいて、これらの者が弁済する場合は、第三者の立場で他人の債務を弁済するわけではなく、自己の債務（保証債務または連帯債務）を履行した結果として債務者の債務が消滅することから（保証・多数当事者→第2部第6章Ⅲ3(1)［158頁］、第7章Ⅱ1［174頁］）、次に見る第三者の弁済にはあたらないことに注意する必要がある。

では上記のいずれにも当てはまらない第三者が有効に弁済をすることができるのだろうか。これが次に見る、第三者の弁済という問題である。

(2)　第三者弁済の要件

債務者が自ら負担する義務をどのように履行するかを自分で決めることができると考えるのは自然なことである。このような債務者の意識に沿うならば、債務者の意思に反する第三者の給付を有効な弁済とする場合を限定すべきことになりそうである。

他方、債権の目的が債権者利益の実現を図ることにあるという側面を重視すると、給付は誰が行ってもよいと考えられる一方で、債権者の意思に反する第三者の給付を有効な弁済とする場合を限定すべきことになりそうである。

このほか、債務の性質に照らして、あるいは契約や法律の定めに基づいて、そもそも第三者による弁済が許されない場合も考えられる。

この点、民法は、第三者による弁済を原則として有効としつつも（474条1項）、いくつかの観点から、第三者弁済が有効となる場合を制限している。

(a) 債務の性質または意思表示による制限

まず、①債務の性質上、当然に第三者の弁済が許されない場合がある（474条4項前段）。たとえば、著名な俳優がドラマに出演する債務のように、債務が不代替的作為の給付（一身専属的給付）を目的とする場合がこれに当たる。

次に、②当事者間で第三者の弁済を禁止または制限する意思表示がされている場合も、第三者は弁済することができない（474条4項後段）。たとえば、伯父が甥に大学院進学に必要な資金を無利息で貸与する際に、甥自身が返済することを約束させるような場合がこれに当たる。意思表示は債権の発生と同時にする必要はないが、第三者の給付前にする必要がある（大決昭和7・8・10新聞3456号9頁）。

(b) 債務者の意思に反する弁済

上記①②のいずれにも該当しなければ、債務者の意思に反してでも第三者は弁済をすることができるのか、次に問題となる。この点については、第三者が弁済につき正当な利益を有しているか否かによって区別されている。

(i) 正当な利益を有しない場合

債務を弁済するにつき正当な利益を有しない第三者は債務者の意思に反して弁済することはできない（474条2項本文）。他人の弁済により恩義を受けることを欲しない債務者の意思を尊重するとともに、弁済をした第三者からの苛酷な求償権の行使から債務者を保護する必要があるからである。

たとえば、冒頭の事例で、AのBに対する300万円の貸金債権につき、Bの会社の上司Cが、Bが嫌がっているのに、Bの代わりに弁済をすることができるだろうか。わざわざ他人の債務を弁済する場合、弁済することに第三者が何らかの利害関係を有する事情があることが多いと思われるが、それが「正当な利益」とみられるかが問題である。

この点、「正当な利益」を有するといえるためには、法律上の利害関係が必要であり、「単なる事実上の利害関係」では足りないと解されている。たとえ

ば債務者と親族関係にあるとか、債務者の妻の妹の夫（大判昭和14・10・13民集18巻1165頁）であるなど、債務者と特別な人的関係があるだけでは足りない。また父親が代表者を務めていた会社甲が経営に行き詰って解散した後、その長男が実質的にその事業を承継する形で代表取締役となって会社乙を設立した場合でも、乙は甲の債務を弁済するにつき正当な利益を有するとはいえない（最判昭和39・4・21民集18巻4号566頁）。

したがって、上の例におけるCは、たとえ親切心からBの窮状を救ってやりたいと考えていたとしても、Bの債務の弁済につき事実上の利害関係しか有していないと評価され、Bの意思に反してAに弁済することができない。

ただし、Bから弁済を頼まれたとCが嘘をついて、Aがこれを信じて弁済を受領した場合のように、Cによる弁済がBの意思に反することをAが知らなかったときは、この限りでない（474条2項ただし書）。

(ii)　正当な利益を有する場合

第三者が弁済につき正当な利益を有する場合、債務者の意思に反していても、その弁済は有効とされる（474条2項反対解釈）。冒頭の設例において、Bの貸金債務を担保するため、Dが自分所有の土地甲にAのための抵当権を設定したとしよう。Dは、保証人の場合と異なり、Aに対して自ら債務を負っていないが、Bの被担保債務を弁済すれば、甲の抵当権実行を免れるという法的利益を得る関係にある。このように、他人の債務の履行を担保するために自己の財産を提供した者（「物上保証人」という（→第4章II2［113頁］））として、Dは、弁済について正当な利益を有する者と考えられており、Bの意思に反して弁済することができる。

物上保証人のほか、担保不動産の第三取得者や同一不動産の後順位担保権者なども、被担保債務が弁済され、抵当権が消滅することにより、目的不動産の完全な所有権を取得し、あるいは自己の抵当権の順位が上昇することから、弁済につき正当な利益を有する第三者に当たると考えられる。

また、たとえば、BがAから土地甲を賃借して、甲上に築造した建物乙をCに賃借したが、BがAに地代を支払わない場合、Cは、Bの賃料支払債務の弁済につき法律上の利害関係があると解されている（最判昭和63・7・1判時1287号63頁）。Cは、土地賃貸借契約がBの債務不履行により解除され、土地賃借

権が消滅するときは、Aに対して建物を退去して土地を明け渡さなければならないから、弁済につき正当な利益を有するというわけである。

(c) 債権者が弁済の受領を拒絶できる場合

第三者から弁済の提供を受けた債権者は、当該第三者による弁済が債務者の意思に反するかどうかを当然に知りうる立場にはない。第三者が弁済につき正当な利益を有する場合はその弁済が常に有効となるので問題はない。しかし、弁済につき正当な利益を有しない第三者による弁済が債務者の意思に反する場合には、弁済は無効となり、債権者は受領した給付を不当利得として返還しなければならなくなる。そこで、債権者は、弁済につき正当な利益を有しない第三者からの弁済の提供が債務者の意思に反しない場合であっても、その受領を拒絶することができるものとされている（474条3項本文）。

先の例（→(b)（ⅰ）[34頁]）において、Cから弁済の提供があった場合、Aは受領を拒絶することができる。これに対して、弁済につき正当の利益を有しない第三者による弁済が債務者の意思に反しないことを債権者が確知している場合には、債権者に受領拒絶という防衛手段を与える必要はない。

したがって、CがBからの委託を受けて弁済をし、そのことをAが知っていたときは、Aは受領を拒絶することができない（474条3項ただし書）。

このように、第三者による弁済が債務者の意思に反するかどうかを客観的に判断することができる状態にない限り、債権者は第三者からの弁済の受領を拒絶することができるものとし、債務者の意思にも配慮しながら、債権者が不安定な地位におかれないよう工夫がされている。

(3) 第三者弁済の効果

第三者の弁済により債権は消滅する。弁済した第三者が委任契約（650条1項）または事務管理（702条1項・3項）に基づき債務者に対して求償権を取得する場合、求償権の履行を確保するために、債権者の債権や担保権を行使することができる（弁済による代位→第8章Ⅰ [197頁]）。

3　弁済の相手方

(1)　弁済受領権者

弁済の相手方とは、弁済を受領する権限を有する者を意味し、債権者は通常弁済受領権者である。もっとも、債権者であっても弁済を有効に受領しえない場合もありうる。他方で、債権者以外の者が債権の取立てや弁済受領の権限を有する場合もある。債権者と弁済受領権を有する者とが常に一致するとは限らない。

弁済受領権を有する者への弁済は常に有効である。これに対して、弁済受領権を有しない者に対する弁済は原則として効力を生じないものの、例外的にこうした者への弁済が有効になる場合もある。

以下では、まず債権者が弁済受領権を制限される主な場合を概観したうえで（→(2)）、受領権限を有しない者（無権限者）への弁済が例外的に有効とされるのはどのような場合か（→(3)）という問題を検討する。

(2)　弁済受領権を制限される債権者

債権者が弁済受領権限を制限される主な場合は次のとおりである。

(a)　支払を差し止められた債権

債権が差し押さえられると、差押えの処分禁止効により差押債務者は債権の取立てその他の処分を禁じられ、差し押さえられた債権（「被差押債権」）の債務者（「第三債務者」）は差押債務者に弁済してはならない（民執145条1項）という拘束を受ける（→第3章Ⅱ3(3)［75頁］）。支払を差し止められた第三債務者が差押債務者に弁済しても、差押債権者に対抗することができないことから（481条）、差押債務者は被差押債権の弁済受領権限を制限されることになる。他方で、差押債権者は所定の要件を満たすことにより、被差押債権につき取立権・弁済受領権を取得する（民執155条1項）。

(b)　質入れされた債権

債権に質権が設定されると、当該債権の取立権は質権者に専属し（366条1項）、債権者は弁済受領権を喪失する。

（c）　債権者につき破産手続開始決定があった場合

　破産者が破産手続開始決定時に有する財産は破産財団を構成し、その管理処分権限は破産管財人に専属する（破78条1項）。同時に破産者である債権者は弁済の受領権限を失う。

（d）　制限行為能力者

　弁済の受領は、法律行為ではないものの、債権を消滅させるという意味で財産権の性質を変更する処分行為に当たると考えられる。したがって、明文の規定はないが、成年被後見人に受領権限はなく、もっぱら成年後見人が受領権限を有するものと解される。被保佐人は元本の受領権限を有するものの、保佐人の同意を必要とする（13条1項1号）。被補助人も補助人の同意を要する旨の審判（17条1項）により同様の制限を受ける場合がある。未成年者も、受領権限を有するものの、弁済の受領は「単に義務を免れる法律行為」に当たらないから、法定代理人の同意を必要とする（5条1項）。

（3）　弁済受領権限のない者への弁済

（a）　原則

　たとえば、AがBに対して300万円の貸金債権を有しており、返済期限の到来後に、Aを名乗るCから返済を求められて、BがCをAと信じて300万円を支払った場合、あるいは、Aの代理人を名乗るDから返済を求められて、BがDをAの代理人と信じて支払ったが、実はDが代理権を有していなかったという場合を考えてみよう。これらの場合に、BのCまたはDに対する支払により、Aの債権は弁済により消滅するであろうか。

　上の例において、CもDも弁済を受領する権限を有していない。債権につき何らの権限も有しない者（無権限者）に対する弁済は原則として効力を生じない。したがって、原則として無権限のCまたはDに対する弁済は無効であり、後日Aから返済を求められたBはこれに応じなければならない。この場合、BはCまたはDに対して不当利得に基づく返還請求（703条）あるいは不法行為に基づく損害賠償請求（709条）をすることができる。もっとも、受領権者のない者に対してした弁済は、債権者がこれによって利益を受けた限度においてのみ効力を生じる（479条）。たとえば、上の例で、Bから支払を受けた300万円の

うちCまたはDがAに100万円を交付していた場合、100万円の限度でBからAに対する弁済の効力が認められることになる。

(b) 例外

しかし、相手方が受領権限を有していないことを知って支払った場合はともかく、たとえば相手方が債権証書と巧妙に偽造された委任状を持参して弁済を迫った場合など、債務者が弁済に際して取引上要求される通常の注意を払っていたにもかかわらず、権限の詐称を見抜くことが困難であった場合には、支払った者を二重弁済の危険から保護する必要もある。

そこで、受領権者（債権者および法令の規定または当事者の意思表示によって弁済を受領する権限を付与された第三者）以外の者であって、「取引上の社会通念に照らして受領権者としての外観を有する者」に対してした弁済は、その弁済をした者が善意であり、かつ、過失がなかったときに限り、例外的に効力を生じるものとされている（478条）。

(i) 取引上の社会通念に照らして受領権者としての外観を有する者

「受領権者としての外観を有する者」の典型例は、冒頭に挙げたように、本人を詐称する者や詐称代理人である。表見相続人も同様である。すなわち、先の例で、たとえばAが死亡し、DがAのBに対する300万円の貸金債権を相続により取得したと称してBに支払を求めたが、Dが本当は相続人の資格を有していなかった場合がこれに当たる。

AがBに対する300万円の貸金債権をEに譲渡したが、AE間の債権譲渡契約が無効であったため、Eが貸金債権を取得しない場合も同様である。

また、AからEへの債権譲渡が有効になされ、債務者対抗要件が具備された後の譲渡人Aは、もはや債権者ではないが、「取引上の社会通念に照らして受領権限者としての外観を有する者」に当たる場合がある。

更には、AのBに対する債権がCに譲渡され、第三者対抗要件が具備された後、同じ債権がDにも二重に譲渡されて第三者対抗要件が具備された場合、BはCDのうち、第三者対抗要件の具備の先後によって優先すべき一方の譲受人に弁済しなければならない（債権譲渡の対抗要件→第11章Ⅲ2［241頁］）。したがって、劣後する譲受人に対する弁済は無効となるが、譲渡行為自体に瑕疵がある場合や対抗要件に瑕疵がある場合も考えられるため、例外的に劣後譲受人が

「弁済受領権限者としての外観を有する者」に当たる場合もありうると解されている（最判昭和61・4・11民集40巻3号558頁）。

　実務上は、預金証書その他の債権証書と払戻しに必要な印章を所持する者が銀行の窓口で払戻しを受ける場合や、預金通帳の所持人が現金自動預け払い機（ATM）による払戻しを受ける場合において、本条は重要な役割を果たしてきた（→コラム参照）。

　(ii)　債務者の善意・無過失

　弁済が有効とされるのは、債務者が弁済時に善意・無過失の場合に限られる。反面、受領権限を有するという外観の作出・存続に対して債権者の帰責事由があることは要件ではない。この点、代理権が存在するという外観に対する信頼保護法理である表見代理（109条～112条）など権利外観法理が適用される場面において通常相手方の善意・無過失とともに、本人の帰責性が要件とされているのと異なっている。

　478条も弁済の受領権限を有するという外観に対する信頼保護法理の一種であり、債権の消滅という重大な効果を甘受させるには、債権者に相応の帰責根拠が必要になるようにも思われる。たとえば、冒頭(a)の例（→38頁）で、債権証書をAがCの求めに応じて手渡した場合のように受領権者の外観作出に債権者の帰責性が認められる場合と、CがAの留守中に家から盗み出した場合のように債権者の帰責性が認められにくい場合とを区別する必要はないのだろうか。

　この点については、478条が債権者の帰責事由を問題にすることなくもっぱら無過失要件を通じて免責の可否を総合判断するしくみを採用していることにも合理性があるとする見解が一般的である。

　まず、478条は、すでに成立した債権関係の事後処理プロセス（債権の履行過程）を扱うものであり、新たな法律関係の形成に向けられた自己決定の要素は問題にならない。債務者に受領権限の慎重な確認を求めすぎると、債務者は債務不履行のリスクを背負いこむことになる。また、表見代理の効果が本人の想定をはるかにこえて広範囲に及びうるのに対して、この場面で債権者に生じる損失は最大でも当該債権の範囲にとどまる。

　次に、弁済の受領は日常的に頻繁に生じる現象であり、弁済受領権限の授与は社会的に定型性がある。とくに金融機関においては膨大な量の事務を迅速か

つ簡便に処理する要請が働く。そこで、債務者は弁済の相手方の同一性と弁済受領権限を証明する定型的な文書やデータの提示の有無についての事実確認を適切に行いさえすれば免責されるという制度設計が求められる。

決済方式の現代化と弁済者保護のしくみ

　民法が制定された当時に比べて決済方式は大きく様変わりした。機械式預貯金払戻システムが普及し、今や日常的に電子マネーが利用されている。

　キャッシュカードや通帳がATMに適式に挿入され、暗証番号が正しく入力されさえすれば、銀行は「受領権者としての外観を有する者」に過失なく弁済したということになると、預金者が関知しえないまま不正に預金債権が消滅する事態が頻発しかねない。そこで、現在では、金融機関の無過失判断においては、払戻時にだけ焦点を合わせるのではなく、ATMシステムの設置管理全体における注意義務を問う運用がされている（最判平成15・4・8民集57巻4号337頁）。

　また、偽造または盗難されたキャッシュカードや通帳を用いてATMから不正に預金が引き出される事件が多発したのを契機として、平成17年に「偽造カード等及び盗難カード等を用いて行われる不正な機械式預貯金払戻し等からの預貯金者の保護等に関する法律」が成立した。これにより、預貯金者が個人（自然人）であり、かつ金融機関が預貯金者に交付した預貯金引出用のキャッシュカードや預貯金通帳を用いて、ATMによる金銭の払戻し（機械式預貯金払戻し）や金銭の借入れ（機械式金銭借入れ）がされた場合に478条の適用自体を排除し、あるいは制限する規定も設けられるに至っている。

---

(4)　478条の適用範囲の拡大

(a)　定期預金の期限前払戻しへの適用

　定期預金とは、一定期間を定めて預け入れ、その期間が満了するまでは原則として払戻しの請求を行わないという内容の預金である。したがって、定期預金の期限前払戻しは、預金契約の中途解約（法律行為）と寄託物である金銭の返還（履行行為）の2段階で構成されるものと考えられる。

　そうすると、預金者以外の者の申出に応じて金融機関が定期預金の期限前払戻しをした場合、その払戻しが有効とされるには、その前提となる預金契約の

解約が表見代理等の適用により有効に行われていることが必要であるようにも思われる。

　しかし、定期預金の中途解約は満期解約の場合に比べて受け取ることができる利息が少なくなることを甘受しさえすれば預金者の任意により行うことができるという契約内容になっているのが通常である。つまり、中途解約は、定期預金契約において当初から予定された事態であり、その際の弁済の具体的内容が契約成立時にすでに合意により確定されていること、預金者も中途解約と満期解約との間に大きな違いを意識しておらず、金融機関も解約申出という方法による払戻請求に応じて弁済をしているのが実態であることから、期限前払戻しは全体として478条の弁済に当たるとされている（最判昭和41・10・4民集20巻8号1565頁）。

(b)　預金担保貸付

　預金担保貸付とは、銀行が融資を希望する者に自行に総合預金口座を開設させ、定期預金を担保に預金者に貸付を行い、定期預金が満期になると貸金債権と預金債務を相殺し、残額を預金者に払い戻すという取引である。

　たとえば、AがB銀行に預金口座を有していたところ、Bが預金者らしい外観を備えたCを預金者と信じて貸付けを行った場合、BはCに対する貸付債権とAに対する預金債務とを相殺することができるか。預金担保貸付は、金銭消費貸借、定期預金を担保とする旨の合意および相殺という法律行為の連鎖によって構成されるから、銀行の信頼保護は法律行為法によって図られるべきようにも思われる。しかし、この場面にも478条は類推適用され、Bは相殺をAに対抗することができると解されている（最判昭和48・3・27民集27巻2号376頁）。その理由は、第1に、預金担保貸付において、貸付債権と定期預金債務とが相殺されたときには、実質的には定期預金の期限前払戻しと同視することができること、第2に、預金担保貸付が約款（預金規定）に定められた金融機関の義務の履行として行われるべきものであり、預金者も約款を通じてそのような預金担保貸付の特質につき認識可能性を有すること、第3に、預金をめぐる定型的かつ迅速な取引処理の要請に照らし、預金者の帰責性を不問とする478条の趣旨に即した解決が望ましいと考えられること、に求められる。

　善意・無過失の判断基準時については、弁済と同等の効果（債務消滅）が生

じる相殺時を基準とする考え方もありうるが、貸付時と解されている（最判昭和59・2・23民集38巻3号445頁）。貸付時に預金者本人と認められれば、その後の手続はほぼ自動的に進めるという預金担保貸付のしくみに照らし、銀行が相殺時前に悪意になっても、貸付時における注意義務を適切に履行していれば、銀行の信頼を保護するのが適切であるという考慮に基づくものである。

(c) 保険契約者貸付

保険契約者貸付とは、生命保険契約の保険者が保険契約者に対し、約款に基づき、解約返戻金のうちの一定の範囲内で貸付けを行うことをいう。保険契約者の詐称代理人の申出により、保険者が保険契約者貸付をした場合の貸付の効力が問題になった事案で、保険契約者貸付は、約款上の義務として行われること、貸付金額が解約返戻金の範囲内に限定されること、保険金等の支払の際に元利金が差引計算されることから、経済的実質において、保険金または解約返戻金の前払と同視することができるとして、478条が類推適用され、貸付は有効だと解されている（最判平成9・4・24民集51巻4号1991頁）。

4　弁済の仕方

(1)　弁済の時期

(a)　期限の定めがある場合

弁済をすべき時期は、契約などの法律行為に基づく債権については、意思表示または法律の規定により定められる。たとえば、Aが所有する建物甲をBに贈与する契約を締結した際に、甲の引渡期限が5月14日と定められた場合、期限の到来と同時にただちに弁済すべきである。もっとも、債務者が期限の利益を放棄して履行期前に弁済することはできるし（136条2項）、期限の利益を喪失した場合は履行期前に弁済しなければならない（137条）。

(b)　期限の定めのない場合

期限の定めのない場合は、債権発生と同時に弁済期が到来するとされる。債権者はいつでも債務者に弁済を求めることができるが、債務者が履行遅滞に陥るのは請求を受けた時点であるというのが原則である（412条3項）。そのため、履行請求が可能となる時点と履行遅滞責任が発生する時点との間にずれが生じる可能性がある（履行遅滞→第3章Ⅲ1(1)(a)［81頁］）。

さらに、消費貸借契約に関しては特則が定められており、たとえば、AがBに対して返還時期を定めずに10万円を貸した場合、AのBに対する貸金債権について、（Bからはいつでも返還することができるが（591条2項））Aが弁済を求める場合、Bに相当の期間を定めて返還の催告をする必要がある（同条1項）。そのため、Bの履行遅滞責任が発生するのは催告において定められた相当の期間が経過した時点となる。

　なお、不法行為による損害賠償請求権については、不法行為時が履行期であり、損害発生と同時に履行遅滞に陥ると解されている（最判昭和37・9・4民集16巻9号1834頁）。

(2)　弁済の時間

　法令または慣習により取引時間の定めがあるときは、その取引時間内に限り、弁済をし、または弁済を請求することができる（484条2項）。

(3)　弁済の場所

　弁済をすべき場所は当事者の合意によって定められる。特定物の引渡しを目的とする債務以外の債務については、債権者の現在の住所において行うのが原則である（484条1項）。これを持参債務の原則という。たとえば近所の仕出し屋AにBが自宅で行う法事のために会席用弁当8人分を注文する場合、Aは弁当をBの自宅まで配達しなければならない。

　これに対して、特定物の引渡しを目的とする債務の場合、別段の意思表示がない限り、債権発生時にその物が存在した場所で行われるべきである。たとえばAが飼育する猫が生んだ子猫乙をBに贈与する場合、贈与契約締結時に乙がA宅にいたのであれば、BはA宅まで乙を受け取りに行く必要がある。

(4)　弁済の内容
(a)　特定物の引渡債務

　債権の目的が特定物の引渡しである場合において、契約その他の債権の発生原因および取引上の社会通念に照らしてその引渡しをすべき時の品質を定めることができないときは、弁済をする者は、その引渡しをすべき時の現状でその

物を引き渡さなければならない（483条）。

　たとえば、Aが所有するキリン甲をB動物園がその個性に着眼して買い受ける場合のように、特定物引渡債務の発生原因が契約であるときは、「引渡しをすべき時の品質」は売買契約の解釈および取引上の社会通念に照らして定められる。Bは、動物園で一般に展示する目的でAから買い受けているのであるから、甲を展示に耐えうる健康な状態のキリンとして引き渡す義務をAは負う。甲がたとえ売買契約締結時に既に治癒困難な病気に罹患していた場合でも、AがBに、引渡期日に健康な状態の甲を引き渡す義務を負うべきことに変わりはない。このように売主は履行期に売買契約の目的に適合する品質を備えた物の引渡義務を負う（第1章II 2(1)(b)［19頁］）。引渡しをすべき時の現状で物を引き渡す義務（現状引渡義務）は、特段の定めがない場合に補充的に適用される任意法規であり、実際の適用場面は、特定物引渡債務が不当利得など法定の原因に基づいて発生する場合に限定されるものと考えられる。

(b)　不特定物の引渡債務

　不特定物の引渡債務については、他人の所有する物を引き渡した場合のように、特別の考慮が必要になる場面が生じうる。

　たとえば、AがB所有の家畜用飼料300kgを倉庫から盗み出してCに売却し、引き渡したとしよう。このとき、AのCに対する飼料の引渡しは、他人の物の引渡しに当たり、その飼料の所有権をCが即時取得（192条）しない限りは、弁済として効力を生じない。弁済が無効であっても、Cが売買代金をAにすでに支払っている場合を考えると、CからAにただちに飼料を返還させるのは、Aの無資力のリスクをCに負担させることになる。そこで、Aは自己所有の飼料300kgを引き渡さなければ、Cに対して給付済みの飼料を取り戻すことができないものとされている（475条）。

　もっとも、Cが引渡しを受けた飼料をすでに善意で消費し、あるいはDに転売していた場合は、Aの弁済は有効と扱われる（476条前段）。その上で、Cは、Bから不法行為を理由とする損害賠償責任などを追及された場合、Aに対して求償することができる（同条後段）。

(c)　預金または貯金口座への振込みによる弁済

　債権者の預金または貯金口座への振込みによる弁済の効果がいつ、どのよう

に生じるのか、が問題になりうる。

　この点につき、債権者の預金または貯金の口座に対する払込みによってする弁済は、債権者がその預金または貯金に係る債権の債務者に対してその払込みに係る金額の払戻しを請求する権利を取得した時に、その効力を生じるものとされている（477条）。すなわち流動性預金口座への振込みは金銭債務の「弁済」と位置づけられ、かつ金銭債務は、通常受取人（債権者）の預金口座に入金記帳がされた時点で消滅していると考えられる。したがって、たとえば、AがBに対する売掛代金債務の弁済として、X銀行に有する自己の預金口座αから、BがY銀行に有する預金口座βへの振込手続をX銀行に依頼した場合、銀行間の決裁システムのデータ上、預金口座αから預金口座βへの入金記帳がされた時点で、Aの売掛代金債務は弁済により消滅する。

(5)　弁済の費用

　弁済の費用について別段の意思表示がないときは、債務者が費用を負担する（485条本文）。弁済費用とは、たとえば運送費、荷造費用、関税、振込費用などである。もっとも、債権者が住所の移転その他の行為によって弁済の費用を増加させたときは、その増加額は債権者の負担とする（同条ただし書）。

　売買契約における目的物の価格鑑定費用、契約書作成費用、公証人の費用は売買契約に関する費用の典型例であり、売主と買主とで平分して負担する（558条）。不動産売買の所有権移転登記に要する費用も売買契約に関する費用とする判例があるが（大判大正7・11・1民録24輯2103頁）、弁済費用と解すべきとする学説がある（実務では登記費用を買主（債権者）負担とする特約が多い）。

(6)　弁済の事実の証明

　債権者から債務の履行を求められた債務者は、弁済により債務が消滅した旨を主張して、履行を拒むことができる。このとき、弁済の事実の証明責任は債務者が負う。

(a)　受取証書の交付請求権

　受取証書とは、弁済受領の事実を証明する書面をいう。領収証・レシートといわれるものがこれに当たる。弁済をする者は、弁済と引き換えに、弁済を受

領する者に対して受取証書の交付を請求することができる（486条1項）。つまり弁済と受取証書の交付は同時履行の関係に立つ。

(b) 債権証書の返還請求権

債権証書とは、債権の成立を証明する文書、たとえば借用証書をいう。債権証書が発行されている場合、弁済者は、債務を全部弁済したときには、債権証書の返還を請求することができる（487条）。債権証書の返還と弁済とは同時履行の関係に立たない。弁済の証拠としては、受取証書の交付を受けることで十分であり、債権者が債権証書を紛失した場合や、手元においていない場合に債務者がそのことを理由に支払を拒むことができるのは不当だからである。

債務の全額を弁済しないかぎり、弁済者は債権証書の返還を請求することができない。もっとも、債務の一部弁済の場合に、503条2項の類推適用により債権証書に一部弁済の旨を記載するよう請求できるとする説が有力である。

5 弁済の充当

弁済の提供は、債務の本旨にしたがい、つまり債務の全部について行わなければならない（→Ⅱ2(2)(a)［51頁］）。債務者が債務額の一部しか提供しない場合、債権者は受領を拒絶できるが、一部だけでも受領したければ受領することもできる。そこで当事者間に複数の同種債務が存在する場合において、債務者がすべての債務を消滅させるには足りない給付をし、債権者が受領した場合、どの債務に割り当てるべきかという問題が生じる。たとえば、AがBに対して100万円の貸金債権αと50万円の売掛代金債権βという2つの債権を有しており、Bが債務総額の一部である60万円を提供し、Aがこれを受領した場合、貸金債権αと売掛代金債権βはどうなるだろうか。これが弁済の充当という問題である。

(1) 合意がある場合

両当事者があらかじめ、あるいは弁済の時に、合意によって充当の順序を決めている場合は、それに従う（490条）。上の例で弁済金を債権βにまず充てることにつきAB間に合意がある場合、その合意に従い、債権βは消滅し、債権αには10万円充当される結果、その残額は90万円となる。

(2) 合意がない場合

(a) 指定充当

合意がない場合、弁済者は弁済時に充当の順序を指定することができる（488条1項）。たとえば約定担保権が債権αには付されているが債権βには付されていないため、Bがまず60万円を債権αに充当したいと考える場合、Bは債権αへの充当を指定することができる。このとき、債権αの残額は40万円、債権βの残額は50万円となる。弁済者が指定をしない場合、弁済受領者は、その受領の時に弁済を充当すべき債務を指定することができる（同条2項）。したがって、Bが指定をしない場合、Aは債権βへの充当を指定できる。もっとも、弁済受領者による指定に対して、弁済者がただちに異議を述べた場合は、指定は効力を生じない。Aが上記の内容で指定をし、Bがただちに異議を述べなければ、指定にしたがい、60万円は債権βにまず充当され、債権βは消滅し、残りの10万円が債権αに充当される。Bがただちに異議を述べた場合は、次にみる法定充当のルールに従って充当される。

なお、弁済者による場合であれ、弁済受領権者による場合であれ、指定は相手方に対する意思表示によって行われる（同条3項）。

(b) 法定充当

弁済者・弁済受領者いずれによる指定もない場合、あるいは弁済受領者の指定に対して弁済者が異議を唱えた場合は、次の順序にしたがって充当される（488条4項）。これを法定充当という。弁済期にある債権を弁済期にないものより先に（1号）、すべての債務が弁済期にあるか、弁済期にない場合には、債務者のために弁済の利益が大きいものから先に（2号）、債務者のために弁済の利益が等しい場合は、弁済期が到来したものまたは先に到来すべきものを先に充当する（3号）。これらの基準にしたがい、なお債務者の利益が相等しい場合は、各債務の額に応じて充当する（4号）。

それでは債務者のために弁済の利益が大きいか小さいかはどのような基準にしたがって判断されるのだろうか。一般的には、利息付債権と無利息の債権とでは前者が、利息付債権でも利率の高いものが低いものよりも債務者にとって弁済の利益は大きいといえよう。また、貸金債権αに物的担保がついている（たとえば自己所有の不動産に抵当権を設定している）のに対して、貸金債権βには

担保権がついていない場合は、債権 α のほうが債権 β よりも弁済の利益が大きい。もっとも、保証債務の付された債務と単純債務とでは、前者が債務者のために利益が多いとは必ずしもいえない（大判大正 7・3・4 民録24輯326頁）。担保付であるがため利率が低い一方、無担保であるがゆえに利率が高い場合のように、諸般の事情を考慮して決定する必要がある場合も少なくないからである。

(3) 民事執行における配当と弁済の充当

法定充当に関する規定は、当事者の意思と無関係に、債権をどのようにして満足させ消滅させるのが客観的にみて合理的かという法秩序の基本的評価を示したものである。したがって、その基準は、債権への充当に債務者・債権者の意思が問題とならない、民事執行の局面での配当においても考慮されてよい。たとえば、抵当権の実行としての不動産競売手続において、配当金が同一抵当権者の有する数個の被担保債権のすべてを消滅させるに足りない場合の充当方法につき、「不動産競売手続は執行機関がその職責において遂行するものであって、配当による弁済に債務者又は債権者の意思表示を予定しないものであるとして、法定充当によることが競売制度の趣旨に合致する」と解されている（最判昭和62・12・18民集41巻 8 号1592頁）。

(4) 費用・利息・元本

債務者が元本のほか、利息および費用を支払うべき場合において、弁済者がその債務の全部を消滅させるのに足りない給付をしたときは、費用→利息→元本の順に充当しなければならない（489条 1 項）。たとえば、AがBに対して貸金債権 α につき、元本100万円、利息15万円、費用 5 万円を支払うべき場合において、60万円を弁済したときは、費用と利息に充当した後の残額40万円のみが元本に充当され、元本は60万円となる。

費用にまず充当するのは、本来債務者が負担すべきものとして、最初に支払われるべきだからである。費用とは、債務者が負担すべき弁済費用（485条）、契約費用（558条）、競売費用などである。

次に、元本の先に利息に充当するのは、利息より先に元本に充当して利息を

生じなくすることは、元本を交付した債権者の通常の期待に反し、債務者を不当に有利にするからである。利息には遅延損害金が含まれる。

(5) 数個の給付をすべき場合の充当

　一個の債務の弁済として数個の給付をすべき場合において、弁済者がその債務の全部を消滅させるのに足りない給付をしたときも、上に述べたのと同じルールにしたがって充当される（490条）。

Ⅱ　弁済の提供と受領遅滞

1　債権者が債務の履行に協力しない場合

　債務者が債務を弁済すれば、債権は消滅する。たとえば、絵画甲の売買において引渡場所が買主Bの住所と定められた場合、売主Aが甲をBの住所に持参してこれを引き渡せ、Bの目的物引渡債権は消滅する。もっとも、債権者の協力がなければ弁済が完了しない場合も多い。上の例でも、Aが甲をBの住所に持参したがBがこれを受け取らない場合や、Bが留守であったために甲を引き渡すことができない場合には、弁済があったとはいえず、Bの目的物引渡債権は消滅しない。したがって、Bが後日、履行を請求すれば、Aは甲をBに引き渡さなければならない。もっとも、このような場合に、Aに債務不履行責任を負わせるべきではないし、Bが履行を受けないことによる不利益（たとえば、甲を再びBの住所に持参するための費用）をAに負担させるべきではない。このような場合に、債務者を救済するための制度が、弁済の提供と受領遅滞である。

　民法の中で「弁済の提供」という見出しが付いているのは492条および493条であり、これらは第3編「債権」第1章「総則」第6節「債権の消滅」第1款「弁済」第1目「総則」の中に置かれている。他方、「受領遅滞」という見出しが付いているのは413条および413条の2であり、これらは第3編第1章第2節「債権の効力」第1款「債務不履行の責任等」の中に置かれている。このように、弁済の提供と受領遅滞は別々の場所に規定されている別個の制度ではあるが、同じ場面で適用されることも多い。これは驚くべきことではない。という

のも、「履行」と「弁済」は同じ現象を別の側面からみた概念である。すなわち、「履行」とは、債務の内容を実現する債務者の行為をいい、「弁済」はこれを債務の消滅という効果の側からとらえたものである。そうすると、債務者が弁済をしようとしたにもかかわらず債権者がこれを受領しない場合は、弁済の一歩手前の段階であるとともに、債務が未だ履行されていないという意味では債務不履行の一場面でもある。

　なお、弁済の提供や受領遅滞があっても、債権が消滅するわけではない。このような場合に、債務者が債権者の協力なしに債権を消滅させるための手段としては弁済供託がある（→Ⅲ2［60頁］）。

2　弁済の提供

　弁済の提供（履行の提供）とは、弁済の完了に債権者の受領が必要な債務について、債務者としてすべきことをすべてしたうえで、債権者の受領を求めることをいう。弁済によって債権が消滅するまでには、債務者が履行の準備をし、履行に着手し、履行を完了するというプロセスを辿ることになるが、弁済の提供は、このプロセスが完了する一歩手前の段階にあたる。すでに述べたように、この段階に至っても、債権者が弁済を受領しなければ弁済は完了せず債権は消滅しない。したがって、債権者が債務者に対してなお履行を請求することができるのは当然であるが、だからといって、すべきことをすべてした債務者に債務不履行責任を負わせるべきではない。そこで、弁済の提供をした債務者は「債務を履行しないことによって生ずべき責任を免れる」とされている（492条）。以下では、弁済の提供の効果を確認したうえで、弁済の提供の方法について説明する。

(1)　弁済の提供の効果
(a)　債務不履行責任の免脱
　債務者は、弁済の提供をした時から、「債務を履行しないことによって生ずべき責任を免れる」（492条）。具体的には、債務不履行による損害賠償を請求されることも、担保権を実行されることもないし、契約の解除をされることもない。

この効果は、債権者が自己の受領遅滞を解消するための措置をとるまで持続する。したがって、弁済の提供を受けた債権者が債務者の債務不履行責任を追及するためには、まずは自らの受領遅滞を解消しなければならない（最判昭和35・10・27民集14巻12号2733頁、最判昭和45・8・20民集24巻9号1243頁）。

(b) 双務契約における機能

　双務契約の場合には、債務者は、同時履行の抗弁（533条）を有するから、履行期が到来しても当然には債務不履行責任を負わない（同時履行の抗弁については、契約法の教科書を参照）。したがって、債務者が弁済の提供をして債務不履行責任を免れる必要があるのは、債務者が先履行義務を負う場合や、債務者がすでに履行遅滞に陥っている場合に限られる。

　他方、債権者が債務者の債務不履行を理由に契約の解除をしようとするときには、その前提として、弁済の提供をすることで、債務者の同時履行の抗弁を封じなければならない。たとえば、1でみた絵画甲の売買の例（→50頁）において、買主Bが代金を支払わない場合に、売主Aが契約の解除をするためには、まずは甲をBの住所に持参して受領を求める必要がある。

(2) 弁済の提供の方法

　弁済の提供は、原則として、「債務の本旨に従って現実にしなければならない」（493条本文）。ただし、債権者があらかじめその受領を拒んだ場合や、債務の履行について債権者の行為を要する場合には、「弁済の準備をしたことを通知してその受領の催告をする」方法でよい（同条ただし書）。前者の方法を「現実の提供」、後者の方法を「口頭の提供」または「言語上の提供」という。

(a) 現実の提供

　現実の提供とは、「債務の本旨に従って」「現実に」される提供である。「債務の本旨に従って」とは、債務の内容どおりの給付を、弁済をすべき時期および場所において提供することをいい、「現実に」とは、債務者として債権者の協力がなくてもできるすべてのことをしなければならないことを示している。現実の提供の具体的内容は債務の種類によって異なるが、金銭債務については、次のような問題がある。

　第1に、債権額の一部しか提供されなかった場合に、弁済の提供の効果を認

めることができるかという問題がある。金銭債務の提供は、元本のほか、その時までの利息や遅延損害金を含む全額についてされなければならないが、債務者が、勘違いをして、あるいは計算を誤って、一部についてしか提供をしなかったとしよう。この場合には、債務の本旨に従った提供があったとはいえないから、弁済の提供の効果は認められないのが原則である。もっとも、不足額がごく僅かであって、弁済の提供を無効として債務者に債務不履行責任を負わせるのが信義則に反するような場合には、例外的に、弁済の提供の効果が認められる（最判昭和35・12・15民集14巻14号3060頁）。また、不足額がごく僅かだとはいえなくても、「当事者間の公平」の観点から、一部の弁済の提供がその範囲で有効とされた例もある。交通事故の加害者が損害賠償請求訴訟の係属中に、第1審判決が支払を命じた損害賠償金の全額について弁済の提供をしたが、控訴審における審理判断の結果、それが損害賠償額の一部にすぎないことが判明した場合である（最判平6・7・18民集48巻5号1165頁）。

　第2に、金銭とは異なるものによって提供がされた場合に、弁済の提供の効果を認めることができるかという問題がある。たとえば、金銭以外のものによる弁済を可とする合意がないのに、現金ではなく、為替や小切手を提供した場合である。このような場合には、厳密にいえば、債務の本旨に従った提供があったとはいえないが、支払の確実性があり、現金化に要する負担が少なければ、弁済の提供があったと認めてよいだろう。判例は、郵便為替による提供は有効としたが（大判大正8・7・15民録25輯1331頁）、小切手による提供については、銀行の自己宛振出小切手（最判昭和37・9・21民集16巻9号2041頁）または銀行の支払保証のある小切手のように支払が確実であることが明白なものを除き、債務の本旨に従ったものとはいえないとしている（最判昭和35・11・22民集14巻13号2827頁）。

(b)　口頭の提供

　口頭の提供でよいとされるのは、①債権者があらかじめ受領を拒む場合と、②債務の履行について債権者の行為を要する場合である。

　まず、①債権者があらかじめ受領を拒む場合に口頭の提供で足りるとされているのは、債務者が現実の提供をしても無駄であるのに、債務者にこれを強いるのは不合理だからである。たとえば、建物の賃貸借において、賃貸人Cが賃

料の値上げを主張し、値上げ後の金額でなければ賃料を受け取らないと言っているにもかかわらず、賃借人Dが従前どおりの金額の賃料をCの住所に持参するのは無駄である。この場合、債務者は、債権者が翻意して受領しようとすればそれに応じて給付を完了できる程度の準備をして、債権者に弁済の準備をしたことを通知すれば足りる。Dは、賃料相当額の金員を準備して、その旨をCに通知すればよい。

　次に、②債務の履行について債権者の行為を要する場合、つまり、弁済に先立って債権者の行為が必要な場合に、口頭の提供で足りるとされているのは、債権者が先行行為をしない限り、現実の提供をすることができないからである。たとえば、取立債務の場合には、債権者が取立行為をしない限り債務者は現実の提供をすることができないから、口頭の提供で足りる。もっとも、取立債務において、債権者が取立行為をしないときは、そもそも履行遅滞とならないから、債務者が債務不履行責任を免れるために口頭の提供をする実益があるのは、債務者がすでに履行遅滞に陥っている場合くらいである。たとえば、絵画甲の売買において、引渡場所に関する定めがなければ、買主Bは契約時に甲が存在した場所まで、甲を引き取りに行かなければならない（484条1項）。この場合、Bが甲を引き取りに来ない限り、引渡期日を過ぎてもAの目的物引渡債務は履行遅滞にならないから、Aは債務不履行責任を免れるために口頭の提供をする必要はない。これに対し、Bが引渡期日に代金を持参して甲を引き取りに来たにもかかわらずAが留守であった場合には、Aの目的物引渡債務は履行遅滞になるから、その後にAが履行遅滞状態を解消するためには口頭の提供をしなければならない。

(3)　口頭の提供も不要な場合

　以上のとおり、債務者は、事案に応じて現実の提供または口頭の提供をすれば、債務不履行責任を免れる。では、債務者は、どのような場合でも、少なくとも口頭の提供をしない限り、債務不履行責任を免れることができないのだろうか。たとえば、債権者が単にあらかじめ受領を拒絶しているというだけでなく、受領しないことが絶対確実であるような場合であっても、債務者は口頭の提供をしなければならないか。

判例には、建物の賃貸借において、賃貸人が、単に賃料の受領を拒絶するだけではなく、契約の解除を主張していた事案について、「債務者が言語上の提供をしても、債権者が契約そのものの存在を否定する等弁済を受領しない意思が明確と認められる場合」には、債務者は口頭の提供をしなくても債務不履行責任を免れるとしたものがある（最大判昭和32・6・5民集11巻6号915頁）。債権者があらかじめ受領を拒んでいても口頭の提供は必要だとされているのは、債権者が翻意して受領する可能性を否定できないからであるが、債権者に翻意の可能性が全くないような場合に口頭の提供を求めるのは無意味だからである。もっとも、その前提として、債務者が口頭の提供をすることが可能であることは必要である。したがって、債権者の受領拒絶意思が明確な場合であっても、弁済の準備ができない経済状態にあるため口頭の提供もできない債務者は、債務不履行責任を免れない（最判昭和44・5・1民集23巻6号935頁）。

3　受領遅滞

2で述べたことをふまえて、1でみた絵画甲の売買の例（→50頁）について考えると、売主Aが買主Bの住所に甲を持参したにもかかわらずBがこれを受領しないときは、現実の提供があったといえるから、Aは債務不履行責任を免れる（492条）。もっとも、Aは債務自体を免れるわけではないから、後日の履行請求に備えて、甲の保存義務を負い続けることになる。また、甲を引き続き保管することや、後日再び甲をBの住所に持参することには、当初予定されていた以上の費用がかかる。こうした負担をすべてAに負わせるのは不合理である。受領遅滞制度は、このような観点から、債務者の負担を軽減し、債権者が弁済を受領しないことによって生じた負担を債権者に転嫁している（413条）。

(1)　受領遅滞の要件

受領遅滞の要件は、債権者が債務の履行を「受けることを拒」んだこと（受領拒絶）、またはこれを「受けることができない」こと（受領不能）である。履行が可能であることが前提とされている。

ここにいう「受領」とは、債権者が事実として受領することを意味し、履行として認容するといった意思的要素を伴うものではない。また、受領拒絶は、

債権者の意思に基づくものではあるが、履行拒絶意思の明確な表示（415条2項2号、542条1項2号など）よりも広い概念である。

(2) 受領遅滞の効果

受領遅滞の効果として民法が規定しているのは、①債務者の注意義務の軽減（413条1項）、②増加費用の債権者負担（同条2項）、および③履行不能が生じた場合における帰責事由の割当て（413条の2第2項）である。このうち、①と③については、上記の受領遅滞の要件に加えて、債務者が履行の提供をしたことが必要である。このほか、債務者が債権者に対して、受領遅滞を理由に損害賠償請求や契約の解除ができるかも問題となりうる。

(a) 債務者の注意義務の軽減

特定物の引渡しを目的とする債務について受領遅滞があった場合、債務者の保存義務の程度は軽減される。すなわち、特定物債権の債務者は、「善良な管理者の注意」をもって目的物を保存する義務を負うが（400条。→第1章Ⅱ2(1)(b)(ii)〔20頁〕）、受領遅滞の場合には、履行の提供をした時から引渡しをするまで、「自己の財産に対するのと同一の注意」をもってその物を保存すれば足りる（413条1項）。

(b) 増加費用の債権者負担

また、弁済の費用は、別段の意思表示がなければ、債務者の負担とされるが（485条ただし書）、債権者の受領遅滞によって履行費用が増加したときは、その増加額は債権者の負担となる（413条2項）。たとえば、受領遅滞によって目的物の保管費用や再度の運搬費用などが必要となった場合には、これを支払った債務者は債権者に対して、増加分の費用の償還を請求することができる。

(c) 受領遅滞中に履行不能が生じた場合

受領遅滞の場合において、履行の提供があった時以後に当事者双方の責めに帰することができない事由によって履行不能が生じたときは、その履行不能は、債権者の責めに帰すべき事由によるものとみなされる（413条の2第2項）。このことは、とくに双務契約から生じる債務の履行が不能になった場合に意味がある。具体的に考えてみよう。

まず、受領遅滞中でなかった場合には、次のようになる。すなわち、双務契

約から生じる債務の履行が当事者双方の責めに帰することができない事由によって履行不能が生じた場合には、債権者は債務者に対し、履行を請求することも（412条の2第1項）、損害賠償を請求することも（415条1項ただし書）できない。他方で、債権者は、契約の解除をすることができるし（542条1項1号、543条参照）、たんに反対給付の履行を拒むこともできるから（536条1項）、債務者は債権者に対して反対債務の履行を請求することができない。1でみた絵画甲の売買の例（→50頁）に即していうと、甲が買主Bに引き渡される前に落雷によって焼失してしまった場合、Bは売主Aに対して甲の引渡しを請求することも損害賠償を請求することもできない。他方、AはBに対して代金の支払を請求することができない。

　では、受領遅滞中であった場合はどうか。この場合にも、債権者は債務者に対し、履行を請求することも、損害賠償を請求することもできない。また、履行の提供があった時以後に当事者双方の責めに帰することができない事由によって履行不能が生じたときは、受領遅滞中でなかった場合とは異なり、債権者は、契約の解除をすることができず（543条）、たんに反対給付の履行を拒むこともできない（536条2項）。このような履行不能は、当事者双方の責めに帰することができない事由によるものであっても、債権者の責めに帰すべき事由によるものとみなされるからである（413条の2第2項）。上の例に即していえば、買主Bが受領遅滞の状況にある場合において、落雷による甲の焼失が売主Aが履行の提供をした後に生じたときは、BはAに対して甲の引渡しを請求することも損害賠償を請求することもできないが、AはBに対して代金の支払を請求することができる。

　なお、売買の目的物が買主の受領遅滞後に滅失・損傷した場合に関する同様の規定としては、567条2項もある。この規定については、契約法の教科書を参照してほしい。

(d) 損害賠償請求や契約解除の可否

　弁済の受領は、債権者の権利であって義務ではないから、債権者が弁済を受領しないことは債務不履行ではない。したがって、債務者は債権者の受領遅滞を理由に損害賠償を請求することも、契約の解除をすることもできない。

　もっとも、弁済を受領しない債権者は、多くの場合、自身が負担する反対債

務を履行していない。この場合、債務者は、弁済の提供をして債権者の同時履行の抗弁を封じたうえで、反対債務の不履行を理由とする損害賠償の請求や契約の解除をすることができる。1でみた絵画甲の売買の例（→50頁）において、買主Bが甲の受領を拒絶した場合、売主Aは、Bの受領遅滞を理由に損害賠償請求や契約の解除をすることはできないが、Bの代金債務の不履行を理由に損害賠償の請求や契約の解除をすることはできる。

　また、当事者間の特約によって債権者の受領義務が定められていることがあり、この場合に、債務者が、債権者の受領義務の不履行を理由に損害賠償の請求や契約の解除ができることは当然である。さらに、特約がない場合であっても、個別の事情のもとで、債権者に信義則上の引取義務が認められる場合がある（最判昭和46・12・16民集25巻9号1472頁参照）。この場合にも、債務者は、債権者の引取義務の不履行を理由に損害賠償の請求や契約の解除をすることができる。信義則上の引取義務が認められる場合としては、継続的契約において債務者による給付のための人的・物的投資が当初にまとめて行われており、継続的に履行が受領されなければ債務者が投資を回収できない場合のほか、目的物がその性質上長期の保存に耐えられない場合などが考えられる。

III　弁済以外の債務消滅原因

　債権一般の消滅原因として、民法第3編第1章第6節は、弁済のほか、代物弁済（482条）、弁済供託（494条）、相殺（505条）、更改（513条）、免除（519条）、混同（520条）を定めている。また、債権は、財産権一般の消滅原因として民法第1編第7章に規定される消滅時効（166条）によっても消滅する。

　本項では、債権回収手段の項目において取り上げる相殺（→第9章［208頁］参照）を除く、弁済以外の債権一般の消滅原因を順次みてゆくことにする。

1　代物弁済

(1)　代物弁済とは何か

　代物弁済とは、弁済者が債権者との間で、債務者の負担した給付に代えて他の給付をすることにより債務を消滅させる旨の契約であり（482条）、諾成契約

である。

たとえば、AがBに対する100万円の貸金債務αの弁済に代えて、自己のCに対する120万円の売掛代金債権βをBに譲渡することによって、貸金債務αを消滅させることを目的とする場合がこれに当たる。

　本来の給付と異なる給付を目的とすることにより債務を消滅させる点では更改（→3(1)［60頁］）と類似するが、債務消滅の効果が発生するためには、現実に他の給付が行われなければならず、かつ債務消滅の効果が生じるまでの間は債務者が当初の給付を行い、債権者がこれを受領すれば、債務は消滅する点で更改と異なる。

　たとえば、債務者が自己の所有する不動産を代物弁済に供した場合、不動産の所有権移転の効果は原則として意思主義（176条）に基づき当事者間で代物弁済契約が成立した時点に生じる（最判昭和57・6・4判時1048号97頁）が、債務消滅の効果が生じるのは、原則として、債務者が代物給付義務の一環として負うべき対抗要件を具備させる義務を履行した時点すなわち所有権移転登記手続を完了した時点であると解される（最判昭和39・11・26民集18巻9号1984頁）。

(2)　代物弁済契約から代物給付までの法律関係

　代物弁済契約の締結により、債務者は代物の給付義務を負うが、もとの債務が消滅するのは代物給付時である。つまり、代物弁済契約から代物給付が行われるまでの間はもとの債務と代物給付義務が併存する。そこで、両者の関係について、①債権者が代物の給付を求めたにもかかわらず、債務者が当初の給付をすることによって債務を免れることができるか、②債務者が当初の給付につき弁済の提供をした場合に、債権者が代物の給付を求めることによって受領を拒絶することができるか、③代物として給付された目的物の品質や性質に何らかの問題があった場合に、債権者は完全履行（代物給付または修補）を請求できるか、が問題となる。これらの点については、基本的には当事者間の合意の解釈によって定まる。

2　弁済供託

(1)　弁済供託とは何か

　債務者が給付を完了するのに債権者の受領を必要とする場合、何らかの理由で債権者が給付を受領できなくなったり、あるいは受領を拒否することがありうる。たとえば、Aが所有する建物甲をBが賃借していたところ、Aが賃料の大幅値上げを通告してきたとしよう。賃料増額の是非につき争いたいBとしては、協議あるいは裁判所の判断によって増額後の賃料額が確定するまでの間（借地借家32条）、賃料の支払を暫定的に停止したいと考えるだろう。しかし、すでに使用収益をした分に相当する賃料に関して期限を過ぎた後も未払のまま放置しておけば、Bは賃料債務につき履行遅滞に陥ってしまう。そこで、従前の賃料の受領をAが拒絶する場合でも、賃借人が債務の負担から解放されるため、債権を消滅させるための仕組みが必要になる。これが供託である。

　供託は、この他にも、他人に生じる損害の賠償を担保するために行う担保供託、保管のための供託（394条2項・578条）、執行機関が供託金の払渡しにつき直接の管理権限を有する執行供託（民執156条1項・2項）などがあるが、ここでは弁済供託だけを扱うことにしよう。

(2)　弁済供託の要件

　弁済供託は、次のいずれかの要件を満たす場合に行うことができる（494条）。

(a)　債権者の受領拒絶

　債務者が弁済の提供をした場合において、債権者がその受領を拒んだときである（1項1号）。債権者が予め受領を拒んでいる場合でも、原則として債務者は口頭の提供をしてからでないと供託することはできない。もっとも、口頭の提供をしても債権者が受領を拒絶することが明確な場合はただちに供託できる（口頭の提供も不要な場合→2(3)［54頁］）。

(b)　債権者の受領不能

　債権者が弁済を受領することができないときである（1項2号）。たとえば債務者の電話による問い合わせに対して債権者が不在で居場所がわからないとの

返事があった場合は受領不能に当たると解される（大判昭和9・7・17民集13巻1217頁）。

(c) 債権者の不確知

弁済者が過失なく債権者を確知することができない場合（2項）、つまり弁済者が善良な管理者の注意を払っても債権者が誰であるかを確知することができない場合である。たとえば、債権者の相続人を自称する者に本当に相続資格があるのか不明な場合が考えられる。債権の二重譲渡の場合は第三者対抗要件に関するルールに従って債務者は優先すべき債権者に弁済すべきであるから供託できない（レアケースであるが、債権譲渡の第三者対抗要件具備の先後が不明の場合など、供託が認められる場合がある→第11章Ⅲ2(2)(c)[243頁]）。なお、譲渡制限特約付債権が譲渡された場合、譲渡は常に有効であり、債務者が「債権者不確知」を理由とする供託をすることはできないが、弁済の相手方を固定したいとする債務者の利益を保護するため例外的に供託が認められている（→第11章Ⅱ2(3)(b)[235頁]）。

(3) 弁済供託の方法

弁済供託は債務の履行地の供託所で行う。金銭・有価証券は、法務局または地方法務局などに（供託1条）、その他の物品については倉庫営業者または銀行（供託5条）に供託される。これら法律の規定により場所が決まらない場合、裁判所は弁済者の請求により、供託所を指定し、供託物の保管者を選任しなければならない（495条2項）。そして、供託をしたBは、遅滞なく債権者Aに供託の通知をしなければならない（同条3項）。

弁済供託は債務消滅原因であるから、債務者は債権者に対して債務の本旨にしたがった弁済と同一内容の目的物を得させなければならない。たとえば100万円の金銭債権αにつき債務者が50万円だけを供託しても、その供託はその部分についても効力を生じないのが原則である。もっとも、弁済の提供の場合と同様に、供託した金額に僅少な不足があるにとどまる場合、たとえば99万円を供託した場合、99万円の範囲において供託は有効である（→Ⅱ2(2)(a)[55頁]）。

(4) 弁済供託の効果

(a) 債務の消滅

債務者が供託をした時点で債務は消滅する。

(b) 債権者の供託物還付請求権

債権者は供託所に対して供託物還付請求権を取得する（498条1項）。債務者が債権者の給付に対して弁済をすべき場合は、債権者はその給付をしなければ供託物を受け取ることができない（同条2項）。

(c) 供託者の供託物取戻請求権

債権者が供託を受諾せず、または供託を有効と宣告した判決が確定しない間には、供託者は供託物を取り戻すことができる。この場合は供託をしなかったものとみなされる（496条1項）。もっとも、供託によって質権または抵当権が消滅した場合には適用されない（同条2項）。供託物の取戻しを解除条件として供託時に債権が消滅すると解するのが、条文の表現と整合的である。

弁済供託は寄託契約（657条）の性質を有するところ、供託物取戻請求権は一般の債権と同様に消滅時効にかかる。消滅時効の起算点は「権利を行使することができる時」（166条1項2号）または「債権者が権利を行使することができることを知った時」（同項1号）であり、供託の時から取戻請求をすることができる以上、消滅時効は供託時から進行を開始しうるようにみえる。しかし、取戻請求権の消滅時効も、その行使につき法律上の障害がある場合はその障害が除去されるまでの間進行を開始しない。たとえ法律上の障害がなくても、権利の性質上、その権利行使が現実に期待できるものであることを必要とするから、供託の基礎となった債務についての紛争が解決するなど、供託者が免責を受ける必要が消滅した時点から起算される（最大判昭和45・7・15民集24巻7号771頁）。

(5) 自助売却権

弁済者は、次の場合に、裁判所の許可を得て弁済の目的物を競売に付し、その代金を供託することができる（497条）。①弁済の目的物が供託に適しないとき、②その物について滅失、損傷その他の事由による価格の低落のおそれがあるとき、③その物の保存について過分の費用を要するとき、④その他その物を

供託することが困難な事情があるとき、である。

3　更改

(1)　更改とは何か

　更改は、新しい債務を成立させることによって、従前の債務を消滅させる旨の契約である（513条）。旧債務とともに、旧債務に付着していた担保や抗弁も更改契約の成立により、消滅するのが原則である。

　更改には、①従前の給付の内容について重要な変更をするもの（同条1号）、②従前の債務者が第三者と交替するもの（同条2号）、③従前の債権者が第三者と交替するもの（同条3号）の3つのタイプがある。機能的にみると、①は代物弁済に（→1）②は免責的債務引受に（→第12章）、③は債権譲渡に（→第11章）類似する。

(2)　給付内容の更改

　たとえば、画家AがBから借りたお金を返す代わりに、Bの娘の肖像画を描くことで返還債務を免れようと考えたとする。このとき、Aは、Bとの合意により、給付内容を金銭の支払（旧債務）から肖像画を描くこと（新債務）に改めることができる。これを給付内容の更改という。更改契約の時点で旧債務が消滅するから、更改契約後に債務者が当初の給付（上の例では金銭の交付）を行うことはできなくなる。また、旧債務を消滅させて新債務を成立させることによって、更改の効果は完結すると考えられる。したがって、その後の不履行は問題となりえず、更改後の新債務が履行されない場合でも、債権者は更改契約を解除することができず、旧債務が復活することもない。

　これに対して、旧債務を新債務に置き換えるのではなく、Aがお金を返す代わりに、Bの娘の肖像画を描いてその絵をAに引き渡すことをもって返還債務を消滅させる合意をすることも考えられ、この場合は、1でみた代物弁済契約によることになる。

(3)　債務者の交替による更改

　債務者の交替による更改は、債権者と新しく債務者となる者の合意に加え

て、債権者から旧債務者に更改契約をした旨の通知がされることにより効力が生じる（514条1項後段）。機能的に類似する免責的債務引受の効力（472条2項）と平仄を合わせた形になっている（→第12章Ⅲ2［256頁］）。2017年改正前民法514条は、弁済をするにつき正当な利益を有しない者による第三者弁済の有効要件と同様に、旧債務者の意思に反しないことを債務者の交替による更改の要件としていた。しかし、債務者の内心の意思によって更改の効力が左右されるとすれば、債権者と新債務者が債務者の意思を知り得ない場合に、債務者の変更による更改が有効に成立するか否かが明らかとはならず、債務者から事後的に無効を主張されるリスクがあったため、このように改められている。

効果に関しても免責的債務引受に準じて、更改後の債務者は更改前の債務者に対して求償権を取得しないものとされている（514条2項）。

(4) 債権者の交替による更改

債権者の交替による更改は、新旧両債権者と債務者との三面契約によって行うことができる（515条1項）。債権譲渡の場合と異なり、債務者は更改契約の当事者として債権者の交替の過程に関与する。もっとも、債権譲渡と類似の機能を有することから、債権譲渡と同様に、確定日付ある証書によって更改をしなければ第三者に対抗することができない（同条2項）。

新債務の発生原因に無効・取消事由があるため新債務が有効に成立しえない場合、旧債務はどうなるかという問題がある。たとえば、AのBに対する300万円の貸金債権を消滅させる代わりに、BがAの経営する風俗店で働くという更改契約が結ばれた場合、風俗嬢として稼働する債務は公序良俗違反ゆえに無効となる。2017年改正前民法517条によれば、この場合旧債務（300万円）は消滅しないとされていたが、現行法では、更改後の債務の発生原因に無効・取消事由があった場合における旧債務の帰すうについては、債権者に免除の意思表示があったといえるかどうかに関する個別の事案ごとの判断に委ねられている。

(5) 更改後の債務への担保の移転

旧債務の担保は新債務に当然には承継されない。しかし、債権者（債権者の

交替による更改にあっては、更改前の債権者）は、更改前の債務の目的の限度において、その債務の担保として設定された質権または抵当権を更改後の債務に移すことができる。ただし、第三者がこれを設定した場合は、その承諾を得なければならない（518条1項）。

1項の質権または抵当権の移転は、あらかじめまたは同時に更改の相手方に対してする意思表示によってしなければならない（同条2項）。更改によって被担保債権である旧債権・債務が消滅するところ、更改契約により被担保債権が消滅した後に質権・抵当権が移転したのでは、消滅に関する付従性に抵触することになる。そこで、免責的債務引受の場合と同様に（→第12章Ⅲ4［257頁]）、遅くとも更改契約の時点までに質権・抵当権の移転の合意をしなければならないものとされている。

4　免除

免除は、債権者の債務者に対する一方的な意思表示によって債権を消滅させる行為（相手方のある単独行為）である（519条）。免除の意思表示は明示のもののみならず、借用証書を返還するなど黙示でも足りる。また免除に条件・期限を付し、あるいは債権の一部だけを免除することもできる。免除の効果は債権の消滅であるが、第三者の利益を害することはできないと解される。

なお519条は任意規定であり、債権者と債務者が免除の契約をすることも可能である。

5　混同

債権と債務が同一人に帰属した場合、その債権はもはや存在意義を失うとみられることから、債権は、原則として、混同により消滅する（520条）。たとえばAが所有する土地の賃借人BがAの死亡にともない単独でAを相続した場合、Bの賃借権は消滅する。ただし混同した債権が第三者の権利の目的である場合は、混同による消滅の効果を生じない。

たとえば、家屋の転借人が当該家屋の所有者たる賃貸人の地位を承継しても、賃貸借関係および転貸借関係は当事者間に合意のない限り消滅しない（最判昭和35・6・23民集14巻8号1507頁）。

第3章

債務不履行

I　債務不履行の場合に債権者がとりうる法的手段

　第1章・第2章でみたように、債権とは、債権者が債務者をして一定の行為をなさしめ、その行為のもたらす結果ないし利益を当該債務者に対する関係において適法に保持しうる権利であり、債務者が任意に債務の履行をすれば、債権はその目的を達成して消滅する。では、債務者が任意に債務の履行をしない場合、債権者はどのような法的手段をとることができるのだろうか。

　以下ではまず、契約から生じた債務が履行されない場合を念頭に、債務不履行一般について認められる法的手段と、物の引渡債務において、引き渡された目的物が契約内容に適合しない場合に認められる法的手段を概観する。そのうえで、債務不履行の態様との関係を整理し、本書の対象を示すこととしたい。

1　履行の強制・契約の解除・損害賠償の請求

　債権者がとりうる基本的な法的手段としては、履行の強制（414条1項）と損害賠償の請求（415条）があり、不履行債務が契約から生じたものである場合には、契約の解除をすることもできる（541条・542条）。売主Aと買主Bとの間でA所有の中古車甲を代金100万円で売買する旨の契約が締結され、Bは代金を支払ったが、Aは履行すべき時期（履行期）が到来しても甲を引き渡さないという例に即して考えてみよう。まず、あくまで債権の内容の実現を目指す場合には、Bは、Aに対して甲の引渡しを求める訴訟を提起し、最終的には、甲の引渡しを強制することができる。他方で、債権の内容の実現を諦める場合に

は、Bは、契約の解除をすることができる。契約の解除がされると、Bは甲の引渡しを求めることはできなくなる一方で、支払った代金の返還を請求することができる（545条1項）。Bは、契約の解除をすることで、自身の債務から解放されるのである。このほか、BはAに対して、甲が引き渡されなかったことによって生じた損害の賠償を請求することもできる。

以上の3つの法的手段、すなわち履行の強制、契約の解除および損害賠償の請求のうち、前二者は両立しない。履行の強制は、債権が存続することを前提にその内容実現を図る手段であるのに対し、契約の解除は債権を消滅させる手段であるから、両者は相容れないのである。実質的にみても、先の例で、買主Bによる履行の強制と契約の解除を同時に認めると、Bは中古車甲の引渡しを受けつつ、代金債務を免れることができることになってしまう。この結論がBを不当に利するものであることは明らかである。

これに対し、損害賠償の請求は、履行の強制とも（414条2項）、契約の解除とも（545条4項）、両立する。履行の強制によって債権の内容が実現したとしても、あるいは契約の解除がされたとしても、債務不履行によって生じた損害がすべてなくなるわけではない以上、それに加えて損害賠償の請求ができるのは当然のことである。ただし、債権者が損害賠償の請求とそれ以外の手段を併用することで、債権者が適時に債務の履行を受けた場合の利益状態を超える利益を得ることは認められない。

2　追完請求・代金減額請求

物の引渡しを目的とする債権の債権者は、「引き渡された目的物が種類、品質または数量に関して契約の内容に適合しないものであるとき」には、以上とは異なる法的手段をとることもできる。具体的には、追完請求（562条）と代金減額請求（563条）である（売買に関する規定であるが、請負等の有償契約にも準用される[559条]）。たとえば、中古車甲の売買において、売主Aが買主Bに甲を引き渡したが、その甲に欠陥があった場合、BはAに対し、甲の修補を求めることや、代金の減額を求めることができる。なお、こうした法的手段が認められていることは、債権者（B）が損害賠償を請求したり契約の解除をしたりすることを妨げるものではない（564条）。

3 債務不履行の態様との関係

債権者が、以上の法的手段のうちどれを、どのような要件のもとでとることができるかは、債務不履行の態様によって異なる。

債務不履行の態様としては、①履行遅滞、②履行不能、③その他の債務不履行がある（詳しくは→Ⅲ1(1)［80頁］）。このうち①履行遅滞とは、履行が可能であるのに履行期が到来しても債務者が履行をしないことをいい、②履行不能とは、債務の履行が不可能と認められることをいう。③その他の債務不履行としては、引き渡された目的物が契約の内容に適合しない場合や、付随義務違反の場合などを挙げることができる。それぞれの場合に債権者がとりうる法的手段の概要は、次のとおりである。

①履行遅滞の場合には、債権者は、原則として履行の強制をすることができるし、催告をしたうえで契約の解除をすることもできる（541条本文。ただし、不履行が軽微であるときは、契約の解除は認められない［同条ただし書］）。損害賠償を請求することもできるが、履行に代わる損害賠償の請求をするためには、債務者がその債務の履行を拒絶する意思を明確に表示したか、契約の解除権が発生したことが必要である（415条2項2号、3号）。

②履行不能の場合には、債権者は、履行の強制をすることはできないが（412条の2第1項）、履行に代わる損害賠償の請求をすることができ（415条2項1号）、催告をすることなく契約の解除をすることもできる（542条1項1号）。

③その他の債務不履行のうち、引き渡された目的物が契約の内容に適合しない場合には、債権者は、損害賠償の請求や契約の解除のほか（564条参照）、追完請求（562条）や代金減額請求（563条）をすることができる。付随義務違反の場合には、損害賠償を請求することができ（415条1項）、場合により契約の解除をすることも可能である（541条）。

4 本章の対象

本章では、上記の5つの法的手段のうち、履行の強制と損害賠償の請求しか扱わない。「債権総論」が扱う範囲である民法第3編「債権」第1章「総則」に規定があるのはこの2つだけだからである。他の法的手段のうち、契約の解

除は、同編第2章「契約」第1節「総則」の中に、追完請求および代金減額請求は同章第3節「売買」の中に、それぞれ規定されており、契約法の教科書で扱われる。

II　履行の強制

　債務者が任意に債務の履行をしないときは、債権者は、履行の強制を裁判所に請求することができる（414条1項本文）。国家の助力を得て強制的に債権の内容の実現を図ることができるのである。履行の強制が認められるためには、前提として、債権者が債務者に対して債務の履行を請求できるのでなければならない。そして、履行の請求や強制は、債権の力に基礎づけられている。そこで、以下ではまず、債権に含まれる力について説明する。そして、履行請求が認められるための要件を確認した後に、履行の強制の方法を概観しよう。

1　債権に含まれる力

(1)　請求力・給付保持力・訴求力・執行力

　債権には、請求力、給付保持力、訴求力、執行力という4つの力が含まれている。

　まず、債権者は債務者に対して、任意に債務の履行をせよと請求できる。この力を「請求力」という。

　次に、債権者は、債務者がした給付を同人との関係で適法に保持することができる。債権者は、債務者から給付したものの返還を求められることはない。この力を「給付保持力」という。

　債務者が任意に債務の履行をしない場合には、債権者は債務者に対して、訴えによって債務の履行を請求することができる。この力を「訴求力」という。裁判所は、債権者（原告）の債務者（被告）に対する請求に理由があると認めた場合には、たとえば、「被告は原告に対し、○○を引き渡せ」、あるいは「被告は原告に対し、金○○円を支払え」といった判決（給付判決）をする。

　さらに、給付判決が確定してもなお債務者が任意に債務の履行をしない場合には、債権者は、債務の性質がこれを許さないのでない限り、強制執行の手続

をとることによって、強制的に、債権の内容を実現することができる。この力を「執行力」という。執行力には２種類ある。第１は、債権の内容がそのまま実現される場合であり、「貫徹力」とよばれる。たとえば、特定物債権について、債権者が「被告は原告に対し、甲を引き渡せ」という判決に基づいて強制執行を申し立てると、執行官の関与のもと、目的物（甲）について債務者の占有が解かれて債権者の占有に移されることになる（民執168条１項、169条１項）。このとき、債権者は甲以外の物にかかっていくことはできない。これに対し、第２に、金銭債権の場合には、債権者は債務者の財産全体（厳密にいえば、総財産から担保物権により把握された財産や差押禁止財産を除いた一般財産。「責任財産」ともいう。→第４章Ⅰ［110頁］）にかかっていくことができる。これを「摑取力^{かくしゅ}」という。「被告は原告に対し、金○○円を支払え」という判決に基づく強制執行は、債務者の財産を換価して得られた金銭を債権者に与えるという形でされる。

(2) 力が不完全な債権

　いわゆる紳士協定のように、以上の４つの力の全部が欠けている場合には、そもそも法的に「債権」があるとはいえない。これに対し、債権の力の一部が欠けることはありうる。

(a) 訴求力がない場合：自然債務

　請求力・給付保持力はあるが、訴求力・執行力がない場合の債務を「自然債務」とよぶことがある。その例としては、①不起訴の合意（不訴求の合意）がある場合、②勝訴の終局判決後に債権者が訴えを取り下げた場合（民訴262条２項参照）のほか、③破産手続において免責された債権、④消滅時効が完成し債務者が時効を援用した場合等が挙げられる。③免責許可の決定が確定すると、破産者は破産債権について責任を免れ（破産法253条１項柱書本文）、債権者は訴えをもって履行を請求しその債権の強制的実現を図ることはできなくなるが（最判平成９・２・25判時1607号51頁、最判平成11・11・９民集53巻８号1403頁、最判平成30・２・23民集72巻１号１頁参照）、債務者が任意に弁済をした場合には、その弁済は有効だと解されている。④消滅時効が完成し債務者が時効を援用すると債権は消滅するが（166条１項）、これを自働債権とする相殺は許容されている

し（508条）、任意に弁済をした債務者は、債権者に対して不当利得返還請求をすることができないと解されている。

以上のほか、「カフェー」の客が女給の歓心を買うためにした金員供与の約束について、「諾約者が自ら進で之を履行するときは債務の弁済たることを失はざらむも、要約者に於て之が履行を強要することを得ざる特殊の債務関係」を生じる余地を認めた判例（大判昭和10・4・25新聞3835号5頁［平仮名にし、読点を補った]）について、合意による自然債務の発生を認めたものと評されることがある。

(b) 執行力がない場合：責任なき債務

請求力・給付保持力・訴求力はあるが、執行力がない場合もある。この場合の債務は「責任なき債務」とよばれる（債務と責任については→第4章Ⅲ［114頁]）。たとえば不執行の合意がある場合であり、この場合、裁判所は、判決主文において、当該請求権について強制執行ができないことを明らかにすべきである（最判平成5・11・11民集47巻9号5255頁）。

2 履行の請求

(1) 履行請求が認められるための要件

履行の請求は、裁判外でするときは債権の請求力の、訴えによってするときは債権の訴求力のあらわれであり、債権者が履行の請求をすることができるのは当然である。このことを正面から定める規定はないが、412条の2第1項は、債権者が履行請求権を有することを前提としている。

債権者は、債権が存在しており、かつ履行期が到来していれば、履行の請求をすることができる。債務不履行による損害賠償を請求する場合とは異なり（415条1項ただし書参照）、債務者が履行期に履行をしないことが債務者の責めに帰することができない事由によるものであっても、履行の請求は認められる。

もっとも、債務の履行が契約その他の債務の発生原因および取引上の社会通念に照らして不能であるときは、債権者はその債務の履行を請求することができない（412条の2第1項）。債務の履行が物理的に不可能である場合、たとえば、売買の目的物である建物が引渡前に滅失した場合に、あくまでその建物を

引き渡せと求めることができないのは当然である。また、物理的には履行が可能であっても、取引上の社会通念に照らして履行不能とされる場合がありうることにも、異論はないだろう。たとえば、売買の目的物が契約後に取引禁止となった場合には、売主の目的物引渡債務は履行不能になる（大判明治39・10・29民録12輯1358頁）。また、不動産が二重に譲渡され、第二譲受人が所有権移転登記手続をしたときは、譲渡人の第一譲受人に対する目的物引渡債務は原則として履行不能になる（最判昭和35・4・21民集14巻6号930頁）。このほか、賃借人が賃貸人の承諾を得て目的物を転貸したが、賃貸借契約が賃借人（転貸人）の債務不履行を理由とする契約の解除により終了した場合において、賃貸人が転借人に対して直接目的物の返還を請求したときは、転貸人の転借人に対する債務は履行不能になるとされている（最判平成9・2・25民集51巻2号398頁）。

　問題は、債権者が受ける利益に比して債務の履行に過大な費用を要する場合に、債権者の履行請求を認めるべきか、履行不能だとしてこれを否定すべきかである。追完請求の例ではあるが、Aからタグボートの建造を請け負ったBが竣工したタグボート甲をAに引き渡したが、甲には旋回する際に振動が生じるという不具合があったことから、AがBに対して修補を求めた場合について考えてみよう。この不具合を直すためには、甲の船体を切断してその一部を取り替えるという大掛かりな工事が必要である一方で、不具合があっても甲の運航には大きな支障がなく、他の船と同様の収益をあげていたとする。このように、契約不適合の程度が軽微であるのに対し、修補に著しく過大な費用を要する場合には、修補は不能であり、追完請求は認められないと解するべきだろう（改正前634条1項ただし書参照）。なお、費用の過大性ゆえに修補不能とされる場合には、修補費用相当額を損害賠償として請求することもできないと解される（最判昭和58・1・20判時1076号56頁参照）。

　履行不能であるか否かは、事案ごとに「契約その他の債務の発生原因及び取引上の社会通念に照らして」判断せざるをえない。契約から発生する債務に関しては、契約において債務者がどこまでの義務を負っていたのかという視点が重要である。

事情変更の原則

　履行不能の判断にあたって債務の履行に要する費用が過大であるかを考える際に、債務者が負担する費用と比較されるのは、債権者が受ける利益であって、債務者が受ける利益ではない。たとえば、BがAからタグボートの建造を請け負った後に、原材料の価格が大きく上昇し、採算が取れなくなってしまったとしても、Bの債務が履行不能になるわけではなく、Bはタグボートを建造しなければならない。また、BはAに対し、契約で定められた額の報酬しか請求することができないのが原則である。

　このような場合に、Bが主張する可能性があるのが「事情変更の原則」である。事情変更の原則とは、契約締結の際に基礎とされた事情に変更が生じた結果、当初の契約内容に当事者を拘束することが著しく不当になった場合に、契約の解除または改訂を認める法理であり、これを適用するためには、契約締結後の事情変更が、当事者が予見しえずかつその責めに帰することのできない事由によって生じたことが必要だとされている。たとえば、上の例における原材料費の高騰が、契約締結時には想定不可能だった戦争の勃発に起因するものだった場合には、事情変更の原則の適用によって、Bが契約の解除をしたり、報酬の増額を求めたりすることができるかが問題となりうる。

　もっとも、最高裁は、事情変更の原則の適用がありうることを一般論としては認めているものの、これを適用したことはない（最判平成9・7・1民集51巻6号2452頁等）。詳しくは、契約法の教科書を参照してほしい。

代償請求権

　本文中で述べたとおり、債務の履行が不能となった場合、債権者は履行の請求をすることができない。しかしながら、債務者が履行不能と同一の原因によって目的物に代わる権利または利益を得ていることがある。このような場合に、債務者が履行義務を免れる一方で目的物に代わる権利または利益を保持できるとすると当事者間の公平を失する。そこで、422条の2は、「債権者は、その受けた損害の額の限度において、債務者に対し、その権利の移転又はその利益の償還を請求することができる」と定めている。これを「代償請求権」とよぶ。たとえば、賃貸借の目的物である建物が第三者の放火により焼失した場

合、賃貸借は終了する（616条の2）。そして、建物が滅失している以上、賃借人の目的物返還義務（601条参照）は履行不能であり、賃貸人は建物の返還を求めることはできない（412条の2第1項）。もっとも、もし賃借人が火災保険をかけていれば、賃貸人は賃借人に対し、その保険金債権の移転または賃借人が受領した保険金の償還を請求することができる。

　なお、代償請求権が認められるための要件として、履行不能が債務者の責めに帰することができない事由によるものであることが必要であるか否かについては、議論がある。

(2) 履行請求訴訟における攻撃防御

　ここで、債権者が訴えによって債務の履行を請求する場合に、債権者（原告）と債務者（被告）がどのように攻撃防御を展開するのかを整理しておこう。

　まず、債権者は、請求原因（民事訴訟において、請求を基礎付けるために必要な事実）として、債権の発生原因事実を主張立証すれば足りる。たとえば、売主Aと買主Bとの間でA所有の中古車甲を代金100万円で売買する契約が締結された場合において、BがAに対して甲の引渡しを請求するときは、Bは、AB間で甲を代金100万円で売買する旨の合意がされた事実を主張立証すれば必要十分である。

　これに対して、請求を争う債務者は、第1に、請求原因事実を否認することができる。たとえば、Aが、そもそもそのような合意はないと主張する場合である。また、第2に、抗弁として、請求原因事実と両立しつつその法的効果を覆滅する事実を主張立証することもできる。履行不能は抗弁であり、たとえば甲が滅失した場合には、Aはこのことを主張することができる。債務者が主張しうる抗弁には、このほか、弁済や消滅時効などがある。契約から生じる債権については、契約の無効や取消し、契約の解除、同時履行の抗弁（533条）、危険負担による履行拒絶（536条1項）も抗弁となりうる。債権者が請求原因事実の立証に失敗した場合には、請求棄却判決（「原告の請求を棄却する」との判決）が出される。債務者が抗弁事実の立証に成功した場合にも請求棄却判決が出されるが、同時履行の抗弁が認められた場合には引換給付判決（たとえば、「被告は、原告から金100万円の支払を受けるのと引き換えに、原告に対し、甲を引き渡せ」と

の判決）が出される。

3　履行の強制の方法

(1)　強制執行の申立て

　債務者が任意に債務の履行をしないときは、債権者は、民事執行法その他の強制執行の手続に関する法令の規定に従って、履行の強制を裁判所に請求することができる（414条1項本文）。具体的には強制執行の申立てをすることになるが、強制執行は、確定判決などの債務名義に基づいて行われるのが原則であるから（民執22条）、債権者はまずは債務名義を取得しなければならない。たとえば、AがBに対して100万円を貸したのに、期限になってもBが返済をしない場合において、Aが、Bを被告として貸金返還請求訴訟を提起し、請求認容判決を得ると、その確定判決が債務名義になる（同条1号）。

　もっとも、履行の強制は、債務の性質がこれを許さない場合には、認められない（414条1項ただし書）。たとえば、芸術的な創作をする債務のように、債務者の意思に反して強制したのでは債務の本旨に従った履行ができない場合には、債務の履行を命じる判決が確定したとしても、債権者は、強制執行の申立てをすることができない。

(2)　強制執行の方法

　414条1項は、履行の強制の方法として、①直接強制、②代替執行、③間接強制を挙げる。①直接強制は、執行機関が直接、債務の内容を強制的に実現する方法である。②代替執行は、債務の内容である一定の作為について、裁判所が債権者に授権して、債務者以外の者に作為をさせ、その費用を債権者が債務者から取り立てる方法である。③間接強制は、裁判所が債務者に対し、一定の期間内に履行しなければ制裁として一定額の金銭（間接強制金）の支払を命じることで、その意思を圧迫し、債務者に履行を強いる方法である。

　債権者がどの方法を利用することができるかは、債権の種類（→第1章Ⅱ1[18頁]）によって異なる。たとえば、金銭債権については原則として直接強制のみが認められているが（民執43条以下）、夫婦間の婚姻費用分担義務（民760条）や子の監護費用分担義務（766条1項。いわゆる「養育費」）など「扶養義務等

に係る金銭債権」については、一定の要件のもとで、間接強制も認められている（民執167条の15、167条の16）。また、金銭以外の物の引渡債権については、直接強制（民執168条〜170条）または間接強制（民執172条1項）による（民執173条1項）。以上に対し、行為債務については、直接強制は認められない。行為債務のうち、代替的な作為を目的とする債務、つまり債務者でなくてもその内容を実現できるものについては、代替執行（民執171条1項1号）または間接強制（民執172条1項）による（民執173条1項）。不代替的な作為を目的とする債務、つまり債務者自身がするのでなければ債務の本旨に従った履行とはいえないものについては、間接強制によるほかない。不作為を目的とする債務については、間接強制（172条1項）によるほか、不作為債務の不履行によって有形的な結果が残されている場合には代替執行（民執171条1項2号）を用いることができる（民執173条1項）。

　具体的な手続については民事執行法の教科書を参照してほしい。

子の引渡しの強制執行

　夫婦が別居したり離婚したりする際に、子の引渡しをめぐる紛争が生じることがある。この場合、裁判手続および執行手続において、子の利益をどのように考慮するかが問題となる。

　親権者や監護権者が子の引渡しを求めるために用いることができる手続としては、①家事事件手続、②民事訴訟手続、③人身保護手続があるが、家庭裁判所調査官による調査を通じて子の利益に関する事情を審理に反映することができる①家事事件手続が広く用いられている。判例には、②民事訴訟手続において親権に基づく妨害排除請求として子の引渡しを求めることが権利の濫用にあたるとしたものがある（最判平成29・12・5民集71巻10号1803頁）。また、③人身保護請求が認められるためには、拘束者が被拘束者を拘束しており、当該拘束の違法性が顕著であることが必要であるところ（人身保護規則4条）、夫婦の一方が他方に対し、共同親権に服する幼児の引渡しを人身保護手続によって請求するためには、拘束者が幼児を監護することが請求者による監護に比して子の幸福に反することが明白でなければならないとされている（最判平成5・10・19民集47巻8号5099頁）。

　①家事事件手続または②民事訴訟手続の手続によって子の引渡しを命じる審

判または判決がされた場合には、その強制執行の方法が問題となるが、民事執行法174条は、次のように定めている。すなわち、子の引渡しの強制執行は、「執行裁判所が決定により執行官に子の引渡しを実行させる方法」（直接強制）または間接強制のいずれかによるが（1項）、強制執行が子の心身に与える負担を最小限にとどめる観点から、直接強制ができる場合は限定される（2項）。また、直接強制による場合にも、執行裁判所および執行官は、できる限り、強制執行が子の心身に有害な影響を及ぼさないよう配慮しなければならない（176条）。間接強制についても、子の心身に有害な影響を及ぼすことのないよう配慮しつつ子の引渡しを実現するために合理的に必要と考えられる義務者の行為を具体的に想定することが困難な場合には、過酷な執行として許されない場合がある（最判平成31・4・26判時2425号10頁参照）。

なお、国境を越えた子の不法な連れ去りがされた場合の子の返還については、国際的な子の奪取の民事上の側面に関する条約の実施に関する法律が規定している。

(3) 強制執行の対象となる財産

金銭債権や金銭以外の物の引渡債権に基づいて直接強制がされる場合、債務者の一定の財産が債権の満足に供せられることになる。もっとも、強制執行の対象となりうる財産の範囲は、金銭以外の物の引渡債権に基づく場合と金銭債権に基づく場合とで異なる。

金銭以外の物の引渡債権については、執行官が債務者の目的物に対する占有を解いて債権者にその占有を取得させる方法によって、強制執行がされる（民執168条1項、169条1項）。この場合に強制執行の対象となるのは、債権の目的物のみである（貫徹力→II 1⑴［70頁］）。

これに対し、金銭債権については、債務者の一般財産が強制執行の対象となりうる（摑取力→II 1⑴［70頁］）。したがって、債権者は、債務者の一般財産に属する不動産、動産、債権などの財産について強制執行を申し立てることができる。強制執行の手続は、対象財産の種類によって異なる（不動産に対する強制執行については同法43条以下、動産に対する強制執行については同法122条以下、債権に対する強制執行については同法143条以下が、それぞれ規定している）。

⑷　債権執行のしくみ

　金銭債権に基づく強制執行は、基本的に、①対象財産を差し押さえ、②その財産を金銭に換え、③その金銭を債権者に配当するという手順で行われる。②対象財産を金銭に換える方法としては、対象財産を売却してその対価を得る方法が一般的であるが、不動産については収益の収受・換価する方法もあり（強制管理［民執93条以下］）、債権については、債権者がこれを取り立てる方法や、債権を債権者に移転する方法がとられることもある。少し細かい話になるが、本書の複数の箇所で前提とされていることなので、Bに対して債権αを有するAが、BのCに対する債権βについて強制執行を申し立てる場合を例に、債権に対する強制執行（債権執行）のしくみを簡単に説明しておこう。

　債権執行の手続は、債権者Aが執行裁判所に、債権βについて債権差押命令の申立てをすることから始まる（→図表3-1）。執行裁判所は、これを受けて、管轄や執行開始要件があるかどうか、債権βが差押禁止債権に該当しないかなどを調査して、問題がなければ、差押命令を発する。差押命令は債務者Bおよび第三債務者Cに送達され（民執145条3項）、差押命令がCに送達された時に差押えの効力が生じる（同条5項）。差押えの効力が生じると、Bは債権βについて取立てその他の処分ができなくなり、CのBに対する弁済は禁止される（同条1項）。

【図表3-1】

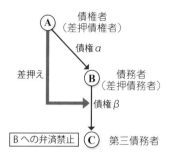

　差押命令がBに送達されてから1週間が経過すれば、AはCから直接、債権βを取り立てることができ（民執155条1項）、Cが任意に弁済しなければ、取立訴訟を提起することができる（民執157条）。AがCから支払を受けたときは、

債権αは、支払を受けた額の限度で、弁済されたものとみなされる（民執155条
3項。→図表3-2［左］）。もっとも、Bの他の債権者が配当要求をしたり、債
権βについて差押えが競合したりすると、Cは供託をしなければならない（民
執156条2項）。そして、供託された金銭は債権額に応じて平等に配当される。
そうすると、Aは債権βを差し押さえたからといって、必ずしも債権βからの
満足を独占できるわけではない。債権βはBの財産から逸出していない以上、
債権者平等の原則（→第4章Ⅰ［110頁］）が妥当するわけである。

　これに対して、Aが債権βからの満足を独占する手段も準備されている。転
付命令の制度である（→図表3-2［右］）。すなわち、Aは、債権差押命令に加
えて、転付命令も申し立てることができる（民執159条1項）。転付命令によっ
て債権βはAに移転するから、Aは債権βを行使してCから弁済を受けること
ができ、その金員をBの他の債権者と分け合う必要はない。債権βはBの財産
から逸出しているから、Bの他の債権者はもはや債権βについて配当要求をす
ることも差押命令を得ることもできないのである。

【図表3-2】

　このように説明すると、Aは債権差押命令だけではなく、転付命令も申し立
てたほうが常に有利なのではないかと思うかもしれない。ところが、話はそう
単純ではない。というのも、転付命令によって債権βがAに移転した場合、債
権αは債権βの券面額で弁済されたことになるからである（民執160条）。債権
αの額と債権βの額とが同額であれば、転付命令の結果、債権αは消滅するこ
とになる。そうすると、もしCが無資力で実際には債権βを回収できなかった
としても、Aはもはや債権αを行使してBから弁済を得ることはできない。
したがって、Cの資力に不安がある場合には、Aは、転付命令の申立てを躊躇

するだろう。Aとしては、差押えが競合する可能性とCの資力とを勘案して、債権差押命令だけを申し立てるか、転付命令も申し立てるかを判断することになる。

Ⅲ　債務不履行による損害賠償

1　債務不履行による損害賠償の要件

　債務不履行による損害賠償の要件について規定しているのは、415条である。同条1項によれば、債務不履行による損害賠償は、①債務の不履行があり、②債権者に損害が生じており、かつ、③債務不履行と損害発生との間に因果関係があれば原則として認められるが、④債務不履行が「債務者の責めに帰することができない事由」によるものであるときは、債務者は例外的に免責される。①②③の立証責任は債権者が、④の立証責任は債務者が負う。

　以上の要件のうち、②損害の発生と③因果関係については、債務不履行による損害賠償の効果のところで扱うので（→2［90頁］）、ここではまず、①債務の不履行と④債務者の責めに帰することができない事由について説明する。また、415条2項は、1項の要件を満たすことを前提に、「履行に代わる損害賠償」が認められる場合を列挙している。そこで次に、履行に代わる損害賠償が認められるための要件について説明しよう。

⑴　債務の不履行

　債務不履行による損害賠償の第1の要件は、債務の不履行があることである。債務の不履行があるというためには、前提として債務が存在する必要があるが、債務には、売買における目的物引渡債務のように契約から生じるものと、不法行為による損害賠償債務のように法律の規定によって生じるものがある。前者の場合、債務の内容は契約の解釈によって定まる。後者の場合には、債務の内容は法律の規定の趣旨によって定まる。

　債務不履行の態様には、①履行遅滞、②履行不能、③その他の債務不履行があるが、これらの態様はすべて「債務者がその債務の本旨に従った履行をしな

いとき」（415条1項）に含まれる。同項において「債務の履行が不能であるとき」が別に示されているのは、履行をすることができないとき（履行不能）が「履行をしないとき」に含まれないのではないかという疑義を回避するためにすぎない。

(a) 履行遅滞

履行遅滞とは、履行が可能であるのに履行期が到来しても債務者が履行をしないことをいう。債権者が履行を請求することができる時期と債務者が履行遅滞に陥る時期とは必ずしも一致しないことに注意が必要である。また、同時履行の抗弁（533条）など、債務者が履行しないことを正当化する事由がある場合には、債務者が履行期に履行をしなくても、履行遅滞にならない。

債務者がいつから履行遅滞に陥るのかは、412条が、債務の履行についてどのような期限が付されているかに応じて規定している。第1に、債務の履行について確定期限（到来することが確実であり、いつ到来するかが確定している期限）があるときは、債務者は、その期限が到来した時から遅滞の責任を負う（412条1項）。たとえば、「1月30日までに100万円を支払う」債務は、1月30日が経過した時から履行遅滞になる。ただし、取立債務の場合など債務者が履行するために債権者の先行行為が必要な場合には、期限が到来しても、債権者が先行行為をしない限り、履行遅滞とならない。

第2に、債務の履行について不確定期限（到来することは確実だが、いつ到来するかは確定していない期限）があるときは、債務者は、その期限の到来した後に履行の請求を受けた時またはその期限の到来したことを知った時のいずれか早い時から遅滞の責任を負う（412条2項）。たとえば、「京都で桜の開花宣言がされたら、100万円を支払う」債務は、債務者が開花宣言後に債権者から100万円を支払うよう請求された時、または開花宣言がされたことを債務者が知った時のいずれか早い時から履行遅滞になる。

第3に、債務の履行について期限の定めがないときは、債務者は、履行の請求を受けた時から遅滞の責任を負う（412条3項）。法律の規定に基づいて発生する債務は、原則として、期限の定めのない債務として成立すると解されており、たとえば、善意の受益者の不当利得返還債務は、債務者が返還請求を受けた時から履行遅滞になる（大判昭和2・12・26新聞2806号15頁）。もっとも、不法

行為による損害賠償債務については、判例は、損害が発生した時すなわち不法行為の時に発生し、同時に履行遅滞となるとしている（最判昭和37・9・4民集16巻9号1834頁、最判昭和58・9・6民集37巻7号901頁）。また、離婚に伴う慰謝料として夫婦の一方が負担すべき損害賠償債務は、離婚の成立時に遅滞に陥ると解されている（最判令和4・1・28民集76巻1号78頁）。

(b) 履行不能

履行不能とは、債務の履行が不可能と認められることをいう。債務の履行が不可能であるか否かは、「契約その他の債務の発生原因および取引上の社会通念に照らして」判断される（412条の2第1項。→Ⅱ2⑴［71頁］）。また、415条にいう履行不能には、契約締結後に給付の内容が実現不可能になった場合（後発的不能）はもちろん、契約締結時点において給付の内容が実現不可能な場合（原始的不能）も含まれる（412条の2第2項。→第1章Ⅰ3⑵(b)［17頁］）。

(c) その他の不履行

その他の不履行には多様なものが含まれる。具体的には、引き渡された目的物が契約の内容に適合しない場合のほか、たとえば次のような事例が考えられる。①医師Aが患者Bに実施した診療が奏功せずBが死亡した場合、②特殊機械の売主Cが買主Dに取扱方法を説明しなかったためにDが操作を誤って機械が壊れた場合、③ピアノの売主Eが買主Fの自宅にピアノを運び込む際に床に傷をつけた場合。これらの場合に債務の不履行があるといえるか否かを判断するためには、債務者が契約上どのような内容の債務を負っているのかを確定したうえで、実際の経過（債務者の作為または不作為）がこれと整合するか齟齬しているかを確認しなければならない。以下、順にみてみよう。

①医師が患者に対して診療契約上負担する債務の内容はどのようなものだろうか。医師の債務の内容は疾病の治癒だと考えるならば、患者の疾病が治癒しないというだけで、医師には債務の不履行があることになる。先の例でいえば、医師Aが実施した診療が奏功せず患者Bは死亡しているのであるから、Aには債務の不履行があることになる。しかしながら、医師が診療契約において、疾病の治癒という結果の実現自体を約束しているとは考えられない。医師が約束したのは、結果の実現に向けて適切な診療を行うことだけだというべきであろう。したがって、医師が適切な診療を行っていれば、患者の疾病が治癒

しなかったとしても、債務の不履行があるとはいえない。医師に債務の不履行があるか否かは、診療当時の医療水準に照らして最善の注意を尽くしたといえるかによって判断される（最判昭和57・3・30判時1039号66頁）。このように、結果の実現そのものではなく結果の実現に向けて適切な手段を尽くすことを内容とする債務を「手段債務」とよぶ。手段債務の場合には、債務不履行の有無を判断する際に債務者の行為態様に関する評価が必要となり、これと別に415条1項ただし書による免責が問題となることは考えづらい。なお、これに対して、請負人の仕事完成債務のように、結果の実現そのものを内容とする債務は「結果債務」とよばれる。結果債務の場合には、債務不履行の有無とは別に免責事由の有無が問題となる。

　②売主Cが売買の目的物である特殊機械の取扱方法を買主Dに説明しなかった場合、Cに債務の不履行があるといえるだろうか。この場合、CがDに契約内容に適合した機械を引き渡していれば、目的物引渡債務の不履行はない。もっとも、買主が目的物の取扱方法を売主から説明してもらわなければ目的物を適切に使用することができない場合には、売主は買主に対して、目的物を引き渡すだけでなく、その取扱方法を説明する義務を負っていると解すべきだろう。そうすると、機械の取扱方法を説明しなかったCには債務の不履行があるといえる。

　③売主Eが売買の目的物であるピアノを運び込む際に買主Fの自宅の床に傷をつけた場合はどうか。この場合、EはFにピアノを引き渡しているから、目的物引渡債務の不履行はない。もっとも、売主は買主に対し、目的物を引き渡す際に搬入先の建物を損傷しないよう注意する義務を負うと解すべきだろう。契約関係に入った当事者間では相手方が有する財産や相手方の生命・身体に影響を与える可能性が高まるところ、相互に相手方の利益を侵害しないよう注意すべきだといえるからである。この義務を怠りFの自宅の床に傷をつけたEには、債務の不履行があるといえる。

付随義務・保護義務
　本文中でみた②特殊機械の取扱方法を説明する義務や、③ピアノの搬入先の建物を損傷しないよう注意する義務は、売主であるCやEが契約上負っている

中心的な債務（目的物引渡債務）とは異なる義務である。こうした義務は、（広い意味で）「付随義務」とよばれる（最判平成17・7・19民集59巻6号1783頁［貸金業者の取引履歴開示義務］、最判平成17・9・16判時1912号8頁［マンションの売主が防火戸の電源スイッチの位置や操作方法などについて説明すべき義務］）。

　これらの義務はいずれも信義則を根拠として認められうるが、厳密にいえば、上記Cの義務とEの義務とは、目的を異にしている。すなわち、Cの義務は、契約の相手方Dが当該契約を通じて得ようとした利益（契約利益）を獲得することを目的として課されるものであるのに対し、Eの義務は、契約利益以外の一般的法益（「完全性利益」とよばれる）の保護を目的としているのである。そこで、前者を「付随義務」、後者を「保護義務」として区別することがある。

付随義務としての説明義務と契約締結前の説明義務との異同

　上記②のような商品の売主が買主に対して負う目的物の使用方法について説明する義務（付随義務としての説明義務）と、契約締結前の説明義務（→第1章Ⅰ2(2)(a)(ii)〔13頁〕）とでは、性質が異なることには注意が必要である。後者は、契約を締結するか否かに関する判断に影響を及ぼすべき情報を相手方に提供することによって、相手方が情報を有していれば締結しなかったはずの契約を締結することがないようにするためのものであり、締結された契約は義務違反によって生じた結果である。判例が、契約締結前の説明義務違反による責任を当該契約上の債務の不履行による責任とみることはできないとしているのは、そのためである。これに対し、前者は、契約は問題なく締結されていることを前提に、契約利益の獲得に向けられたものである。したがって、付随義務としての説明義務への違反による責任を当該契約上の債務の不履行による責任とみることには、なんの問題もない。

(2)　「債務者の責めに帰することができない事由」

　債務者は、債務を負っている以上、債務の不履行があった場合には、それによって債権者に生じた損害を賠償しなければならないのが原則であるが、債務の不履行が「債務者の責めに帰することができない事由」によるものであるときは、免責される（415条1項ただし書）。もっとも、債務者の履行遅滞中に生じた履行不能については、履行不能が債務者の責めに帰することができない事由

による場合でも、債権者の責めに帰することもできない事由によるものであれば、債務者は免責されない（413条の2第1項）。また、不履行となった債務が金銭債務である場合には、債務者は、不可抗力を証明しても免責されえない（419条3項）。

どのような事由が「債務者の責めに帰することができない事由」に当たるかは、「契約その他の債務の発生原因及び取引上の社会通念に照らして」判断される（415条1項ただし書）。具体例にそくして考えてみよう。

①売主Aは買主Bとの間で、フランス産チーズ10Kgの売買契約を締結した。ところがその後、国がチーズの輸入を禁止した。そのため、Aはチーズを仕入れることができず、Bにチーズを引き渡すことができなかった。

②売主Cは買主Dとの間で、アンティーク家具甲の売買契約を締結した。ところがその後、未曾有の大地震により甲を保管していた倉庫が全壊し、甲は滅失した。そのため、CはDに甲を引き渡すことができなかった。

③土地家屋調査士Eは土地乙の所有者Fとの間で、乙を測量して図面を作成する契約を締結した。ところが、測量当日、FはEが乙に立ち入ることを認めなかった。そのため、Eは乙の測量ができず、図面も作成できなかった。

④ピアニストGは結婚式場を経営するHとの間で、結婚式でピアノを演奏する契約を締結した。ところが結婚式当日、Gは誘拐事件の被害者となり監禁された。そのため、Gはピアノを演奏することができなかった。

⑤歌手Iはコンサートの企画制作を行うJとの間で、北海道で開催されるコンサートに出演する契約を締結した。ところがコンサート当日、Iが乗るはずだった飛行機が大雪で欠航した。そのため、Iはコンサートに出演することができなかった。

以上の例では、債務者（A、C、E、G、I）はいずれも債務を履行していない。しかしながら、その原因は、①国の禁輸措置、②未曾有の大地震、③債権者による妨害、④第三者の犯罪行為、⑤大雪による欠航にある。このように、債務不履行が債務者のコントロールが及ばない事象に起因する場合、その不履行は「債務者の責めに帰することができない事由」（免責事由）によるものとされる可能性がある。もっとも、どのような事由が免責事由に当たるのかは、一般的抽象的に判断されるのではない。たとえば、①国が禁輸措置をとるであろ

うことが契約締結時点においてすでにわかっていた場合には、Aは免責されるとは限らない。また、⑤大雪による欠航が事前に予想されており早めに出発すれば到着できた場合や、運航している飛行機もあるなど他の交通手段を利用すれば到着できたような場合には、Ⅰは免責されないだろう。結局、どのような場合に債務者が免責されるのかは、個々の契約内容や取引上の社会通念に照らしたときに、債務不履行の原因となった事象にかかるリスクを債務者に負担させることを正当化できない場合だといえる。

履行補助者の行為についての債務者の責任

　債務者が債務を履行するために他人を使用した場合において、その他人（履行補助者）の行為によって債務不履行が生じたとき、債務者は損害賠償責任を負うか。たとえば、骨董の壺甲の売買がされ、甲の引渡場所が買主Bの自宅と定められたとしよう。その後、売主Aが運送業者Cに甲の配達を依頼し、Cが配達中に交通事故を起こしたために、甲が割れてしまった場合、BはAに対して損害賠償を請求することができるだろうか。

　平成29年改正前民法下の判例は、債務者が履行補助者の行為を利用して債務を履行しようとする場合には、その範囲内における履行補助者の行為は債務者の行為そのものであるとして、債務者は、履行補助者の選任・監督について過失がある場合のみならず、履行補助者が履行について必要な注意を怠った場合にも、それによって生じた債務不履行について責任を負うとしていた（大判昭和4・3・30民集8巻363頁）。また、伝統的通説は、債務不履行責任の要件である「債務者の責めに帰すべき事由」（旧415条）は債務者の故意・過失をいうとの理解を前提に、履行補助者の故意・過失を、信義則上これと同視すべき事由と位置づけていた。

　もっとも、現在では、「債務者の責めに帰することができない事由」が免責事由として規定されるとともに、その有無の判断は「契約その他の債務の発生原因及び取引上の社会通念に照らして」判断するとされている（415条1項ただし書）。そうすると、客観的な注意義務違反としての過失がない限り、債務不履行責任は認められないという考え方は採用できないし、履行補助者の過失を一般的に債務者の過失と同視する法理を構築することも難しい。今後は、契約類型ごとに、あるいは個別の契約に応じて、履行補助者の行為が債務不履行の有無の判断ないし免責事由の有無の判断にあたってどのように評価されるのか

が検討されることになるだろう。

　具体的には、まず、債務者が自ら債務を履行すべきであるのに他人を使用した場合には（625条2項、644条の2第1項、658条2項参照）、そのこと自体が債務不履行になりうる。他人の使用が禁止されていない場合には、結果債務においては、履行補助者の行為が免責事由にあたるか否かが判断されるだろう。手段債務においては、債務不履行の有無の判断にあたって、履行補助者の行為が債務者の行為と同視されることがある。たとえば、医療機関の患者に対する診療債務の不履行の有無を判断する際には、履行補助者である医師が医療水準に照らして最善の注意を尽くしたといえるかが検討されることになる（最判平成7・6・9民集49巻6号1499頁参照）。なお、安全配慮義務（→第1章Ⅰ2(2)(b)[14頁]）に関しては、国が自衛隊車両の運行にあたって負担する安全配慮義務の内容は物的・人的環境の整備であるとの理解を前提に、その履行補助者である運転者に道路交通法などに基づく一般的注意義務違反があったとしても、その一般的注意義務は安全配慮義務に含まれるものではなく、国の安全配慮義務違反は認められないとした判例がある（最判昭和58・5・27民集37巻4号477頁）。

(3)　履行に代わる損害賠償が認められる場合

　履行に代わる損害賠償とは、債務が履行されたのと等しい地位を回復させるに足りるだけの損害賠償をいう。「塡補賠償」ともよばれる。たとえば、中古船舶甲の売買において、甲が買主Bに引き渡される前に滅失したとする。この場合、Bは売主Aに対して履行不能による損害賠償として、甲の市場価格に相当する金銭の支払を請求することが考えられる。これが認められれば、Bは、経済的には、債務が履行されたのと経済的に等しい地位を得ることができる。

　415条1項の要件を満たす場合において、どのようなときに履行に代わる損害賠償が認められるかは、同条2項が規定している。

(a)　履行不能の場合

　まず、債務の履行が不能であるときは、履行に代わる損害賠償が認められる（415条2項1号）。上の例において中古船舶甲の引渡しは不能であり、買主Bは売主Aに対して、甲の時価相当額の賠償を請求することができる。もっとも、AB間の契約の効力は当然には失われないから、代金が未払いの場合には、BはAに対し、これを支払わなければならない。甲の市場価格が100万円、代金

が80万円であったとすると、BはAに対して100万円の支払を請求することができるが、同時にAに対して80万円の支払義務を負っている。Aの債務とBの債務は、通常、対当額で相殺されるだろうから（相殺については→第9章 [208頁]）、最終的には、AがBに対して差額20万円を支払うことになる。

(b)　履行可能であっても履行に代わる損害賠償が認められる場合

履行が可能な場合でも、債務の発生原因である契約が解除され、または債務の不履行による契約の解除権が発生したときは、履行に代わる損害賠償が認められる（415条2項3号）。たとえば、中古車乙の売買において、買主Bが代金を支払ったにもかかわらず、売主Aが履行期になっても乙を引き渡さないとする。この場合、Bが催告をしてから相当期間を経過してもAが乙を引き渡さないときは（541条参照）、BはAに対して、履行に代わる損害賠償を請求することができる。

このほか、債務者が履行を拒絶する意思を明確に表示したときにも、履行に代わる損害賠償が認められる（415条2項2号）。もっとも、債務が契約から生じたものである場合には、債務者がその債務の全部の履行を拒絶する意思を明確に表示すると解除権が発生するから（542条1項2号）、多くの場合、415条2項3号後段の適用場面と重複することになるだろう。

(c)　契約の解除と履行に代わる損害賠償

債権者が契約の解除をした場合にも、損害賠償の請求は妨げられず（545条4項）、履行に代わる損害賠償が認められる（415条2項3号）。この場合には、両者の効果をどのように調整すべきかが問題となりうる。具体例に即して考えてみよう。中古船舶甲が代金80万円で売買されたが、甲（市場価格100万円）が買主Bに引き渡される前に売主Aの不注意により滅失したため、Bが契約の解除をするとともに履行に代わる損害賠償を請求したとする。この場合、契約の解除により、BはAに対する代金債務を免れ、代金をすでに支払っていた場合はAに対してその返還を求めることができる（545条1項）。もっとも、Bが代金債務を免れつつ、Aに対し、履行に代わる損害賠償として100万円の支払を請求することができるという結論は不当である。Bが売買契約によって得られたはずの地位は、80万円の代金を支払って100万円の価値のある甲を手に入れることであり、80万円を支払わずに100万円を得ることは正当化できない。した

がって、契約の解除がされた場合にBが最終的に請求できるのは、Aの債務が履行されていれば得られたであろう利益（100万円）から契約の解除により支払を免れた代金額（80万円）を差し引いた額（20万円）となる。

履行請求権と填補賠償請求権の関係

　平成29年改正前民法下の伝統的通説は、履行請求権は、債務者の責めに帰すべき事由によって履行が不能となるか、または契約の解除がされた場合に、填補賠償請求権に形を変えると考えていた（債務転形論）。これによれば、履行請求権が消滅すると同時に填補賠償請求権への転形が起きるため、履行請求権と填補賠償請求権が併存することはない。　これに対し、現行法は、履行不能の場合や契約が解除された場合以外にも、債務者がその債務の履行を拒絶する意思を明確に表示した場合や（415条2項2号）、債務の不履行による契約の解除権が発生した場合（同項3号）に、履行に代わる損害賠償を認めている。これらの場合には、履行請求権と填補賠償請求権が併存することになる。

　履行請求権と填補賠償請求権が併存するとしても、債権者が現実の履行と履行に代わる損害賠償の双方を得ることができないのは当然であり、債権者がどちらかを選択することになるだろう。問題は、いったん履行に代わる損害賠償を請求した債権者が、債務者に対して履行の請求をすることができるか、また、履行に代わる損害賠償の請求を受けた債務者が履行をすることで損害賠償請求を免れることができるかである。こうした点は解釈に委ねられている。

追完に代わる損害賠償が認められる場合

　追完に代わる損害賠償については、415条2項に相当する規定はないが、追完が可能な場合に、債権者が追完請求をすることなく直ちに追完に代わる損害賠償請求をすることができるのかが問題となる。

　平成29年改正前民法下の判例は、注文者の請負人に対する修補請求（旧634条1項本文）と修補に代わる損害賠償請求（同条2項前段）の関係について、「仕事の目的物に瑕疵がある場合には、注文者は、瑕疵の修補が可能なときであつても、修補を請求することなく直ちに修補に代わる損害の賠償を請求することができる」としていた（最判昭和54・3・20判時927号184頁）。旧634条は現行法では削除されているが、その理由は売買の担保責任に関する規定が請負に

も準用される（559条）からであり、上記判例の立場が否定されたわけではない。

　もっとも、履行請求と履行に代わる損害賠償請求の関係と、追完請求と追完に代わる損害賠償請求の関係とは基本的に同じだと考えるなら、追完に代わる損害賠償についても415条2項の適用ないし類推適用を認めるべきだという考え方も成り立ちうる。また、代金減額請求について追完の催告が前提とされていることからすれば（563条1項）、引き渡された目的物が契約内容に適合しないものであるときは、債権者はまず追完請求をすべきであり、追完に代わる損害賠償についても、原則として追完の催告が必要だと考えることもできよう。

　これは結局のところ、契約に適合しない物を引き渡した債務者に自ら追完する機会をどこまで保障するべきか、そのような債務者に追完を求めることを債権者に期待することができるかという問題である。難問だが、追完に代わる損害賠償ができる場合を限定する規定はないこと、債務者に追完機会を与えることで紛争が長期化する恐れがあることに鑑み、債権者は直ちに追完に代わる損害賠償請求をすることができると解したい。なお、例外的に、債権者が債務者に追完の機会を与えることなく追完に代わる損害賠償請求をすることが、信義則違反ないし権利濫用にあたるとされることはありうる。

2　債務不履行による損害賠償の効果

　債務不履行によって損害を被った債権者は、債務者に対し、損害賠償を請求することができる（415条1項）。損害賠償の方法には、債務不履行がなければあったであろう状態（に近い状態）を現実に実現する方法（現実賠償）と、債権者が被った損失や失った利益の金額を支払う方法（金銭賠償）とがありうるが、417条は、金銭賠償を原則としている。

　そうすると、債務者は債権者に対して損害賠償として一定の金員を支払うことになるが、その額はどのようにして決まるのだろうか。以下では、前提として「損害」とは何かを確認したうえで、どの範囲の損害が賠償されるのか、賠償額は具体的にどのように算定されるのか、賠償額はどのような場合に減額されうるのかについて、順にみていこう。なお、金銭債務の不履行による損害賠償については、要件および効果について特則が設けられている。これについては、損害賠償額の算定についてみた後に説明する。

(1) 「損害」とその種類

(a) 損害とは何か

損害とは何か。辞書をみると「利益を失わせることや、失うこと」「そこない、傷つけること」といった意味が載っているが、民法上の「損害」を一義的に定義するのは難しい。

判例は、「侵害行為がなかったならば惹起しなかったであろう状態（原状）を(a)とし、侵害行為によって惹起されているところの現実の状態（現状）を(b)とし a − b ＝ x そのxを金銭で評価したものが損害である」とする（不法行為の事案に関するものであるが、最判昭和39・1・28民集18巻1号136頁参照）。このような定義は「差額説」とよばれ、①被害者（債権者）に生じた総体的な不利益を観念する点と、②金額の差をもって損害と捉える点に特徴がある。もっとも、①については、総体的な不利益を直接認識することはできないから、実際には、個別の損害項目ごとに差額を測定し、その総和を損害額とすることになる。たとえば、建設会社Aの従業員Bが、Aの安全配慮義務違反がなければ防げた事故により、大怪我を負い下半身不随になったとしよう。差額説によれば、この場合のBの損害は、安全配慮義務違反がなく事故が生じていなければBが有していたであろう財産の額と現在のBの財産の額の差額であるが、実際には、治療費、通院交通費、休業損害、後遺障害による逸失利益、慰謝料といった個別の損害項目ごとに認定された数額が積算されることになる。このような計算方法を「個別損害項目積み上げ方式」とよぶ。

差額説が②損害を直接金銭の形で表すことに対しては、有力な批判学説がある。「損害＝事実説」であり、損害とは、金額の差ではなく「損害という法的評価の対象たるべき事実」をいうとされる。上の例では、Bが大怪我を負い下半身不随になったという事実が損害だということになる。損害＝事実説に立ったとしても、賠償されるべき損害を金銭的に評価する作業は必要となるが、必ずしも財産上の差額を問題とする必要はない。たとえば、人の死傷による損害について、被害者の収入の多寡にかかわらず、一律の金額で評価すべきだという考え方も成り立ちうる。

(b) 損害の種類

上述のとおり、債務不履行により債権者が被った損害の総体を把握する過程

では「損害項目」が用いられる。損害項目は、賠償範囲の画定や賠償額の算定にあたって法的評価の対象となる被害の単位であり、これが「損害」とよばれることもある。この意味での損害は、いくつかの観点から分類することができる。本章では、通常損害・特別損害（→(2)(b)［96頁］）や、拡大損害（→(2)(b)(i)コラム［97頁］）といった概念が出てくるが、ここでは、財産的損害・非財産的損害の区別についてみておこう。どちらであるかによって、損害額の算定方法に違いがある（→(3)(a)［98頁］）。

　財産的損害とは、財産上の不利益のことであり、さらに積極的損害と消極的損害とに区分することができる。積極的損害とは、債権者の既存の利益の減少をいい、消極的損害とは、債権者が得られたはずの利益の喪失（逸失利益）をいう。先の例でBが被った損害のうち、治療費や通院交通費は積極的損害であり、休業損害や後遺障害逸失利益は消極的損害である。

　非財産的損害とは、非財産的な不利益ないし精神的苦痛をいう。これに対する賠償金は「慰謝料」とよばれる。債務不履行については、不法行為の場合（710条）とは異なり、非財産的損害の賠償に関する規定はないが、債務不履行の場合にもその賠償が認められうることには異論がない。

　なお、人の生命・身体の侵害による損害を「人損」、物の滅失・毀損による損害を「物損」とよぶことがあり、消滅時効期間（167条）や相殺禁止（509条2号）について前者に関する特別の規定が置かれているが、これは被侵害利益の性質による区別である。したがって、人損の中には財産的損害と非財産的損害が含まれるし、物損の中には、財産的損害が含まれることはもちろん、非財産的損害も含まれうる。たとえば、ペットの治療契約上の債務不履行によりペットが死亡した場合には、飼主は慰謝料を請求することができるだろう。

(c) 賠償の種類

　賠償されるべき損害の総体に関してもいくつかの区分がありうる。遅延賠償・填補賠償の区分や、履行利益賠償・信頼利益賠償の区分であり、どれが請求されるかによって、賠償対象となる損害項目が異なりうる。

(i) 遅延賠償・填補賠償

　遅延賠償とは、履行が遅延したことによる損害の賠償である。たとえば、中古車甲の売買において、買主Bが代金を支払ったにもかかわらず、売主Aが履

行期になっても甲を引渡さないとしよう。この場合、BはAに対して、甲の引渡しを請求するとともに、引渡しがされるまでの間、代車を借りるために要した費用の賠償を請求することができるが、これは遅延賠償の請求である。遅延賠償が請求された場合の損害は、本来の給付を（遅れて）受けることを前提とした損害項目によって構成される。

填補賠償（履行に代わる損害賠償→1⑶［87頁］）とは、債務が履行されたのと等しい地位を回復させるに足りるだけの損害賠償である。上の例で、Bは、甲の引渡しが不可能であるときや契約の解除権が発生したときには、Aに対して、甲の時価相当額の賠償を請求することができるが、これは填補賠償の請求である。

⒤　履行利益賠償・信頼利益賠償

履行利益とは、債務の本旨に従った履行がされていたならば債権者が得られたであろう利益をいう。これに対し、信頼利益の賠償とは、伝統的には、債権が無効である場合にこれを有効だと信じたことによって被った損害の賠償をいうとされていた。土地の売買における買主の履行利益・信頼利益について考えると、たとえば土地の価額や転売利益は、履行利益にあたる。これに対し、契約が無効である場合に、その契約を締結するために支出した費用や、購入資金の融資を受けたことにより負担した利息は、信頼利益にあたる。

債務不履行による損害賠償は、債権が有効に成立したことを前提としており、基本的に、履行利益の賠償が認められる。もっとも、「信頼利益」の概念は必ずしも明瞭ではなく、これを「契約への信頼において支出した費用相当額の賠償」と捉えることもできる。このように考えれば、契約が有効に成立している場合にも、信頼利益を観念することは可能であり、債権者は、債務不履行による損害賠償として、信頼利益の賠償を請求することもできることになる。たとえば、Cが、骨董品屋Dとの間で古い雛人形乙を買う旨の契約を締結し、乙を飾るために特注の棚を購入したにもかかわらず、Dの不注意により乙が滅失してしまったとしよう。この場合、棚の購入代金は、CがDとの間の契約が履行されると信じて支出したが無駄になった費用であり、信頼利益にあたる。契約が有効に成立している場合に信頼利益の賠償を認めるべきかについては議論がありうるが、仮に信頼利益の賠償を認めるとしても、債権者は、履行利益

の賠償を請求するか信頼利益の賠償を請求するかを選択しなければならず、その双方を同時に請求することはできない。というのも、履行利益の賠償は、契約が履行されたのと等しい状況の実現を目指すものであるのに対し、信頼利益の賠償は、契約がされなかったとした場合の原状の回復を目指すものであるから、両者は相容れない。そして、契約は収益を上げるために締結されることが多いことからすれば、履行利益が信頼利益を上回るのが通常であり、債権者が信頼利益の賠償を請求したいと考えるのは、例外的な場面に限られるだろう。たとえば、アマチュアバンドが赤字覚悟のコンサートを開催するために会場を借りる契約を締結していたが、当日になって貸主が会場を使用させてくれなかった場合には、信頼利益の賠償として、無駄になったチケットやチラシの印刷代の賠償を請求することが考えられる。

(2) 損害賠償の範囲

　債権者が債務者に対して賠償を求めることができるのは、債務不履行「によって」生じた損害だけである。債務不履行との間に（事実的）因果関係がある損害、つまり、債務不履行がなければ生じなかった損害のみが賠償の対象となりうるのである。

　もっとも、債務不履行がなければ生じなかった損害がすべて賠償されるわけではない。債務不履行を契機として債権者に生じる損害には様々なものがあり、そのすべてが賠償の対象となるとすると不当な結論に至る場合があるからである。たとえば、恋人にプレゼントするためにオーダーメイドの指輪を宝飾店に注文したが期日になっても指輪が完成せず、そのため恋人の誕生日にプロポーズができず、それがきっかけで二人の関係がぎくしゃくして別れることになり、それを気に病んで精神的に不安定になって通院を余儀なくされ、会社も休みがちになってついにはリストラされてしまったという場合を考えると、恋人と別れたことによる精神的苦痛、治療費がかかったこと、会社をリストラされ収入を失ったことは、いずれも指輪が期日に完成していれば生じなかった損害だといえるかもしれない。しかし、これらすべてを指輪のオーダーメイドを請け負った宝飾店に賠償させるのは不当だろう。

　そこで、債務不履行によって債権者に生じた損害のうちどの範囲のものを債

務者に賠償させるべきかが問題となる。損害賠償の範囲については416条が規定しており、同条によれば、債務不履行によって生じた損害のうち、「通常生ずべき」ものは賠償され（1項）、「特別の事情によって生じた」ものでも「当事者がその事情を予見すべきであったとき」は賠償される（2項）。以下では、賠償範囲の画定基準についてどのような考え方があるかについて確認したうえで、416条をどのように解釈すべきかについて考えよう。

(a) 賠償範囲の画定基準

　平成29年改正前の416条1項は現規定と同じであり、2項は「当事者がその事情を予見し、又は予見することができたとき」に特別の事情によって生じた損害の賠償を認めていた。この規定は、当事者の予見可能性を基準に賠償範囲を画定する考え方の流れをくむものであったが、伝統的通説は、ドイツの学説の影響を受けて、賠償範囲は「相当因果関係」によって画されるという考え方に依拠した（相当因果関係説）。因果関係が認められるのは、当該債務不履行によって現実に生じた損害のうち、当該場合に特有のものを除き、そのような債務不履行があれば一般に生じるであろうと認められる損害であり、債務不履行と相当因果関係に立つ全損害が賠償の対象となるというのである。相当因果関係説は、416条1項は相当因果関係の原則を立言したものであり、同条2項は、相当因果関係の基礎とすべき特別の事情の範囲を示すものだと解した。

　これに対して、416条は、債務不履行と因果関係のある損害はすべて賠償されるという考え方（完全賠償の原則）を採用するドイツ民法とは異なり、予見可能性という（因果関係とは別の）要件によって賠償範囲を制限する考え方（制限賠償の原則）を採用しているとの批判がされた。批判学説は、「相当因果関係」の概念で扱われてきた問題には、①債務不履行の事実と損害の事実との間に「あれなければこれなし」の関係があるかという事実的因果関係の問題、②事実的因果関係のある損害のうちどの範囲のものを債務者に賠償させるべきかという保護範囲の問題、③賠償範囲に含まれる損害をどのように金銭に見積もるかという損害の金銭的評価の問題という3つの異なる問題が含まれているとしたうえで、416条は、債務不履行による損害賠償について、②保護範囲を画する基準を定めたものだとする（保護範囲説）。保護範囲説に対しては批判もあるが、「相当因果関係」には上記3つの異なる種類の問題が含まれているという

分析は、その後の学説によって基本的に支持されている。

(b) 416条の解釈

旧416条については、大きく分けると、①1項は通常の事情によって通常生ずべき損害が賠償されることを、2項は予見可能な特別の事情によって通常生ずべき損害が賠償されることを定めた規定だとの解釈と、②1項は債務不履行から通常生ずべき損害が賠償されることを、2項はそれ以外のものでも予見可能性のある損害が賠償されることを定めた規定だとの解釈が示されていた。前者は相当因果関係説に、後者は保護範囲説に親和的な解釈であるが、いずれにしても、416条は、債務不履行によって「通常生ずべき損害」（通常損害）と「特別の事情によって生じた損害」（特別損害）とを区別し、後者についてだけ、「予見すべきであった」という要件を必要としているといえよう。そこで、以下では、両者がどのように区別されるのかを確認したうえで、特別損害の賠償が認められるための要件について検討しよう。

(i) 通常損害と特別損害の区別

通常損害とは、社会一般の観念に従えば、そのような債務不履行があれば通常発生するものと考えられる範囲の損害であり、たとえば売買の目的物が引き渡されなかった場合の目的物の時価相当額や、賃貸借契約が終了したのに賃借人が目的物を返還しない場合の明渡までの賃料相当損害金がこれにあたる。それ以外の損害が特別損害であり、たとえば、売買の目的物が引き渡されなかったために買主が得ることができなかった転売利益はこれにあたるとされる。

もっとも、通常損害と特別損害の区別は実際には微妙であり、たとえば、不動産開発業者と不動産販売業者との間でマンションの売買がされた場合には、不動産販売業者が目的物を転売することは当然想定されているから、転売利益は通常損害だとされうるだろう。これに対して、個人間で住宅の売買がされた場合には、居住用として購入するのが通常であろうから、転売利益は特別損害だとされるだろう。結局、債権者に発生した損害が通常損害なのか特別損害なのかは、当事者の属性や目的物の種類・性質などの事情を考慮しつつ、事案ごとに判断するほかない。

(ii) 特別損害の賠償範囲

特別損害の賠償が認められるのは、当事者が特別の事情について予見すべき

であったときに限られる。この要件については、①誰が、②いつの時点で予見すべきであったといえなければならないのかが問題となる。

平成29年改正前民法下の判例・通説は、①債務者の、②不履行時における予見可能性を基準としていたが（大判大正7・8・27民録24輯1658頁）、①両当事者の、②契約締結時における予見可能性を基準とすべきだとの見解も有力に主張されていた。後者の多くは、保護範囲説を前提に、当事者は契約を締結する際に契約が履行されなかった場合に生じる損失を予測して契約内容を決定しているのだから、その時に予見しえなかった損害については契約に組み込まれておらず、賠償の対象にならないという。これに対し、保護範囲説を前提としつつ、契約締結後の事情も考慮すべきだとの見解もある。契約締結後債務不履行までに予見できた事情によって債権者に損失が生じることがわかったにもかかわらず、契約利益の実現に向けて誠実に行動しなかった自己中心的な債務者が、契約締結時の予見を基準とした少額の損害賠償義務しか負わないのは不当だというのである。

現行法は「予見すべきであった」という規範的な要件を採用しているが、その主体や時期に関する議論は今後も続くだろう。

拡大損害の賠償

　債務不履行によって生じた損害のうち、債権者が契約を通じて獲得しようとした利益以外の一般的法益（完全性利益）に生じた損害を「拡大損害」とよぶ。たとえば、①消費者が購入した卵豆腐がサルモネラ菌に汚染されていたため、これを食べた買主が食中毒により死亡した場合や、②ペット販売業者が購入した犬がウイルスに罹患していたため、他の犬もこれに感染し死亡した場合における、①買主の死亡や、②他の犬の死亡による損害が、これにあたる。

　拡大損害については、売主の目的物引渡債務の不履行によって生じた損害とみて416条により賠償の可否を決するのか、保護義務（→1(1)(c)コラム〔83頁〕）の問題だと考えるのかについて議論がある。

弁護士費用の賠償

　債権者が債務者に対して債務の履行や損害賠償を求めて訴訟を提起し追行した場合、それに要した弁護士費用は賠償されうるだろうか。判例は、不法行為による損害賠償請求に関しては、「弁護士に委任するにあらざれば、十分な訴訟活動をなし得ない」として、「諸般の事情を斟酌して相当と認められる額の範囲内の」弁護士費用の賠償を認め（最判昭和44・2・27民集23巻2号441頁）、債務不履行の分野でも、安全配慮義務違反を理由とする損害賠償請求については、不法行為による損害賠償請求の場合と同様に解している（最判平成24年2月24日判時2144号89頁）。これに対し、金銭債務の不履行については、419条を根拠に、弁護士費用の賠償は否定されており（最判昭48・10・11判時723号44頁）、土地の売主に対する履行請求訴訟の提起・追行にかかる弁護士費用についても、賠償は認められなかった（最判令和3・1・22判時2496号3頁）。

　弁護士費用の賠償を認めるべきかは、実質的にみれば、司法制度の利用にかかる費用の負担の問題であるともいえる。弁護士費用賠償を認めると、原告勝訴の場合にのみ、弁護士費用（の一部）を敗訴者に負担させることになるからである。学説には、人身侵害が生じている場合や、侵害行為の違法性が強度な場合など、弁護士費用という権利実現に要する費用までも回復させることが公平に合致する場合にのみ、弁護士費用の賠償を認めるべきだとの主張もある。

(3)　損害賠償額の算定

(a)　損害額の算定方法

　すでに述べたように（→(1)(a) [91頁]）、損害額の算定にあたっては、個別の損害項目ごとに損害の数額が認定され、積算される。そして、差額説によれば、これが主張立証の対象となり、債権者が「損害発生の事実だけでなく損害の数額をも立証すべき責任を負う」とされている（最判昭28・11・20民集7巻11号1229頁）。もっとも、慰謝料のような非財産的損害（財産的損害・非財産的損害の区別については→(1)(b) [92頁]）、そもそもその数額を客観的に測定することができないから、裁判所が裁量によって決定せざるをえない。また、財産的損害であっても、消極的損害については、その数額を精確に測定することが難しい場合がある。たとえば、年少者の後遺障害逸失利益の数額は、その者が将来ど

れくらいの収入を得ることができたかによって異なるところ、これを確定することは困難である。こうした場合には、具体的な損害額が不明であっても、「少なくとも○○円は下らない」という形で認定する「控え目な算定」という手法が用いられることがある。年少者の逸失利益の算定には賃金センサスが用いられている。さらに、損害が発生したことは確実であるが、「損害の性質上その額を立証することが極めて困難であるとき」には、裁判所は、相当な損害額を認定することができる（民訴248条）。

　なお、損害＝事実説にたった場合には、事実としての損害が主張立証の対象となる。そうすると、これを金銭的に評価する作業が別途必要になるが、その方法については、裁判官の自由裁量に委ねられるとする見解と、実体法上定まりうるとする見解がある。

(b)　損害額算定の基準時

　損害額を算定するにあたっては、いつの時点を基準とすべきかという問題がある。これが大きく争われるのは、市場価格が変動する物の引渡債務の不履行の場合である。

　たとえば、土地甲の売買において、買主Aが所有権移転登記を備えない間に、売主Bが甲を第三者Cに売却し、登記もCに移転してしまったとしよう。Cが所有権移転登記を具備した段階で、BのAに対する甲の引渡債務は履行不能となる。このとき、AはBに対して、甲の時価相当額の賠償を請求することができるが、甲の時価が上昇し続けている場合や、一旦上昇した後に下降した場合、賠償額はどの時点の時価を基準として算定されるべきか。判例は、この問題を416条の枠内で解決している（最判昭和37・11・16民集16巻11号2280頁、最判昭和47・4・20民集26巻3号520頁）。判例が示す基準は、次のとおりである。①原則として、履行不能時の時価による。②例外的に、目的物の価格が騰貴しつつあるという特別の事情があり、かつ債務者が、履行不能時にその事情を知りまたは知りえた場合は、債権者は騰貴した現在の時価による損害賠償を請求することができる。この結論は、債権者が転売目的を有していたか自己使用目的であったかに左右されない。③ただし、債権者が価格騰貴前に目的物を他に処分したであろうと予想される場合は、騰貴した現在の時価による損害賠償は認められない。債務不履行がなかったならば騰貴した価格の目的物を現に保有し

えたはずだとはいえないからである。④また、目的物の価格が一旦騰貴してから下落した場合に、その騰貴した価格（中間最高価格）による損害賠償を請求するためには、中間最高価格による利益を確実に取得したであろうことが予想されたことが必要である。

なお、契約が解除された場合には、解除時における目的物の時価を基準とする判例が多いが（最判昭和28・12・18民集 7 巻12号1446頁など）、別の時点を基準とする判例もある（最判昭和36・ 4 ・28民集15巻 4 号1105頁［履行期における目的物の時価］など）。また、債権者が履行請求をすると同時に、執行が奏功しない場合に備えて履行に代わる損害賠償を請求する場合には、口頭弁論終結時が基準となるとされている（最判昭和30・ 1 ・21民集 9 巻 1 号22頁）。

以上に対し、損害＝事実説にたった場合には、賠償額の算定基準時の問題を416条の枠内で解決することはそもそもおかしいと考えることになる。416条は保護範囲を定めた規定であり、損害の金銭的評価はこれとは別の問題だからである。その上で、賠償額の算定基準時に関しては、裁判官の自由裁量に委ねられるとする見解や、選択可能な複数の基準時の中から債権者が選択できるとする見解が主張されている。

(c) 中間利息の控除

すでに発生し現実化した損害について、賠償金が一時に支払われるべきことは当然であるが、将来継続的に発生ないし具体化する損害の賠償については、一回的な給付によるか（一時金賠償）、回帰的な給付によるか（定期金賠償）が問題となる。たとえば、医師Ａが手術ミスをしたために患者Ｂに重大な後遺障害が生じた場合、ＢはＡの診療契約上の債務不履行を理由に、将来介護費用や逸失利益の賠償を請求することができるが、こうした損害については、定期金賠償が認められうる（最判令和 2 ・ 7 ・ 9 民集74巻 4 号1204頁参照［交通事故の被害者が後遺障害逸失利益について定期金賠償を求めた事案］）。

他方、こうした損害について一時金賠償がされることもあるが、その場合には、「中間利息の控除」が問題となる。というのも、将来において取得すべき利益や将来において負担すべき費用についての賠償金が現時点で一括して支払われた場合には、債権者は賠償金を運用することによって、実際の損害額を超える金額を取得できることになってしまうからである。そこで、将来において

利益を取得しまたは費用を負担すべき時までの利息相当額（中間利息）が控除されることになるが、その割合は、その損害賠償請求権が生じた時点における法定利率である（417条の2）。なお、中間利息を控除する際の計算方法には、複式の単利計算による新ホフマン方式と、複利計算によるライプニッツ方式があるが、判例はいずれについても不合理とはいえないとしている。中間利息の控除が問題となる事案の多くは交通事故などの不法行為に関するものであるから（722条1項は417条の2を準用している）、詳しくは不法行為法の教科書を参照してほしい。

(4) 金銭債務の特則

　金銭債務（→第1章Ⅱ2(3)[26頁]）の不履行（履行遅滞）による損害賠償の要件や効果については、次のような特則が置かれている。

　まず、要件については、債務者は、不可抗力をもって抗弁とすることができない（419条3項）。したがって、金銭債務の不履行が債務者の責めに帰することができない事由によるものであっても、債務者は免責されない。

　次に、効果については、損害賠償の額は、原則として法定利率により算定される遅延損害金である（419条1項本文）。法定利率については変動制が採用されているから（404条3項）、いつの時点の利率を適用するかが問題となるが、「債務者が遅滞の責任を負った最初の時点」とされている。たとえば、「1月30日までに100万円を支払う」債務の債務者は、1月30日が経過した時から履行遅滞による損害賠償義務を負い、1月31日時点における法定利率による遅延損害金が発生する。これに対し、不履行となった金銭債務について約定利息の利率が定められており、その約定利率が法定利率を超える場合には、遅延損害金は約定利率により算定される（419条1項ただし書）。履行期前には法定利率を超える約定利率による利息を支払うべきものとされていた債務者が、履行期後にそれより低い法定利率の限度でしか遅延損害金を支払わなくてよいことになるのは不当だからである。

　また、債権者は、遅延損害金の賠償を請求するにあたり、損害の発生やその数額を証明する必要がない（419条2項）。したがって、金銭債務が履行されていれば債権者が上記利率で運用することができていたか否かにかかわらず、遅

延損害金の賠償は認められる。では逆に、債権者が遅延損害金を超える額の損害（利息超過損害金）を被ったことを証明して、その賠償を請求することはできるだろうか。肯定説も有力であるが、判例はこれを否定する（最判昭和48・10・11判時723号44頁）。

419条1項・2項の特則が置かれた背景には、金銭の用途は多様であるから金銭債務の不履行によってどのような損害が生じたのかを判断するのは難しいこと、その反面、金銭を運用することで相当の利益を得ることができることが挙げられる。また、金銭は相当の利息を支払えば調達することができるから、利息超過損害の賠償を認める必要はないともいえる。

(5) 損害賠償額の減額事由

損害賠償額が算定されると、債務者は、原則として、その全額を債権者に支払わなければならない。もっとも、債務者が支払うべき損害賠償額が減額される場合がある。過失相殺や損益相殺である。「相殺」といっても、債権の消滅原因としての「相殺」（505条）を意味するものではなく、「賠償額を減額調整する」「賠償額から差し引く」という程度の意味しかない。

(a) 過失相殺

債務の不履行や、これによる損害の発生・拡大に関して債権者に「過失」がある場合には、損害賠償の責任やその額は、この債権者の過失を考慮して定められる（418条）。これを「過失相殺」という。過失相殺は、公平の原則のあらわれであり、そこにいう「過失」は、賠償額の減額を正当化するに足りる債権者側の事情（落ち度）を指すものであって、不法行為の要件としての「過失」（709条）とは異なる概念である。

（ⅰ） 債務不履行に関する過失

債務不履行に関して債権者に過失があったというためには、「債権者の責めに帰すべき事由」（543条、536条2項など）がある必要はない。418条で問題となっているのは、債務不履行が債務者の責めに帰することができない事由によるものであるとはいえず（415条1項ただし書）、債務者が損害賠償責任を負う場合において、損害の一部または全部を債権者にも負担させるべきか否かである。したがって、債権者の落ち度が唯一または優越的な場合でなくても、過失相殺

は認められる。

　たとえば、Aが工務店Bに建物を建築してもらったところ、完成した建物が違法建築であり、再築を余儀なくされた場合には、AはBに対して、再築費用相当額の賠償を請求することができるだろう。もっとも、Aが準備した設計図面にもミスがあった場合や、Aが違法建築かもしれないと思いながら何の措置も講じなかった場合に、再築費用の全額をBに負担させることは不公平である。このような場合には、債務不履行に関してAに過失があるといえる。

(ⅱ)　損害の発生・拡大に関する過失

　過失相殺は、損害の発生や拡大に関して債権者に過失があった場合にも認められる。たとえば、販売業者Cが輸入業者Dから仕入れて顧客に販売した商品が偽造品であることが判明し、商品の回収を余儀なくされた場合には、CはDに対して、商品回収にかかる費用などの賠償を請求することができるだろう。もっとも、Cが商品について十分な調査を尽くさず軽率に真正品だと信じた場合には、Cにも損害の発生に関する過失があるとされうる。

　損害の拡大に関する過失があった場合に過失相殺が認められることとの関係で、債権者が自らに発生する損害を抑止するために行為する義務（損害軽減義務）を負うのかという問題がある。たとえば、マリンリゾート施設を経営するEが、中古艇販売業者Fから中古ヨット甲を買う旨の契約を締結したが、Fが甲を引き渡さない場合について考えてみよう。Eが、中古ヨットの市場価格が高騰しつつあるなか、あくまで甲の引渡しを求めて数ヶ月が経過した後に、別のヨットを購入し、Fに対して、その購入に要した費用の賠償を請求したとする。このとき、Eがより早い時期に別のヨットを購入していれば、Eの損害は少なくて済むはずだったといえる場合にも、Eの請求は全部認容されるのだろうか。Eに損害軽減義務があり、市場価格が高騰する前に代替取引をすべきだったと考えるのであれば、Eの損害軽減義務違反を「過失」として考慮し、賠償額を減額することも考えられる。もっとも、損害軽減義務を安易に認めることは契約の拘束力を弱めることにつながりかねず、慎重な議論が必要である。

損害軽減義務の位置づけ
　本文中で述べたとおり、損害軽減義務は過失相殺の根拠となりうる。もっと

も、損害軽減義務が問題となりうる場面は、これに限られない。

　たとえば、本文中に挙げた中古ヨットの例は、賠償額算定基準時の問題だと捉えることもできる。このように捉えた場合、損害軽減義務の発想からは、目的物の価格が騰貴している場合の賠償額算定基準時を、債権者が代替取引をすべきだった時とすることが考えられる。

　また、416条にいう「通常生ずべき損害」の解釈に際して、損害軽減義務の発想が用いられる場合もある。最高裁平成21年1月19日判決（民集63巻1号97頁）をみてみよう。事案は、事業用店舗乙でカラオケ店を営んでいた賃借人Gが、排水用ポンプの故障により乙が浸水し利用不可能となったのに、賃貸人Hが修繕義務を履行しないために営業利益を喪失したと主張し、Hに対して損害賠償を請求したというものである。判決は、乙における営業再開の実現可能性が乏しくなっていたことや、カラオケ店の営業は乙以外の場所でも行えること、Gがそのために必要な資金を有していたことなどを指摘して、Gが「カラオケ店の営業を別の場所で再開するなどの損害を回避又は減少させる措置を何ら執ることなく、本件店舗部分における営業利益相当の損害が発生するにまかせて、その損害のすべてについての賠償をHに請求することは、条理上認められない」とし、「民法416条1項にいう通常生ずべき損害の解釈上」Gがその措置をとることができた時期以降の営業利益相当の損害のすべてについてその賠償をHに請求することはできないとした。

　このように、損害軽減義務の観点から賠償額を限定する手法は様々である。具体的な事案においてどのような手法を採用するべきかについて確たる基準を示すことは難しいが、それぞれの手法により導かれる効果が異なることに留意しておこう。すなわち、過失相殺による場合には、損害額が割合的に減額されるのに対し、賠償額算定基準時を一定の時点とすると、それ以後の価格変動は考慮されない。また、「通常生ずべき損害」の解釈による場合には、その外にある損害はそもそも賠償の対象から外れることになる。

（iii）　損害賠償額の減免

　過失相殺の効果は、損害賠償責任の否定または損害賠償額の減額であるが、ほとんどの場合には、賠償額の減額がされる。従業員Aが建設現場で勤務中に上から落ちてきた工具が当たって怪我をした場合を例に、賠償額がどのように減額されるのかを確認しよう。Aに生じた損害は、治療費や休業損害、慰謝料

などを合わせて500万円だったとする。この場合、落下防止措置を十分にとらなかった雇用主Bに安全配慮義務違反（→第1章Ⅰ2(2)(b)［14頁］）があり、これとAの損害との間に事実的因果関係があり、上記の損害が416条に照らして賠償範囲に含まれるならば、BはAに対して、500万円の損害賠償を支払わなければならない。もっとも、たとえば、Aが上司からの指示を無視してヘルメットを着用しなかったために、怪我がより大きなものになった場合には、Aがヘルメットを着用しなかったことをその「過失」とし、その「過失」の割合に応じてBの賠償額を減額することができる。Aの過失割合が2割だとすると、BがAに対して支払うべき賠償額は400万円になる。

(ⅳ)　不法行為における過失相殺との異同

　過失相殺に関する規定は、不法行為の分野にもある（722条2項）。そこで、418条と722条2項を比較すると、前者には、損害賠償額の減額のみならず損害賠償責任の否定が可能とされ（「損害賠償の責任及びその額を定める」≠「損害賠償の額を定める」）、また、債務者の責任の減免が必要的である（「裁判所は……定める」≠「裁判所は……定めることができる」）という特徴がある。もっとも、実際には、このような文言の違いはあまり重視されていない。

　とはいえ、両者をまったく同じ制度だと考えるのは適切でないだろう。とくに契約から生じる債務については、不履行債務が債権者の不注意を前提にしている場合があり、そのような場合には当該不注意を理由に過失相殺をしてよいかが問題となりうる。たとえば、自動車販売業者Aが、最新モデルの自動車甲をBに売ったとしよう。甲の引渡しを受けたBが、同車を運転中、ハンドル操作を誤って電信柱に正面から衝突した際に、エアバッグが有効に作動しなかったため、重傷を負ったとする。この場合、甲に正常なエアバッグが付いていることはAB間の売買契約の内容となっていると考えられるから、エアバッグに異常のある甲を引き渡したAには債務不履行（品質に関する契約不適合）があり、その債務不履行によってBに損害が発生している。このとき、Bがハンドル操作を誤ったことをBの「過失」として賠償額を減額すべきだろうか。ハンドル操作の誤りはBの落ち度であり、それに起因してBに損害が生じたことからすれば、過失相殺を認めるべきようにも思える。しかしながら、そもそもエアバッグが運転ミスの可能性を前提とした装置であることからすれば、Bの運転ミ

スというリスクは、エアバッグの異常に関する限り、Aが契約上引き受けていると考えることもできそうである。このように考えるなら、Bがハンドル操作を誤ったことを理由に過失相殺をすることはできないことになる。

(b) 損益相殺

損益相殺とは、債務者が債務不履行による損害賠償の責任を負うべき場合において、債権者がその不履行と同一の原因により利益を得たときに、その利益分を控除して損害賠償の額を定めることをいう。民法には明文の規定がないが、解釈上認められている。

たとえば、絵画コレクターAが美術館Bとの間で、Aが所有する著名な画家の作品甲をB主催の展覧会の目玉として貸し出す契約を締結したが、展覧会開催直前になって貸出を拒否した場合、BはAに対して、債務不履行による損害賠償を請求することができる。もっとも、Bは、Aの債務不履行により、甲の運搬や展示にかかる費用を免れていることがある。その場合には、Bが免れた費用は、損益相殺により、賠償額から差し引かれることになる。

もっとも、債権者がその不履行と同一の原因により「利益」を得たといえるかどうかは、その「利益」が考慮に値するものでなければならない。たとえば、工務店Cが、Dの自宅建築を目的とする請負契約を締結し、建物乙を完成させてこれをDに引き渡したが、乙には安全性に関わる重大な欠陥があり、数年後にその欠陥が発覚して建替えを余儀なくされたとする。この場合、Cには債務不履行があり、建替費用相当額の損害賠償が認められうるだろう。では、その場合、Dが乙に数年間は居住できたことをもって、その居住利益を損益相殺の対象とすることはできるだろうか。たしかに、Dは乙に居住していた数年間分の家賃を免れたということもできそうであるし、建替えがされればDは新築の建物を新たに取得できるのであるから、Dは不履行と同一の原因により経済的な利益を得ていると考えられなくはない。しかしながら、建物自体が社会経済的な価値を有しないと評価すべきものであるときは、居住利益を損益相殺の対象とすることはできないと解するべきである（最判平成22・6・17民集64巻4号1197頁参照［買主が売主のほか設計者や施工者に対しても不法行為による損害賠償を請求した事案］）。

このほか、主に不法行為の分野で、第三者によって損害の填補を目的とする

給付（社会保険給付や保険金の支払）がされた場合について、「損益相殺的な調整」を図るために、その給付額を賠償額から控除するべきかが議論されている。これについては、不法行為法の教科書を参照してほしい。

3 賠償額の予定

(1) 賠償額を予定しておくことの意義

債務不履行による損害賠償を請求するためには、債権者は、損害が発生したことを立証し、その金額を明らかにする必要がある。もっとも、その立証は、面倒であるし、困難な場合もあり、金額をめぐる紛争が生じることも多い。そのため、当事者が、債務不履行があった場合の賠償額をあらかじめ合意しておくことがある。賠償額の予定である（420条1項）。賠償額が予定されている場合、債権者は損害が発生したことやその金額を立証する必要がなく、裁判所は予定された額の損害賠償を認めなければならない。

賠償額の予定には、債権者による損害の立証を不要とするほか、債務者による任意の履行を促進する機能がある。債務を履行しない場合にいくらの賠償金を支払わなければならないかをあらかじめ明らかにしておくことは、債務者の履行へのインセンティブになるからである。他方で、賠償額の予定には、賠償額を一定の範囲に限定しておくことで、債務者によるリスクの計算を容易にする機能もある。たとえば、鉄道会社の約款では、列車の遅延によって利用客に生じる損害が賠償される場合や賠償される金額が限定されている。列車の遅延は、利用客と鉄道会社との間の運送契約上の債務不履行であるが、鉄道会社がこれによって利用客に生じる損害をすべて賠償しなければならないとすると、低廉な運賃で運送事業を営むことがそもそも不可能になってしまう。そこで、鉄道会社は損害賠償を制限する条項をあらかじめ設けているのである。

なお、賠償額の予定は、債権者が損害賠償請求をする際の損害の立証を不要とするものにすぎない。したがって、賠償額が予定されているからといって、債権者が履行の請求をすることや契約の解除をすることは妨げられない（420条2項）。また、債権者に過失があったときは、特段の事情のない限り、過失相殺による減額が可能である（最判平成6・4・21裁時1121号1頁）。

> **違約金のいろいろ**
>
> 　違約金、すなわち債務不履行があった場合に債務者が債権者に支払うことを
> あらかじめ約束した金銭には、様々な種類のものがある。本文でみた賠償額の
> 予定は、実際に発生した損害額に代わるものであり、実損害額が予定額を超え
> る場合でも、予定額以上の賠償を請求することはできない。これに対し、違約
> 罰は、債務不履行に対する「罰」つまり制裁であり、損害賠償とは別に請求す
> ることができる。また、違約金に関する条項に、「違約金を超える損害が発生
> している場合には、その超過額を請求することを妨げない」と定められている
> 場合もある。
>
> 　このように、「違約金」は、賠償額の予定とは限らない。もっとも、民法は、
> 違約金は、賠償額の予定と推定されるとしている（420条3項）。

(2) 賠償額予定条項の制限

　賠償額の予定には上述のようなメリットもあるが、当事者間に交渉力の格差
がある場合には、不当な結果を招く恐れがある。交渉力の強い者が自らの責任
を不当に制限する場合や、相手方の損害賠償額を不当に高額に設定する場合が
考えられる。

　そのため、法律上、賠償額の予定が禁止または制限されている場合がある。
たとえば、労働基準法16条は「使用者は、労働契約の不履行について違約金を
定め、又は損害賠償額を予定する契約をしてはならない」と規定する。また、
利息制限法4条1項は「金銭を目的とする消費貸借上の債務の不履行による賠
償額の予定は、その賠償額の元本に対する割合が第1条に規定する率の1.46倍
を超えるときは、その超過部分について、無効とする」と規定している。

　そのほか、消費者契約法には、消費者が支払う損害賠償の額を予定する条項
を制限する規定がある。第1に、消費者契約の解除にともなう損害賠償の予定
については、それが「事業者に生ずべき平均的な損害」の額を超える部分は、
無効とされる（消契9条1号）。同号により、大学の入学試験に合格し入学手続
をした者が3月中に入学を辞退した場合でも納付された授業料は返還しない旨
の条項が無効とされた例がある（最判平成18・11・27民集60巻9号3597頁）。第2

に、消費者が支払うべき金銭債務の履行遅滞に関する賠償額の予定については、14.6%の年率を超える部分は無効とされている（同条2号）。

　なお、以上のような賠償額の予定を禁止または制限する規定が適用されない場合であっても、賠償額の予定が公序良俗（90条）に反する場合には無効とされる。

4　損害賠償による代位

　最後に、債務者が債権者に対して、損害賠償として支払うべき目的物の価額をすべて支払ったときの処理について、触れておこう。422条は、「債権者が、損害賠償として、その債権の目的である物又は権利の価額の全部の支払を受けたときは、債務者は、その物又は権利について当然に債権者に代位する」と規定している。ここにいう「代位する」とは、債権者が有していた権利が当然に債務者に移転することを意味している。たとえば、Aがその所有する宝石甲をBに預けていたところ、Bが甲を保管していた金庫の施錠を忘れたために、第三者Cによって甲が盗まれてしまったとする。この場合、AはBに対して甲の時価相当額の損害賠償を請求することができるが、BがAにこれを支払ったときは、甲の所有権はBに移転し、Cに対する不法行為による損害賠償請求権もBに移転する。このような規定が置かれているのは、そうでなければ、AはBから損害賠償の支払を受けた上に、Cから甲を取り返すことやCからも損害賠償の支払を受けることができることになって、二重の利得を得ることになってしまうからである。

第4章

概説

　第2部では、債権者代位権・詐害行為取消権（第5章）、多数当事者の債権債
務関係（第6章）、保証債務（第7章）、弁済による代位（第8章）、相殺（第9章）
を学習する。債権者代位権と詐害行為取消権は民法第3編「債権」第1章「総
則」第2節「債権の効力」、多数当事者の債権債務関係と保証債務は第3節
「多数当事者の債権及び債務」、弁済による代位と相殺は第6節「債権の消滅」
に、それぞれ規定されている。本書では、これらの制度が債権回収の可能性を
高める機能を有する点で共通することに着目し、まとめて扱うことにした（→
はじめに2⑵〔5頁〕）。では、債権回収の可能性の高低はどのように決まるのだ
ろうか、またその可能性を高めるためにはどうすればよいだろうか。まずは、
責任財産と債権者平等の原則というキーワードとともに、以下で説明しよう。

I　責任財産と債権者平等の原則

　すでにみたように（→第3章II 3⑶⑷〔77頁以下〕）、金銭債権が履行されない
場合、債権者は、債務名義（民執22条）に基づいて、債務者の総財産から担保
物権により把握された財産や差押禁止財産（民執131条・152条など）を除いた一
般財産に属する不動産、動産、債権などの財産に対する強制執行手続を経て債
権の満足を得る。このように、債務者は、一般財産をもって債権者に対して責
任を負うので、一般財産を「責任財産」とよぶ。この用語法は民事執行法より
も狭いことに注意が必要である。民事執行法では、強制執行において摑取の対
象となる財産が広く「責任財産」と呼ばれている。金銭債権の執行（民執43条

以下）の場合における一般財産のほか、引渡・明渡請求権の執行（民執168条以下）の場合には特定の動産・不動産が、責任財産となる。

　1人の債務者に対して債権者が複数いる場合には、責任財産はすべての一般債権者らにとって共同の担保となる。このとき、債権者が債権の満足を得られるかどうかは債務者の財産状態にかかっている。債務者の責任財産が全債務を弁済するのに十分でない場合には、債権者は、その債権の全部または一部について回収することができない。債務者に複数の債権者がおり、債権の総額が債務者の責任財産の額を超える場合には、誰がどれだけ債権を回収できるかが問題となる。たとえば、BがAに3000万円を貸し付けたが、Aの責任財産は土地甲（評価額3000万円）のみであったとしよう。Aが債務を履行しなくても、Bは債務名義を得て甲に強制執行すれば、債権全額を回収できる（Bの債権額≦Aの責任財産。手続費用は無視する）。しかし、【図表4-1】のように、Bが債権を回収する前にAが新たにCから2000万円を借り入れ（Bの債権額＋Cの債権額＞Aの責任財産）、Bが申し立てた甲に対する強制執行手続において、Cが配当要求をするときには、債権には発生時期の先後による優先性がないため（非優先性）、BとCは対等な立場で、債権額の割合に応じて債権を回収することになる（比例弁済原則）。このことを債権者平等の原則という。これによれば、甲の売却価格から3000万円配当される場合には、B：Cは3：2、つまりBは1800万円、Cは1200万円の限度で債権を回収できるにとどまる。

　旧民法では、債務者の総財産はその債権者の「共同ノ担保」であるとし（債権担保編1条1項本文）、これを受けて、債権者が債務者の総財産から債権額に応じて比例弁済を受けることが規定されていた（債権担保編1条2項本文）。現行民法の制定時には責任財産や比例弁済原則に関する規定は削除されたが、これらの原則を否定する趣旨ではなかったことは言うまでもない。

【図表4-1】

$$B:C = \frac{3000:2000}{3000} \text{万円}$$

$$= 1800 \text{万円} : 1200 \text{万円}$$

II　債権の回収可能性の高め方

1　相殺

　上の例で、Aの責任財産が土地甲ではなく、Cに対する3000万円の代金債権だったとしよう。この場合にも、上で述べたのと同様に、AのCに対する代金債権の強制執行手続においてBとCが配当を受けるときは、債権者平等の原則に従い、B：Cは3：2、つまりBは1800万円、Cは1200万円を回収できるはずであるが、そうはならない。というのも、このときCはAに対する代金債務とAに対する貸金債権を相殺することによって、自分の負う代金債務を対当額で免れることができるからである（505条）。これにより、Cは、Bに優先して、Aに対する貸金債権2000万円を回収することができる。このとき、BがAのCに対する代金債権に強制執行したとしても、相殺後に残った1000万円しか回収することができない。このように債権者の1人が債務者に対して反対債務を負っている場合には、当該債権者は相殺という制度を利用することで、他の債権者に優先して自身の債権を回収することができる（→第9章［208頁以下］）。

2　担保

　しかし、債権者もまた債務者に反対債務を負っているというのは、例外的な場合である。そこで、賢明な債権者は、債務者の責任財産から債権の満足を受けるのをただ待つのではなく、自己の債権を全額回収するための措置を事前に講じておくだろう。

　次のページの【図表4-2】をみてほしい。出発点を確認しよう。⑴BがAに対する債権を担保する手段を全く講じない場合には、Aの財産全てがAの負う全ての一般債権の責任財産となる。もっとも、⑵債務者自身が資産価値のある財産を有するならば、その財産に担保権を設定し、特定の財産を責任財産から切り離すことができる。先の例において、BがAに対する貸金債権（3000万円）を被担保債権として甲上に抵当権の設定を受けてこれを実行し、3000万円配当されることになれば、Bは、抵当権者として、3000万円全額につき優先弁済を受けられる。このとき、無担保債権者＝一般債権者であるCは、甲に残余

【図表4-2】

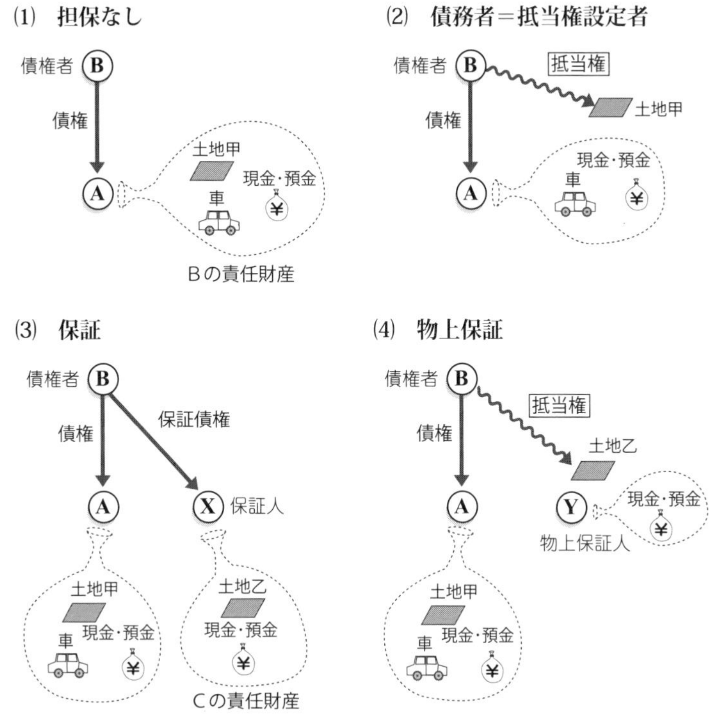

(1) 担保なし　　　　　　　　(2) 債務者＝抵当権設定者

(3) 保証　　　　　　　　　　(4) 物上保証

価値がない以上、甲から債権（2000万円）を回収することはできず、Aの一般財産にかかっていくことになる。

　また、第三者の財産を債権の引当てとして追加することもできる。たとえば、(3)保証（446条以下→第7章〔170頁以下〕）や連帯債務（436条以下→第6章Ⅲ3〔158頁以下〕）などは、第三者の一般財産を債権の引当てとするので、人的担保とよばれる。(4)抵当権などの物的担保は、債務者以外の第三者の特定の財産上に設定することもでき、このような第三者は物上保証人と呼ばれる。

　保証人と物上保証人の違いは、次のとおりである。①保証人は自ら保証「債務」を負うので、その一般財産上に無限責任を負う。これに対して、物上保証人は被担保債権を履行する「債務」を負わずに、担保権を設定された財産上に「責任」を負う。すなわち、被担保債権が履行されない場合にその引当てとし

て担保目的財産の執行を甘受しなければならず、その範囲は担保財産の価値に限定されている（有限責任）。②保証債務にかかる債権の債権者は一般債権者であるため、保証人の責任財産がその全債権者に弁済するに足りないときは、他の一般債権者とともに債権者平等の原則に従ってこの債権を回収する。これに対して、物上保証の場合、担保財産は物上保証人の責任財産から切り離されており、債権者＝抵当権者は、当該担保財産から登記の順位に従って優先的に弁済を受ける。③保証人の弁済は自己の債務＝保証債務の弁済であるが、物上保証人の弁済は、弁済につき「正当な利益」を有する者の第三者弁済となる（474条→第2章Ⅰ2(2)(b)(ii)［35頁］）。しかし、保証人も物上保証人も、実質的には他人＝債務者の債務を肩代わりしている点で共通しており、弁済した保証人・物上保証人は債務者張本人に弁償を求める（求償）することができる（保証人について459・462条、物上保証人について351・372条）。求償権を確保するための制度が、弁済による代位である（499条以下→第8章［197頁以下］）。

Ⅲ 債務と責任

　Ⅱ2を読んで、そもそも「債務」と「責任」とは何であるか疑問をもった読者もいるだろう。債務とは、一定の給付をすべき義務を負うことを意味するのに対し、責任とは、一定の財産が債務の引当てとなっている、つまり債務が履行されない場合に強制執行に服することを意味する。債務と責任は通常は一致しており、【図表4-2】の(1)債務者Aや(3)保証人Xは、自ら債務を負うとともには自己の一般財産上に無限責任を負う。これに対し、債務と責任が分離する場合もある。まず、債務者が責任を負わない場合（責任なき債務）や責任が一定の範囲に限定される場合（有限責任）がある（力が不完全な債権→第1部第3章Ⅱ2(2)［70頁］参照）。また、(4)物上保証人Yのように、責任を負う者が債務を負わない場合を債務なき責任という。

第5章

責任財産の保全

　前章Ⅱでみたような手段があるとはいえ、自己の債権を全額回収したい債権者にとっては、なんといっても債務者の責任財産の状況が最大の関心事である。しかし、債務者の財産管理・処分は債務者が自由に行うべきであり、債権者が口出しすることはできないというのが原則である。その必要性が正当化される場合に限って、例外的に、債権者による債務者の財産管理への干渉が認められている。それは、次の場合である。

　まず、①債務者が自己の権利を行使せず放置している場合に、責任財産の減少を食い止めて維持するものであり、債権者代位権（423条以下）である。

　また、②債務者が積極的に責任財産を減少させる行為（詐害行為）をした場合に、流出した財産を取り戻して責任財産を回復させるものであり、詐害行為取消権（424条以下。「債権者取消権」とよばれることもある）である。

　①は、債務者が第三者に対する権利を行使しないでいるのを債権者が代わりに行使するにとどまり、第三者の地位を悪化させないのに対して、②は、債務者が第三者との間で行った行為を債権者が取り消すものであり、第三者への影響も大きい。②は、①よりも積極的に債務者の行った財産管理に介入するため、裁判上でしか行使することができない（424条1項）。

　なお、これらの制度は、責任財産の保全以外のためにも使われることがあることに注意してほしい。

I　債権者代位権

1　債権者代位権とは何か

　債権者代位権とは、債権者Ａ（「代位債権者」という）が、債務者Ｂに対してもつ債権α（「被保全債権」という）を「保全するため必要があるとき」、Ｂが第三者Ｃに対してもつ権利β（「被代位権利」という）を、Ｂに代わって行使する権利である（423条1項）。

　債権者代位権の本来的な制度趣旨は、一般債権者による将来の強制執行に備えて、債権の引当てとなる債務者の責任財産を保全することである。

　以下では、基本的にこのモデルに従って説明しよう。

【図表5-1】

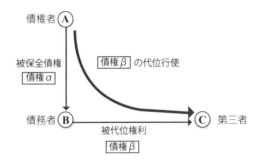

　　債権者代位権の意義

　本文で述べたように、債権者代位権の本来の目的は、①債務者の責任財産を保全し、将来の強制執行を準備することにある。これは債権の摑取力（→第1部第3章Ⅱ 1(1)［70頁］）に基づくものであり、被保全債権が一般債権としての金銭債権であることを前提としている。被保全債権（債権α）が金銭債権、被代位権利（権利β）の目的が不動産の所有権移転登記手続を求める登記請求権である場合には、債権者Ａが権利βを代位行使すると、登記名義が第三者Ｃから債務者Ｂに移転されて、Ｂの責任財産が保全される。Ａが債権αの満足

を得るには、債権 α について、A勝訴の確定判決等の債務名義（民執22条）を得て目的不動産に強制執行しなければならない。なお、Aが不動産強制競売を申し立てると、執行裁判所により、強制競売開始決定と差押えが行われ、その後、競売が実施され、買受人が納付した売却代金が配当される。この際、目的不動産を差し押えたAが、優先的に満足を受けられるわけではない。執行費用がまず配当され、他の一般債権者による配当要求や差押えの競合がある場合には、抵当権者等により担保された債権、一般債権の順で配当され、一般債権者間では、債権額に応じて平等に配当される。

　しかし、②権利 β が金銭債権である場合には、Aは、Cから金銭を直接受領することができ（423条の3前段参照）、かつ、受領した金額のBに対する返還債務と債権 α とを相殺できる。代位債権者が、強制執行に必要な債務名義なく、かつ、他の債権者に事実上優先して弁済を受けること（「債権の簡易優先回収機能」とも呼ばれる）は、強制執行の潜脱であると批判されていたが、民法は許容している。もっとも、CはBに支払うこともでき（同条後段）、このときには強制執行の準備という①の目的にかなうことになる。

　また、③個別の権利、すなわち特定債権の実現を準備するため、判例上、本来の要件とは異なる要件の下で、債権者代位権の行使が認められてきた。これがいわゆる転用事例であり、特定債権の貫徹力（→第1部第3章 II 1(1)［70頁］）を前提としている。現在では、登記・登録請求権の保全について規定があるが（423条の7）、他の場合についても解釈によって認められる（→6［125頁］）。

　このように、現在、債権者代位権には、①責任財産の保全、②債権の簡易優先回収、③特定債権の保全、という3つの意義が認められている。

2　債権者代位権の要件

　債権者代位権の要件は、被保全債権に関する要件、保全の必要性、被代位権利に関する要件に大別される。以下ではこの順に従ってみてみよう。

(1)　被保全債権に関する要件

(a)　被保全債権の存在

債権者代位権は、債権者Aが「自己の債権」（債権 α）を保全するために行使

するのだから、代位権を行使する時点で債権 α ＝被保全債権が有効に存在していなければならない。なお、詐害行為取消権と異なり（→Ⅱ2(1)[129頁]）、債権 α の発生原因が被代位権利（権利 β）よりも先に存在している必要はない。

債権者代位権の本来的な制度趣旨に照らせば、被保全債権は原則的に金銭債権である。抵当権のような担保権付き債権でもよく、この場合、担保権により優先弁済権を確保されない残額が被保全債権となる。金銭債権以外の債権（たとえば目的物引渡債権）でも、債務不履行により損害賠償債権を生じ（415条）、債務者の一般財産から満足を得るので、被保全債権となり得る。

被保全債権に債務名義が備わっている必要はない。

(b) 履行期の到来

被保全債権の履行期が到来する前に、債権者代位権を行使することはできない（423条2項本文）。債権者がまだ不履行に陥っていない債務者の財産管理に干渉する理由はないからである。もっとも、たとえば、被代位権利の消滅時効の完成を妨げるために権利を行使して時効の完成猶予や更新（147～150条）を生じさせることや、保存登記のように、債務者の財産の現状を維持する保存行為は、履行期前にすることができる（423条2項ただし書）。被保全債権の履行期を待っていたのでは被代位権利を失いかねない緊急性があり、債務者への不利益も生じないからである。

(c) 強制執行可能性

債権者代位権は強制執行の準備のための制度であるから、執行力・強制力を欠く債権（不執行の合意のある債権・自然債務）を被保全債権（債権 α）とすることはできない（423条3項）。

(2) 債権保全の必要性

債権者代位権を行使できるのは、債権者が「自己の債権を保全するため必要」がある場合に限られる（423条1項）。これを無資力要件という。「無資力」とは、被代位権利を行使しなければ、これを除いた債務者の責任財産によって債権者が自己の債権について満足を受けられない状態である。債務者の無資力を判断する基準時は、代位権行使時（債権者代位訴訟においては、事実審口頭弁論終結時）である。

たとえば、Aから300万円を借り入れた（債権α）Bが、Cへの売掛代金債権400万円（権利β）を有するほか、めぼしい財産として現金100万円とDのために抵当権（被担保債権1000万円）の設定された甲土地（1000万円相当）を有している場合には、Bは権利βを行使しない限り債権αを完済できないので、Bは無資力だといえる。甲土地がBの責任財産に含まれないことは、→第4章Ⅱ2〔112頁〕参照。

(3)　被代位権利に関する要件

(a)　原則

　債務者の責任財産の保全に適するすべての財産的権利が、原則的に代位行使の対象（権利β）となりうる。債務者の第三者に対する債権のほか、取消権・解除権・相殺権などの形成権、消滅時効の援用、登記請求権、債権者代位権も含まれる。

(b)　例外

　これに対して、債務者の責任財産の保全に直接・間接に寄与するとしても権利者自身の意思を尊重すべき権利や債権者の共同担保として期待すべきでない権利は、代位行使の対象となりえない。

　第1に、「債務者の一身に専属する権利」（423条1項ただし書）である。423条1項ただし書が問題とするのは、相続性・譲渡性の否定される「帰属上の一身専属権」（896条ただし書）ではなく「行使上の一身専属権」である。これは、権利を行使するか否かにつき権利者の意思を尊重し、他人の介入を許すべきでない権利である。以下の権利について問題となる。

　まず、①離婚の請求権（770条）、認知請求権（787条）や相続人の廃除権（892条）などの純粋に親族法上の地位自体に関わる権利は、権利者の身分関係の変動に向けた意思を尊重すべき権利であるから、行使上の一身専属権に当たり、代位行使は認められない。また、②夫婦間の契約取消権（754条）や扶養請求権（877条）のように、親族法上の地位に基づく権利のうち財産的利益を内容とする権利についても、権利者の意思を尊重すべきであるし、一般債権者はこれによる財産増加分を共同担保とすることを期待すべきでないので、代位行使は否定されるべきである。これに対して、③遺産分割請求権（907条）や相続の承

認・放棄の意思表示（915条以下）のような相続法上の権利は、財産権と密接に関わるため、学説は分かれているが、否定説が多数である。遺留分減殺請求権（旧1031条）について、判例は、信頼された遺留分を回復するかどうかは専ら遺留分権利者の自律的決定に委ねているとして、行使上の一身専属性を理由に原則的に代位行使の対象外とした（最判平成13・11・22民集55巻6号1033頁）。平成30年相続法改正により新設された遺留分侵害額請求権（1046条）は、意思表示により遺留分侵害額に相当する金銭債権を発生させる形成権であるが、その代位行使の可否については上記の判例と同様に考えられそうである。さらに、④財産法上の権利であっても権利者の意思が尊重されるべきものとして、名誉毀損を理由とする不法行為に基づく慰謝料請求権がある。判例は、被害者が権利行使し、具体的な金額の請求権が当事者間で確定した後は代位行使の対象となりうるが、それ以前の段階では、被害者が被った精神的苦痛を金銭に見積って加害者にこれを支払わせるかどうかは専ら被害者が決めるべきであるから、行使上の一身専属権に当たるとする（最判昭和58・10・6民集37巻8号1041頁）。

第2は、「差押えを禁じられた権利」（423条1項ただし書）であり、年金受給権（国年24条）や民事執行法上の差押禁止債権（民執152条）などである。債権者の生活保障という政策的観点から差押えによる回収が禁止された財産は、債務者の責任財産を構成しえないからである。

(4) 債務者による権利の不行使

債権者による債務者の財産管理への干渉が正当化されるのは、無資力状態にある債務者が自らの権利を行使せずに放置している場合に限られる。債務者B自身がすでに被代位権利（権利β）を行使しているときには、その結果の良し悪しにかかわらず、債権者Aが代位行使することはできない。

3 代位行使の方法

債権者代位権の要件が満たされると、債権者Aは債務者Bの代理人としてではなく、A自身の名で、Bの第三者Cに対する権利βを行使する。したがって、債権者代位権が裁判上行使される場合には、原告はA、被告はCであり、Bは原告にも被告にもならないが、債務者の手続保障を図るため、AはBに訴

訴告知をしなければならない（423条の6→5(1)(c)［124頁］）。

　しかし、Aが行使するのはあくまでBのCに対する権利βであるので、Cは、Bに対して対抗できる一切の事由（同時履行の抗弁権、弁済による権利βの消滅、契約の無効、相殺など）をAに対して主張することができる（423条の4）。Cは権利βがB自身によって行使される場合よりも不利な地位におかれるいわれはないからである。

4　代位債権者の請求の内容

　被代位権利（権利β）が物の引渡債権や金銭債権である場合、債権者Aは代位行使の相手方Cに対して、引き渡すべき目的物や支払うべき金銭を、債務者Bではなく自己に直接引き渡すよう請求できるだろうか。また、Aは、債権αの額を超えて権利β全部を代位行使できるだろうか。

　債権者代位権の制度趣旨が債務者の責任財産の保全による強制執行の準備であるという考えを徹底するならば、こうなるだろう。債権者Aが行使するのは債務者Bの権利βであるから、権利βの給付目的物はBに引き渡されるべきであり、引き渡されたものはBに帰属し、総債権者の共同担保となる。Aは債権αの債務名義に基づいてその物に強制執行をし、配当要求を申し出てきた他の一般債権者とともに、債権額に応じて弁済を受けるにとどまる（債権者平等の原則）。この趣旨からは、Aは、総債権者のために、債権αの額を超えて権利β全部を代位行使できることになろう。

(1)　代位債権者の直接請求権

　上のようにみると、権利βがBの権利である以上、Aは自ら取立権限や受領権限を有しないはずである。しかし、代位債権者は、被代位権利が「金銭の支払又は動産の引渡し」を目的とする場合には、相手方に対して直接自己への支払または引渡しをするよう請求することができる（423条の3前段）。被代位権利の権利者である債務者の受領行為を要する権利については、債務者が受領を拒絶すると債権者代位権の実効性が失われるし、債務者に受領を強制するしくみもないという理由によるが、債務者の受領拒絶の有無にかかわらず、代位債権者は自己への直接引渡し・支払を請求でき、弁済を受領する権限を有する。

もっとも、債権者代位権が行使された後も債務者は被代位権利の処分権限を失わないので（423条の5 → 5(1)(b)［124頁］）、AがCを相手に権利βを代位行使して目的物の自己への直接引渡しを請求した後でも、実際に引渡しがされるまでの間は、BがCに履行請求をすることも、また、CがAではなくBに履行することも認められ、BがCの履行を受領すると権利βは消滅する。

　これに対して、権利βが不動産の移転登記手続請求権である場合には、原則通りAはCに対してBへの登記移転手続を請求する。判決による登記はCによる単独申請が可能であり（不登63条1項）、Bによる受領の協力は不要である。

(2)　代位権行使の範囲

　423条の2は、「被代位権利の目的が可分であるときは、自己の債権の額の限度においてのみ、被代位権利を行使することができる」と規定する。

　責任財産の保全と強制執行の準備という制度趣旨を貫くならば、債権者は、総債権者のために、被保全債権額を超えて債務者の権利を代位行使できるべきであるのに、このような上限が設けられたのはなぜだろうか。代位権行使の効果（→ 5(2)(a)［123頁］）で扱うべきことを先取りしながら説明しよう。

　まず、典型的な場面として、被代位権利＝権利βが金銭の支払を目的とする場合を考えてみよう。債権αが500万円、権利βが貸金債権（1000万円）である場合、Aが代位行使できるのは500万円までである。この場合、Aは自己への直接支払を請求することができるが（423条の3前段）、Aが受領した金銭は本来Bのものであり、Bの責任財産に戻されるべきである。しかし、わが国には、Aが受領した金銭を他人（B）に帰属するものとして扱ったり、供託所などに保管させた上で強制執行したりするしくみがないため、判例上、Aが、受領した金銭のBへの返還債務とBに対する債権αとを相殺することが認められてきた。いわゆる債権の簡易優先回収機能は、現行法でも許されている（→ コラム［117頁］）。このように債権者代位権は代位債権者にとって債権の簡易な回収手段として用いられるため、債務者の財産管理権への干渉を最小限に留めることが要請される（423条の2）。また、この制限には、代位債権者が第三債務者から受領した金銭のうち自己の債権額を超える部分を、費消・隠匿・無資力により債務者に返還しない危険を予防する意義もある。

ここで、被代位権利の目的が「可分」なのは金銭の支払に限られず、物、た
とえば動産（ワイン100本）や有価証券の引渡しの場合もあることに気づいた読
者もいるだろう。この場合にも、被代位権利の目的が「可分」である以上、代
位債権者による財産の費消・隠匿の危険があるとして、代位権を行使できる範
囲は被保全債権の額に限られる（423条の2）。

　動産についても、金銭の場合と同様、Aは直接引渡しを受けることができる
（423条の3前段）。しかし、AのBに対する目的物返還債務とAのBに対する債
権αは同種債務要件を満たさないので、相殺はできない（→第9章Ⅲ1(1)［213
頁以下］）。Aがこの動産から債権αを回収するには、Cから引渡しを受けて自
分の手元にあるB所有の目的動産について（民執124条）、債権αの債務名義を
取得して強制執行をすることになるため、責任財産の保全による強制執行準備
という趣旨が貫かれる。もっとも、後続する動産執行では、不動産執行と異な
り（→コラム［117頁］）、動産の差押えは差押債権者の執行債権および執行費用
の弁済に必要な限度を超えてはならない（超過差押えの禁止〔同128条1項〕）。ま
た、二重差押えは禁止され（同125条1項）、一般債権者は配当要求できないの
で（同133条）、手続上の制約により、代位債権者と他の一般債権者の競合が排
除されている。そのため、事実上、最初に差押えをした債権者が優先弁済を受
け易い仕組みになっている。

　これに対して、権利βの目的が不可分であるときは、Aは債権αの額を超
えて権利βを代位行使することができることは言うまでもない。

5　代位権行使の効果

(1)　代位権行使の着手の効果

(a)　被代位権利の消滅時効の更新・完成猶予

　債権者代位権が裁判上行使された場合、被代位権利（権利β）の消滅時効は、
代位債権者の勝訴判決の確定の時に更新され（147条2項）、新たな時効期間は
10年となる（169条1項）。権利が確定せずに訴訟が終了したときは、終了時か
ら6か月を経過するまで時効の完成が猶予される（147条1項1号）。裁判外で
行使された場合、催告の時から6か月を経過するまで権利βの時効の完成が猶
予される（150条1項）。

これに対して、被保全債権（債権α）は代位行使の対象でないため、時効の更新・完成猶予の効果を生じない。

(b) 債務者による被代位権利の処分権限の不喪失

債権者が被代位権利を行使した場合であっても、債務者は被代位権利について自ら取立てその他の処分をすることを妨げられず、相手方たる第三者も債務者に対して履行することを妨げられない（423条の5）。債権者代位権の行使には被保全債権の債務名義を要しないため、債権執行のための差押えと同様の処分・取立禁止や弁済禁止の効果を生じさせて債務者の地位を過度に弱めるべきではないからである。したがって、債権者Aが債務者Bの第三者Cに対する権利βの代位行使に着手しても、Bは権利βについて履行請求・譲渡・相殺などをすることでき、CのBに対する弁済も有効となる。Aが権利βに関するBの処分やCの弁済を禁止するには、権利βについて仮処分や仮差押えを別途申し立てなければならない。

(c) 債権者代位訴訟の提起と債務者への訴訟告知

債権者は、債権者代位訴訟を提起した場合、遅滞なく、債務者に対して訴訟告知をしなければならない（423条の6）。

訴訟告知とは、訴訟の係属中に当事者が、訴訟に参加することができる第三者に対して、訴訟係属の事実を報告する訴訟行為である（民訴53条1項）。訴訟告知には、告知を受ける第三者の訴訟参加の機会を保障する意義のほか、被告知者が参加しなかった場合にも参加的効力を及ぼす意義がある（同法53条4項）。債権者代位訴訟においては、代位債権者Aは被代位権利βを訴訟物とする債務者Bの法定訴訟担当（法律の規定によって当事者適格が認められる第三者）であり、A敗訴の場合も含む判決効がBに及ぶ（同法115条1項2号）。そのため、訴訟告知の意義としては前者が重視されている。

訴訟告知を受けた債務者は、債権者代位訴訟に参加することができる。参加の態様については、民事訴訟法で勉強してほしい。反対に、債権者が訴訟告知をしない場合の効果としては、上記の趣旨に照らし、訴えが却下されるべきであると解されている。

代位訴訟が提起されても、債務者Bは、被代位権利に関する処分権限を奪われないので（423条の5）、被代位権利βを裁判外で行使することはできる。し

かし、二重起訴の禁止（民訴142条）が及ぶので、権利βについてCを被告として、代位訴訟と別の訴えを提起することはできない。

　なお、債権者代位権の行使それ自体については、債務者に対する通知は要求されていないので、裁判外で代位行使する場合には、債務者に知らされないこともありえる。

(2)　代位権行使が認められた場合の効果

(a)　債務者への効果の帰属と相殺の可否

　これについては、すでに述べた（→ 4 (2)［122頁以下］）

(b)　費用償還請求権

　債権者Aは、債権者代位権を行使するためにかかった費用について、債務者Bに対して償還請求することができる。その法律構成として、債権者と債務者間に生じる「一種の法定委任関係」に基づく償還請求権（650条1項参照）や事務管理に基づく費用償還請求権（702条）が主張されている。費用償還請求権は、共益費用として先取特権によって担保される（306条1号・307条）。

(c)　代位訴訟の判決の効果

　(1)(c)でみたように、代位債権者Aは債務者Bの法定訴訟担当であり（民訴115条1項2号）、Aが相手方Cに対して得た判決の既判力は、A敗訴の場合も含めて、Bに及ぶ。

6　個別権利実現準備型の債権者代位権

(1)　特定債権の保全が認められる場合

　判例は、一定の場合に、一般債権としての金銭債権（→コラム［116頁］）ではなく、個別の権利、すなわち特定債権（特定物の引渡しを目的とする「特定物債権」とは混同しないよう注意してほしい）の実現準備のために債権者代位権を利用することを認めており、従来、債権者代位権の「転用」と呼ばれてきた。現在では、特定債権の保全のための債権者代位権と呼ばれることもある。これには、被保全債権の貫徹力を保全するために債権者代位権の行使が認められる場合（後述(2)(3)）のほか、被保全債権と被代位債権の間に密接なつながり（牽連関係）があるものの、法律上直接請求権が認められていないことを補うために債

権者代位権が用いられる場合（最判昭和49・11・29民集28巻8号1670頁〔保険金請求権の事例。保険約款および保険法の改正により、現在では問題は解消された。〕）などがある。「特定債権」には、非金銭債権のほか、一定の場合に金銭債権も含まれるのであり、いずれにおいても債務者の無資力は要求されない。

現行法では、登記・登録請求権を保全する場面についてのみ規定があるが（423条の7→(2)）、他の場面については、解釈に委ねられている（→(3)(4)）。

(2) 登記または登録の請求権の保全（423条の7）

甲土地がC→B→Aの順で売却されたが、登記名義がCのもとに残っている場合、Aは、Bに対して所有権移転登記手続を求める登記請求権（権利α）を保全するため、BのCに対する登記請求権（権利β）を代位行使することができる。権利αの実現のためには権利βの行使が不可欠であることから、債務者Bの無資力は要求されない。これにより、Aは、CからBへの所有権移転登記を経た上で、自己への所有権移転登記を経ることになる。

(3) 不動産賃借権の保全

不動産の賃借人は、賃借権が対抗要件（605条、借地借家10条・31条）を備えていれば賃借権に基づき妨害排除・返還請求をすることができ（605条の4）、引渡しを受けていれば占有に基づく妨害停止（198条）・返還（200条）を請求することもできるが、これらを備えず直接請求が認められない場合に、債権者代位権が有用である。たとえば、AがBから賃借した駐車場にCの廃材が不法投棄されているため、Aが駐車場を利用できず、Bもそれを放置している場合、AはBに対する賃借権を被保全債権として、BのCに対する所有権に基づく妨害排除請求権を代位行使することができる（大判昭和4・12・16民集8巻944頁）。

(4) 売主の共同相続と代金（金銭）債権の保全

被保全債権が金銭債権であっても、債務者の無資力が必要とされない場合がある。Dが所有する土地をBに売却して残代金の支払と登記移転未了のまま死亡し、Dの子AとCが共同相続したが、Cが移転登記手続に協力しないため、買主Bが同時履行の抗弁権を主張してAへの残代金の支払も拒否している場

合、Aは、Bに対する自己の代金債権（債権α）を保全するため、BのCに対する登記請求権（権利β）を代位行使することができる。Aの被保全債権（債権α）は金銭債権であるが、判例は、Bの無資力を要求せずに、債権者代位権の行使を認めた（最判昭和50・3・6民集29巻3号203頁）。債権αを実現するためには、権利βを行使してBの同時履行の抗弁権を失わせる必要があるのであり、それはBがいくら財産をもっていても変わらない。被保全債権が、債務者の責任財産の維持を通じてではなく、債務者の有する権利の行使により保全されるという意味で、特定債権としての代金債権の保全が問題になっている。

II　詐害行為取消権

1　詐害行為取消権とは何か

　たとえば、AがBに3000万円を貸し付けたが、Bは、Aからの強制執行を免れるため、所有する唯一のめぼしい財産である土地甲（評価額4000万円）を、子Cに贈与してしまったとしよう。Aは、3000万円の貸金債権（金銭債権）をBの財産から回収したいのに、Cの所有となってしまった甲に強制執行することはできない。Cが甲をさらにDに売却してしまった場合も同様である。このような場合に、Aが、BC間でされた贈与（詐害行為）を取り消し、Bの財産から逸出した甲を取り戻すことによって、責任財産を保全して強制執行の準備をするのが詐害行為取消権である。

　詐害行為取消権は、債権者が債務者と受益者の間でされた行為（詐害行為）

【図表5-2】

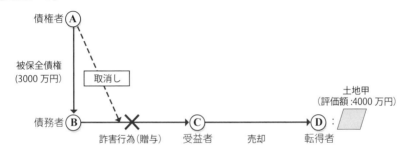

を取り消すものであり、詐害行為の相手方である受益者や、受益者から詐害行為の目的財産を譲り受けた転得者の取引の安全を脅かす権利である。したがって、様々な利害関係人の利益を適切に調整することが求められる。

　詐害行為の典型例は上の例のような責任財産を減少させる行為であるが、それだけではない。債務者が事業者である場合に、その経済的危機から脱するために所有財産を相当価格で売却して事業の運転資金を得たり、特定の債権者に対して担保を提供したりすることは、責任財産を計数上減少させなくても、場合によっては詐害行為と評価されることがある。このような場合には、債務者を経済的に再建させる利益や、債権者間の平等をどう考えるかも問題となる。

　このように、ひと口に詐害行為といっても多様であり、行為類型に応じて要件が工夫されている（→2）。また、詐害行為の取消しは、債務者や第三者の利益に重大な影響を及ぼすため、要件充足の有無を裁判所に慎重に判断させる必要がある。そのため、詐害行為の取消しは、債務者の財産管理の放置に干渉するだけの債権者代位権（423条）の行使とは異なり、裁判所に請求しなければならない（424条1項）。

詐害行為取消権と破産法上の否認権との関係

　詐害行為取消権と類似の制度として破産・会社更生・民事再生手続における否認権がある。破産法上の否認権を例にみてみよう。破産手続とは、支払不能（→2(4)(b)(i)［135頁］）に陥った債務者の総財産を対象とする包括執行手続である。破産手続が開始すると、各債権者の個別的な権利行使が禁止されるとともに債務者の財産管理・処分の自由も剥奪され、裁判所が選任した破産管財人が債務者の総財産の管理・処分を行い、換価金を自己の債権を届け出て手続に参加した総債権者（破産債権者）に配当する。否認権は、無資力状態にある債務者（＝破産者）が破産手続開始前にした妨害行為の効力を否定して、いったん責任財産から逸出した財産を破産財団に回復することによって、破産債権者に対する公平な配当を可能にするために認められた破産管財人の権能である。否認の対象となるのは、財産減少行為（詐害行為。破160条）、相当価格処分行為（同法161条）、特定の債権者を優遇する債務消滅行為・担保提供行為といった偏頗行為（同法162条）のほか、対抗要件具備行為（同法164条）も含まれる。

　否認権と詐害行為取消権は、沿革的に共通の起源をもち、目的と内容の一部

が共通し、いずれも債務者の無資力状態において行使されることから連続性もある。しかし、否認権は、すでに破産手続が開始して債務者の無資力状態が公的に認定された状況下で、債権者の平等が徹底される破産手続の中で、破産管財人によって行使されるのに対し、詐害行為取消権は、債務者が無資力状態にあるといってもまだ法的倒産手続が開始しておらず、債権者の平等も徹底されない中で、個々の債権者による債務者の特定の財産に対する個別執行である強制執行の準備段階として行使されるものであり、両者は異なる権利である。

　このようにみると、論理的には、詐害行為取消権の対象となる行為の範囲は、否認権の対象よりも狭くなるべきである。しかし、実際には、破産法（平成16年改正）では、経済的危機に陥った債務者の再建可能性を確保するために、取引の相手方である受益者の萎縮的効果を除去するという政策的観点から、否認権の発生要件が厳格に定められ、否認権の成立範囲が詐害行為取消権よりも狭いという「逆転現象」が生じていた。そこで平成29年改正では、この観点が詐害行為取消権にも取り入れられ、この逆転現象が解消された。具体的には、相当価格処分行為（→2(4)(a)(i)[134頁]）と特定の債務者への債務消滅行為（偏頗行為）（→2(4)(b)[134頁以下]）の説明にゆずる。

2　詐害行為取消権の要件

(1)　債権者側の要件──被保全債権

(a)　被保全債権の存在──詐害行為前の原因に基づく発生

　債権者が詐害行為取消権を行使するのは、自己の債権（被保全債権）の引当てとして見込んでいた債務者の責任財産による弁済可能性が、後の詐害行為によって害されるからである。したがって、被保全債権それ自体、または少なくともその発生原因が、詐害行為前に存在している必要がある（424条3項）。なお、この理由に照らせば、債権者代位権と異なり（→I 2(1)(b)[118頁]）、被保全債権の履行期の到来は問題とならないことは言うまでもない。

　「行為の前の原因」（同項）に基づく債権としては、被保全債権の遅延損害金で詐害行為後に発生したものや、受託保証人の事後求償権（→第7章Ⅵ2(1)[185頁]）などがある。事後求償権について説明しよう。詐害行為前に主債務者から保証委託（＝原因）を受けて債権者と保証契約を結んだ受託保証人が、詐

害行為後に弁済して事後求償権（＝被保全債権）を取得した場合（459条１項）には、受託保証人は、保証委託当時の主債務者の責任財産を将来発生するかもしれない求償権の引当てとして見込んでいたのであるから、詐害行為前に弁済して事後求償権が既に発生していた場合と同様に、詐害行為取消権によって保護されるべきである。

(b) 被保全債権の種類

詐害行為取消権の目的は債務者の責任財産を保全することであるから、被保全債権は原則的に金銭債権でなければならないが、特定物の引渡しや登記移転を目的とする債権（特定物債権）などの非金銭債権も、被保全債権となり得る。これらの債権も、「窮極において損害賠償債権に変じうるのであるから、債務者の一般財産により担保されなければならないことは、金銭債権と同様だから」である（最大判昭和36・７・19民集15巻７号1875頁〔特定物債権〕）。

不動産の二重譲渡と詐害行為取消権

前掲最高裁昭和36年判決は、事案を簡略化すると、ＡがＢから不動産甲を譲り受けたが登記未了の間に（第一譲渡）、Ｂが、他に資産もないのに、Ｃと通謀し、Ｃに甲を譲渡して登記を経由した（第二譲渡）場合において、Ａが甲の引渡債権を被保全債権として、Ｂのした第二譲渡を詐害行為として取り消すことを認めたものである。この場合の詐害行為の取消しは、一見すると二重譲受人間の優劣を登記具備の先後で決する民法177条の帰結を後から覆すように見えるかもしれないが、詐害行為取消権は特定債権の実現ではなく責任財産保全のための制度であるから、両制度は抵触しないと考えられている。こう理解すると、責任財産の保全という趣旨に照らして、次の２つの解釈が導かれる。

第１に、特定物債権者が詐害行為取消権を行使できるためには、取消権行使の時点までに損害賠償債権（金銭債権）が生じていなければならない。

第２に、詐害行為取消後の法律関係について、甲の登記名義がＢ名義に回復するとＡの特定物債権が再び履行可能になるとして、特定物債権が復活すると解すべきではない。Ａは損害賠償請求権について、Ｂ名義に回復された甲について債務名義に基づき金銭債権者として強制執行することができるにとどまると解すべきである。

(c) 強制執行可能性

詐害行為取消権は強制執行の準備のための制度であるから、執行可能性のない債権を被保全債権とすることはできない（424条4項→Ⅰ2(1)(c)［118頁］参照）。

(2) 債務者側の要件

(a) 債権保全の必要性──無資力要件

詐害行為取消権は、債務者の責任財産を保全するために、例外的に、本来債務者の自由に委ねられている財産管理・処分に対する債権者の介入を許すものであり、債権者代位権と同様（→Ⅰ2(2)［118頁］）、債務者の無資力が要件となる。無資力とは、債権者が債務者の行為を取り消さなければ自己の債権の満足を受けられなくなる状態である。無資力であるかどうかは計数上の観点を基礎に、債務者の信用・のれんなども考慮に入れて評価される。

無資力の判断基準時は2つある。①詐害行為時である。詐害行為時にすでに無資力である場合のほか、行為によって無資力に転じる場合も含まれる。②事実審の口頭弁論終結時である。行為の後に債務者が無資力状態を脱した場合には、債務者の財産管理権に干渉する必要性がなくなるからである。

(b) 詐害行為

（ⅰ）　はじめに　　詐害行為取消権の対象となるのは、「債務者が債権者を害することを知ってした行為」（詐害行為。424条1項本文）である。「債権者を害する」とは、債務者の行為によって債権者が自己の債権の満足を得られなくなることであり、債務者がこれを「知ってした」とは、債務者に詐害意思があることを意味する。「債権者を害する」と一言で言っても、先にみたように（→1［128頁］）、債務者の財産状態を減少させるものに限られず、また、債務者の詐害意思についても、単なる「認識」でよいのか、より意図的な関与を要求するのかが、問題となる。改正前は、ある行為が詐害行為に当たるかどうかは、行為の客観的詐害性の大小と債務者の主観的態様から相関的に判断されてきた。

民法424条〜424条の4は、このような多様な「詐害行為」を取り消すための要件を定めている。内容に入る前に、ここで条文の関係を確認しておこう。まず、424条が詐害行為取消権の要件に関する一般規定である。「債務者が債権者を害することを知ってした行為」のうち、相当価格処分行為（424条の2）、既

存の債務についての担保供与または債務消滅行為（424条の3）、過大な代物弁済等（424条の4）については、424条1項の特則が設けられている。これらの場合には、行為の詐害性の弱さや経済的危機にある債務者の再建可能性の確保という政策目的などを考慮に入れ、424条1項の要件に各特則の定める加重要件が追加して適用される。424条1項のみが適用されるのは財産減少行為であるが、今後新たな類型が生じてくる場合には、一般規定である同項の解釈問題となるだろう。なお、いずれの類型でも、同条2項〜4項は適用される。

以下では、「詐害行為」について、まずは、債務者の財産権を目的とする行為とは何かを確認したうえで（→(ii)）、詐害行為の典型である財産減少行為について、詐害行為性の一般的要件（→(iii)）と受益者の主観的要件（→(3)）を確認して、受益者に対して詐害行為取消請求をする場合の424条1項の要件の全体構造をつかみたい。その後で、各類型の特則により修正された要件について検討しよう（→(4)）。

(ii)　債務者の財産権を目的とする行為

詐害行為取消権の対象となる財産権を目的とする「行為」とは、厳密な意味での法律行為に限られず、弁済や時効更新事由としての債務承認（152条）、法定追認の効果を生じる行為（125条）も含まれる。

では、対抗要件具備行為は譲渡行為と切り離して詐害行為取消権の対象となるだろうか。たとえば、①Bが唯一のめぼしい財産である土地甲をCに贈与した後で、②AがBに対して被保全債権を取得し、③BからCに所有権移転登記がされた場合には、①を取り消すことはできない（424条3項参照）。このような場合に、対抗要件具備行為の取消しを認める実益がある。判例は、対抗要件具備行為は権利の移転をもたらす行為ではないとして、③のみを取り消すことはできないとする（最判昭和55・1・24民集34巻1号110頁〔不動産登記〕、最判平成10・6・12民集52巻4号1121頁〔債権譲渡通知〕）。なお、破産法上、対抗要件具備行為は否認の対象となる（破産164条）。

また、「財産権を目的としない行為」は取消しの対象とならない（424条2項）。婚姻、離婚、養子縁組のような身分関係の変動を生じる行為は、他人が干渉すべき事柄ではなく、債務者自身の意思が尊重されるべきだからである。しかし、身分法上の行為であっても、債務者の責任財産の増減に直接に影響を

与える行為については、債権者の責任財産保全の利益をまったく無視してよいかが問題となる。離婚にともなう財産分与（768条）について、判例は、民法768条3項の規定の趣旨に反して不相当に過大であり、財産分与に仮託してされた財産処分であると認めるに足りる特段の事情のない限り詐害行為とはならないとしたうえで、財産分与の額が不相当に過大な場合には、過大な部分についてのみ取り消しうるとした（最判平成12・3・9民集54巻3号1013頁）。

　また、相続法上の行為についても、判例は、相続放棄は、既得財産を積極的に減少させるというより、消極的に増加を妨げる行為であるにすぎず、また、相続の放棄や承認のような身分行為は他人の意思で強制すべきでないとして、取消しの対象とならないとした（最判昭和49・9・20民集28巻6号1202頁）。これに対し、遺産分割協議は、その性質上、財産権を目的とする法律行為であるとして、詐害行為となりうるとした（最判平成11・6・11民集53巻5号898頁）。

　(ⅲ)　「債務者が債権者を害することを知ってした行為」（424条1項本文）

　上述のように（→(i)）、債務者の責任財産を計数上減少させる行為が、424条1項が適用される詐害行為の基本類型である。贈与、債務免除、保証債務の負担のように対価なく債務者の財産を減少させる行為はもちろん、不動産の廉価売却や無価値の株式を不当な高値で購入する行為もこれに当たる。

　これらの行為については、客観的な行為の詐害性が強いので、主観的要件として要求される債務者の詐害意思としては、詐害行為時に一般の債権者を害することを認識していることで足りる。

(3)　受益者側の要件——悪意

　詐害行為取消権を行使するには、受益者の悪意も必要である。すなわち、受益者が、詐害行為時に、その行為が「債権者を害することを知らなかったとき」は、債権者は当該行為を取り消すことができない（424条1項ただし書）。

　条文の構造上、受益者に債務者の行為が債権者を害することの認識が欠けていたこと（＝善意）について、受益者自身が立証しなければならない。

(4)　詐害行為の類型による特則

　(2)(b)(ⅰ)でみたように、行為の客観的な詐害性が弱い場合には、債務者と受益

者のより強度の主観的関与や他の要件が求められている。以下では、424条の2以下の特則によって加重された要件について説明する。

(a) 相当の対価を得てした財産の処分行為（424条の2）

（ⅰ）相当価格処分行為　適正価格での不動産売却のように相当の対価を得て財産を処分する場合には、債務者の財産状態は計数上悪化しない。また、財産の金銭化によって費消・隠匿し易くなるが、重要な財産（不動産）を相当価格で処分して資金を調達することは、経済的危機に陥った債務者を再建するために有効な手法の1つであり、政策的観点からも促進されている。そこで、424条の2は、同行為の否認（破161条1項）と同じ枠組みを採用し、詐害行為取消権と否認権における政策判断を一貫させている。

　具体的には、こうである。相当価格処分行為の詐害行為性は原則的に否定される。しかし、①当該行為が財産の種類の変更により債務者が隠匿等の処分をするおそれを現に生じさせるものであること（民424条の2第1号）、②債務者が当該行為の当時、その対価について隠匿等の処分をする意思を有していたこと（2号）、③受益者が当該行為の当時債務者が隠匿等の処分をする意思を有していたことを知っていたこと（3号）、以上の要件をすべて満たす場合に限り、例外的に詐害行為取消権の対象となる。これらの3要件については、取消債権者が主張・立証責任を負う。

（ⅱ）新規借入債務のための担保供与（同時交換的行為）　では、Aに対して1500万円の債務を負っているBが、事業の運転資金を調達するためにCから新たに1000万円を借り入れるに当たり、唯一のめぼしい財産である土地甲（評価額1000万円）にCのための抵当権を設定する場合については、どう考えるべきか。実態的にみて、資金調達のために財産に担保権を設定することは、財産を相当価格で売却して資金調達することと変わらないので、この場合にも424条の2の規律が及ぶと考えられる。

(b) 特定の債権者への債務消滅行為（424条の3）

（ⅰ）義務行為　AもCもBに対して1000万円ずつ貸金債権を有し、いずれの弁済期も到来しているが、Bは1000万円の預金債権しか有していない場合、債権者平等の原則によれば、AもCもそれぞれ500万円（50%）ずつ債権を回収できるはずである。では、BがCに対して1000万円全額を支払うとどうなる

か。この場合、Bの積極財産（1000万円の預金債権）と同時に消極財産（Cに対する1000万円の貸金債務）も減少するため、Bの財産状態に計数上の変動は生じない。しかし、Cの債権回収率が100％である一方、Aは０％となってしまうため、債権者Aの平等分配の期待を害する。このような抜け駆け的な弁済は、特定の債権者を利する行為であり、偏頗行為と呼ばれる。

　弁済期の到来した「既存の債務についての担保の供与又は債務の消滅に関する行為」の詐害行為性は、原則的に否定されるが、その行為が、①債務者が支払不能の時に行われ（424条の３第１項１号）、かつ、②当該行為が債務者と受益者とが通謀して他の債権者を害する意図をもって行われたものであるとき（２号）に限り、例外的に詐害行為取消権の対象となる（424条の３第１項）。

　①の支払不能とは、債務者が支払能力を欠くために、弁済期の到来した債務について一般的かつ継続的に弁済することができない状態である（同項１号かっこ書）。これは、弁済は義務の履行であるから、支払不能にない債務者のした弁済は偏頗行為にならないとする考え（破162条参照）を、詐害行為取消権においても貫徹したものであるが、①に加えて②通謀害意が要求されている点で、否認権よりも、詐害行為取消権の方が成立範囲が狭くなっている。

　(ii)非義務行為　　424条の３第２項は、非義務的行為、すなわち、「債務者の義務に属せず、又はその時期が債務者の義務に属しない」行為について、義務行為よりも悪質であるとして、上記①の要件を「債務者が支払不能になる前30日以内」に行われた場合に前倒して拡大している。

　ところで、１項と２項はそれぞれどのような場合に適用されるのか。

　本旨弁済については、弁済期が到来している場合には１項が、期限前弁済（その時期が債務者の義務に属しない）には、２項が、適用される。特定の債権者が、債務者が支払不能に陥りそうなのを察して債務者に期限前に弁済させることで、本来他の債権者が回収予定であった分を事実上優先的に回収し、債務者の無資力リスクを事後的に他の債権者に転嫁することを封じるためである。

　これに対し、弁済期が到来した債務に相当する額の代物による代物弁済に１項と２項のいずれが適用されるかについては、考え方が分かれる。代物の給付義務は本来的債務ではなく債権者との合意の効果であること（482条）に照らせば、非義務行為であり、424条の３第２項が適用されよう。これに対し、代物

弁済も既存債務を消滅させるためになされ、弁済と同一の債務消滅効を生じることを強調すれば、1項が適用されよう。破産法上の否認権（破162条1項2号）の解釈においては、後者の考えが採られている。

既存債務のための担保提供行為については、債務者が担保供与義務を負っている場合には424条の3第1項が、同義務がない場合には2項が、適用される。

(c) 過大な代物弁済

AもCもBに対してそれぞれ1000万円の貸金債権を有し、いずれの弁済期も到来しているが、BがCの承諾を得て所有する土地甲（1500万円相当）で代物弁済したとしよう。この場合、1000万円の債務を消滅させるのに1500万円の積極財産を失っているため、Bの財産状態は計数上悪化している（－500万円）。過大な代物弁済は、①消滅した債務を超える過大な部分は財産減少行為（424条1項）であるが、②債務額に相当する部分は特定の債権者への債務消滅行為（424条の3）であり、ハイブリッドな性格をもつ。

そこで、424条の4は、過大な代物弁済がされた場合には、424条1項の要件を満たすときは、①過大な部分のみの一部取消しができるとする。もっとも、424条の3の要件を満たす場合には、(b)でみたように、債務額相当額の部分も含めた代物弁済行為全体が取り消される。したがって、500万円分については、BとCが本件代物弁済によって債権者を害することを認識していれば取り消すことができるが（424条の4・424条）、1000万円分については、通謀害意を含む424条の3の要件を満たさない限り、取り消すことができない。

(5) 転得者に対する詐害行為取消権の要件

以上では、各詐害行為類型に応じた詐害行為取消権の要件を、受益者を被告とする場合についてみてきた。では、転得者を相手取って詐害行為取消権を行使するときは、どのような要件が追加されるのだろうか。たとえば、AがBに対して3000万円の貸金債権を有しており、Bは唯一のめぼしい財産である土地甲（4000万円相当）をC（受益者）に贈与し、その後、CがD（転得者）に甲を4000万円で売却し、現在Dが所有している場合に、Aが、Dを被告として、BC間の詐害行為たる贈与契約を取り消すための要件をみてみよう。

受益者からの転得者を相手方とする詐害行為取消権の要件は、①受益者に対

して詐害行為取消請求ができ（424条の5柱書）、かつ、②転得者が転得当時に債務者の詐害行為を知っていたこと（同条1号）である。②転得者の悪意の対象は債務者の行為の詐害性であり、受益者の悪意を認識している（二重の悪意）必要はない。本条は、ＢＣ間の詐害行為が424条の2以下の類型である場合にも適用され、これらの場合にも、二重の悪意は要求されない。しかし、特定の債権者への弁済の場合、債務者と受益者の通謀害意（424条の3第1項2号）は行為の詐害性を基礎づける要素であるため、これについての転得者の認識が要求されることになろう。

　ＡがＤからの転得者Ｅを相手どる場合には、上記の①（424条の5柱書）に加えて、②転得者全員が、それぞれの転得の当時、債務者の詐害行為を認識している必要がある（同条2号）。つまり、この場合、ＣとＤとＥの全員がＢの行為の詐害性について悪意でなければならない。善意者がひとり登場すれば、その後に登場する悪意の転得者に対する詐害行為取消請求を不可能とすることで（絶対的構成）、善意者保護が徹底されている。

　条文の構造上、転得者全員の悪意について立証責任を負うのは取消債権者である。では、受益者の悪意または善意を立証しなければならないのは誰だろうか。受益者に対して詐害行為取消権を行使する場合には受益者が自己の善意を立証しなければならないが（424条1項ただし書）、転得者を相手方にする場合には、転得者が他人である受益者の善意を立証するのは困難であるし、転得者自身の悪意についても取消債権者が立証責任を負うのに、受益者の善意について転得者が立証責任を負うのはバランスを欠く。取消債権者が立証責任を負うと解するのが素直だろう。

3　詐害行為取消権の行使

　詐害行為取消権は、「裁判所に」＝裁判上、行使されなければならない（424条1項本文）。詐害行為取消訴訟の構造を、先の例で考えてみよう。

(1)　請求の内容と相手方

　Ａが詐害行為取消訴訟を提起する場合には、誰に対して、何を請求するのか。424条の6は、詐害行為取消請求は、①債務者のした詐害行為の取消しと

ともに、②逸出財産の取戻しを目的とし得ることを明らかにしている。これは、詐害行為取消訴訟は、①権利義務の変動を宣言する判決を求める形成訴訟と、②原告が被告の給付義務の存在を主張し、それについて裁判所が被告に給付義務の履行を命じるよう求める給付訴訟の両方から構成されていることを意味している。もっとも、債務免除の取消しのように、逸出財産の返還を要しない場合には、取消しのみを請求すればよい。

　②逸出財産の取戻しは現物返還が原則であり、それが困難な場合には価額償還を請求できる。上の例で、A（取消債権者、原告）は、受益者Cを相手方（被告）として、①ＢＣ間の贈与契約の取消しと②土地甲の取戻しを請求したいところであるが、甲が現在転得者Dのもとにある場合には、Cによる現物返還が事実上不可能であるため、価額償還を請求できるにとどまる（424条の6第1項後段）。甲を取り戻したければ、Dを被告として、①ＢＣ間の贈与契約の取消しと②甲の現物返還を請求すればよい（同条2項前段）。

　受益者Cと転得者Dの悪意・善意の組み合わせによって、詐害行為取消請求の可否は、次のようになる。

【図表 5 - 3 】

		受益者(C)	
		善意	悪意
転得者(D)	善意	Cに対して、× Dに対して、×	Cに対して、○（価額償還請求） Dに対して、×
	悪意	Cに対して、× Dに対して、×	Cに対して、○（価額償還請求） Dに対して、○（現物返還請求）

(2) 被告適格と訴訟告知の必要性

　詐害行為取消訴訟において、CまたはDに加えて、債務者Bも被告となるのだろうか。取消しの対象は債務者がした詐害行為（＝ＢＣ間の贈与契約）であるから、Bの利害は重大である。しかし、被告は受益者または転得者に限定されており（424条の7第1項）、債務者に被告適格はない。債務者も必ず被告にしようとすると、債務者の行方不明などによって円滑な訴訟進行が害されるおそれがあり、また、債務者は詐害行為取消訴訟の帰趨に関心を失っていることが多

いため、被告にする必要性も実益も乏しいからである。

とはいえ、詐害行為取消請求を認容する確定判決の効力は債務者にも及ぶことから（425条）、債務者の手続保障を図るため、詐害行為取消訴訟を提起した債権者は、遅滞なく債務者に訴訟告知（民訴53条）をしなければならない（424条の7第2項）。訴訟告知がされなかった場合については、債権者代位訴訟の場合と同様（→Ⅰ5(1)(c)[124頁]）、債務者の手続保障や受益者または転得者の応訴負担の観点から、訴えが却下されるべきと解されている。訴訟告知を受けた債務者の訴訟参加の態様は、民事訴訟法で勉強してほしい。

(3) 詐害行為取消しの範囲と逸出財産の返還先

AがBの詐害行為を取り消し得る範囲は、Aが害された範囲にとどまるべきであるため、原則的にAの債権額を限度とする。取消対象となる行為の目的物が可分である場合には、被保全債権額の限度で取り消す（一部取消し。424条の8第1項）。被保全債権が担保付債権であるときは、担保額を差し引いた不足額を限度とする。価額償還請求の場合も同様である（同条2項）。

これに対して、詐害行為の目的物が不可分であり、その現物返還を請求できる場合には、取消範囲は詐害行為の全部である。もっとも、詐害行為により抵当権が消滅した不動産については、例外である。債務者が抵当不動産をもって当該抵当権の抵当権者に過大な代物弁済をしたことにより抵当権が消滅してその登記が抹消された場合には、その不動産が受益者の手許にあって現物返還が可能であるとしても、詐害行為取消しにより抵当権が復活しないため、不動産を取り戻すと債務者の一般財産が以前よりかえって増加し、一般債権者に不当な利益をもたらすことになる。つまり原状回復は不可能だということである。そのため、被保全債権の限度で、かつ、過大部分（不動産価額から抵当権の被担保債権額を引いた残額）の一部取消しをしたうえで、価額賠償を請求するしかない（前掲最判昭和36・7・19、最判昭和63・7・19判時1299号70頁）。

逸出した財産の返還先は原則的に債務者であるが、金銭（価額償還を含む）・動産の場合には取消債権者への直接引渡しも請求できる（424条の9）。

取り戻された財産の帰趨については→4(4)[142頁]。

(4) 期間制限

　詐害行為取消しの訴えは、債務者が債権者を害する行為をしたことを債権者が知った時から２年を経過したときは、提起することができない（426条前段）。詐害行為の時から10年を経過したときも、同様である（同条後段）。これらの期間制限の性質は、短期と長期のいずれについても出訴期間の制限であり、時効の完成猶予・停止は生じない。

4　詐害行為取消権の効果

　詐害行為取消権行使の効果は、債務者がした詐害行為たる行為の取消しと逸出財産の取戻しである（424条の６）。では、その効力は多数の利害関係人のうち誰に対して及び、具体的にどのような帰結を生じるだろうか。

(1) 詐害行為取消認容判決の効力の及ぶ人的範囲

　「詐害行為取消請求を認容する確定判決」の効力である形成力と既判力は、原告である取消債権者と被告となった受益者または転得者のほか、「債務者及びその全ての債権者」にも及ぶ（425条）。

　債務者は、被告適格を有せず、手続保障の観点から訴訟告知を受けるだけであるが（424条の７→３⑵［139頁］）、425条により、詐害行為取消請求の認容判決の効力が及ぶ。したがって、判決確定により、取消債権者の直接請求が認められる場合（424条の９第１項前段・第２項）であっても、債務者にも、受益者または転得者に対する自己への現物返還・価額償還請求権が発生し（同条１項後段参照）、逸出財産が債務者に引き渡されると、債務者の責任財産として強制執行の対象になる。具体的には、後述(4)でみていこう。

　次に、債務者の取消債権者以外の「全ての債権者」にも効力が及ぶことは、総債権者の共同担保としての責任財産の保全という制度趣旨から導かれる。

　では、転得者を被告として詐害行為が取り消された場合、その効力は前主（さらには前々主）たる受益者や中間転得者に及ぶか。答えは否である（425条の反対解釈）。これによる転得者と前主や債務者の関係は、後述(5)(b)でみていこう。

(2) 逸出財産の返還・価額償還債務の発生

　詐害行為取消しの効力が債務者に及ぶこと（425条）の効果として、受益者ま
たは転得者には、債務者に対する逸出財産返還・価額償還債務が生じる。

(3) 取消判決の遡及効──返還・価額償還債務の発生時期

　受益者の返還・償還債務の発生との関係で重要なのが、取消しの効果の発生
時期である。詐害行為取消しの効果は形成判決としての詐害行為取消判決の確
定によって発生するが、その効果が、形成判決の一般的効果に従って将来に向
かってのみ生じるのか、それとも過去に遡及して生じるのかは、受益者の返
還・償還債務の発生時期を決定づけるものだからである。判例（最判平成30・
12・14民集72巻6号1101頁）は、詐害行為の制度目的が詐害行為の取消しと逸出
財産の回復による一般財産の保全にあることを考慮して、取消しの効果は過去
に遡って発生するとする。これにより、受益者の返還・償還債務は、取消判決
の確定によって、受益者が逸出財産を受領した時に遡って生じる。また、この
返還・償還債務は、期限のない債務であるところ、不法行為に基づく損害賠償
債務のように発生と同時に遅滞に陥るのではなく、詐害行為取消判決の確定前
に取消債権者から履行の請求を受けた時（412条3項）から、遅滞に陥る。

(4) 取り戻された逸出財産の帰趨

　先にみたように（→3(3)［139頁］）、取消範囲と逸出財産の返還方法は、詐害行為の目的財産が、可分か否か（424条の8）、動産・金銭か不動産か（424条の9）によって異なるが、ここでは、上でみた効果の復習も兼ねて、取り戻された財産の帰趨を具体例に即して確認しておこう。

　AがBに対して3000万円の貸金債権を有しており、Bが唯一の財産である土地甲（4000万円相当）をCに贈与した場合、土地甲は不可分であるため、AはCに対し、BC間の贈与全体を取り消し、甲の登記名義をBに回復するよう請求できる。登記名義の回復方法としては、抹消登記手続のほか、真正名義の回復としてのCからBへの所有権移転登記手続の請求も可能である（これに続く不動産執行手続については、→コラム［116頁］参照）。

　これに対し、土地甲がCからDに転売された後にAがCに対して詐害行為取消訴訟を提起する場合には、Cは現物返還できないので、Aは、被保全債権額（3000万円）の限度でBC間の贈与を一部取り消し（424条の8第2項）、価額償還を請求する（424条の6第1項後段）。この場合、Aは自己への支払を請求できる（424条の9第2項）。Aは、Cから支払を受けると、AのBに対する被保全債権を自働債権、Aが受領した金銭に対するBのAに対する不当利得返還債権を受働債権とする相殺を通じて、被保全債権の事実上の優先弁済を受けることができる。もっとも、詐害行為取消しの効力はBに及ぶため（425条。→(1)［140頁］）、BもCに対して価額償還請求権を有するので、Bに支払がされた場合には、Aの直接請求権も消滅する（424条の9第1項後段）。このとき、Aは事実上の優先弁済を受けられない（→コラム［144頁］）。

　AがDに対してBC間の贈与を取り消し、現物返還により甲の登記名義がBに回復されても、Cに取消しの効力は及ばない。Dは甲取得のためにCに支払った代金の返還をCに請求できず、Bとの関係で解決することになる（→後述(5)(b)［144頁］）。

　目的財産が動産の場合については、Aは自己への直接引渡を請求できる（424条の9第1項前段）。Aに引き渡された動産の扱いについては、債権者代位権の場合に関する説明（→I 4(2)［123頁］）を参照されたい。

(5) 取り消された受益者・転得者と債務者との関係

(a) 受益者の債務者に対する権利

（ⅰ）**債務者の受けた反対給付に関する受益者の権利**　上の例で（→(4)）、Bが甲をCに贈与していた場合には、AのCに対する詐害行為取消請求が認容されてCが甲をBに返還しても、Cはタダで甲を取得していたため二重に損をすることはない。これに対して、BがCに1000万円で廉価売却していた場合には、甲の返還に応じたCは、Bに支払った対価の返還を得られないと二重に損をすることになる。

そこで、債務者がした財産処分行為（相当価格処分行為、廉価売却など）が取り消された場合、受益者は債務者に対して、その財産を取得するためにした反対給付の返還、またはそれが困難な場合には価額償還を請求できる（425条の2）。したがって、CはBに対して1000万円の返還を請求できる。

このとき、受益者がどの時点で債務者に対する反対給付の返還または価額償還請求権を取得するのかは、同条の文言から明らかでない。論理的には、受益者の債務者に対する現物返還・価額償還が先履行になるとする考えと、受益者が、債務者からの現物返還・価額償還請求に対して、自己への反対給付の返還・価額の償還との同時履行の抗弁権を主張できるという考えが、いずれも成り立ちうる。しかし、後者の考えによれば、受益者に事実上の優先的地位が認められることになって、詐害行為取消権の実効性が損なわれてしまうため、前者の考えによるべきである。これによれば、受益者は債務者に対する他の一般債権者と対等な地位を有することになる。

（ⅱ）**受益者の債権の回復**　次に、AもCもBに対してそれぞれ1000万円の債権を有していたが、Bが支払不能に陥った後でCに対して唯一のめぼしい財産である土地甲（1000万円相当）をもって代物弁済したところ、AのCに対する代物弁済の全部について詐害行為取消請求が認められた場合（424条の3）、CがBに甲を返還したときは、CのBに対する債権は復活する（425条の3）。この場合、受益者が債務者から受けた給付の返還または価額償還が、受益者の債務者に対する債権の復活に対して先履行の関係にある。同条の文言上「したときは、……原状に復する」とあるからである。したがって、CがBに甲を返還した後でCのBに対する債権が復活する。BのCへの1000万円の現金による

弁済が取り消された場合にも、Cは復活する債権分を予め控除することはできない。

事実上の優先弁済機能と債権者平等の原則

　Bが、AとCに対して3000万円ずつ債務を負い、支払不能状態でCと通謀してCのみに3000万円を弁済した場合には、AはBのCに対する弁済を詐害行為（偏頗行為）として取り消すことができる（424条の3第1項）。このとき、AがCに自己への支払を請求し（424条の9第1項）、CがAに支払うと、Aは、相殺によって事実上の優先弁済を得られるため、Cの受けた抜け駆け的な弁済を後出しジャンケン的に取り消して、逆に抜け駆けすることが可能となる。

　しかし、CがBに弁済金を返還すれば、AのCに対する直接請求権は消滅するので（424条の9第1項後段）、Aが事実上の優先弁済を受けることはできなくなる。CはAの遅い者勝ちを阻止できるのである。Cとしては、Bに対する弁済金の返還によってCがBに対して有していた債権が復活するので（425条の3）、この復活する債権を被保全債権として、取消判決確定後に発生するBの自己（C）に対する弁済金返還請求権を仮差押えし、自ら弁済金相当額を執行供託して強制執行手続に持ち込むことによって、Aの事実上の優先弁済を阻止して債権者平等の原則を実現することが考えられる。

(b)　転得者の債務者に対する権利

　転得者を被告として詐害行為が取り消された場合、取消しの効力は前主（さらには前々主）たる受益者や中間転得者に及ばないので、転得者は前主に対して反対給付の返還を請求できない。しかし、この場合に、転得者が対価の回復を得られずに目的物を失うのは不当である。そこで、転得者の債務者に対する反対給付の返還請求が認められる。

　（ⅰ）　取り消された詐害行為が財産処分行為である場合　　まず、上の(a)(ⅰ)の廉価売却の例において、Cが甲を4000万円で現在の所有者Dに転売し、AのDに対する詐害行為取消請求が認められた場合に、DはBに4000万円の返還を請求できるか。債務者がした財産処分行為（相当価格処分行為、廉価売却など）が転得者を被告として取り消された場合には、転得者は、かりに受益者を被告とする詐害行為取消請求によって取り消されたとすれば、425条の2によって受

益者が債務者に対して取得する反対給付の返還請求権または価額返還請求権を行使できる（425条の4第1号）。したがって、DがBに対して返還請求できるのは1000万円にとどまる。

　AがDを被告としてBのCに対する贈与を取り消した場合については、CがBに一銭も支払わずに甲を取得した以上、CのBに対する反対給付の返還請求権は生じないので、DもBに対してなんらの請求もできない。

　(ⅱ)　取り消された詐害行為が債務消滅行為である場合　　次に、上の(a)(ⅱ)の例において、Cが甲を800万円で現在の所有者Dに転売し、AのDに対する詐害行為取消請求が認められたとする。Bの代物弁済（債務消滅行為）の全部が取り消されたので、転得者は、425条の3により回復すべき受益者の債務者に対する債権（過大な代物弁済の過大部分を除く）を行使できる（425条の4第2号）。ただし、転得者が受益者の権利を行使できるのは、その前主から財産を取得するためにした反対給付またはその前主から財産を取得することによって消滅した債権の価額に限られる（425条の4柱書）。したがって、DはCに支払った800万円の限度でCのBに対する債権（1000万円）を行使できるにとどまる。

第6章

多数当事者の債権債務（保証を除く）

I　多数当事者の債権債務とは何か

　民法、とくに財産法は、当事者が3人以上登場すると、途端に複雑になる……。そんな印象を持っている読者も多いだろうし、否定しにくいのも事実である。本章と次章でも、「多数当事者の…」という表題から想像がつくように、最低3人以上（上限にはキリがない）の当事者が登場することが予定されている。ひとつの法律関係について一方または双方に複数の主体がいる場合、そこから生じる債権をめぐる権利関係はどうなるのだろうか。まずは基本的な考え方の枠組みを確認してから、個々の類型をみてみよう。

1　多数当事者の債権債務の諸類型と分割主義の原則

　民法第3編「債権」第1章「総則」第3節「多数当事者の債権及び債務」には、分割債権・分割債務（427条）、不可分債権（428条）・不可分債務（430条）、連帯債権（432条）・連帯債務（436条）が規定される。

　たとえば、㋐A・B夫妻が共同でCから土地の贈与を受けた場合におけるAとBのCに対する土地の引渡債権（債権者が複数の場合）、㋑A・B夫妻が家を建築するためにD銀行から5000万円を借り入れた場合のAとBのDに対する貸金債務（債務者が複数の場合）が、上の類型のいずれに該当するかを考えながら、多数当事者の債権債務の類型を整理しよう。これは債権者と債務者のどちらが複数いるかに加えて、次の基準によって分類される。

　まず、①債権・債務の目的となる給付が性質上可分である場合、個人主義を

基調とする民法によれば、原則的に、1個の給付が量的に分割されて複数の債権者・債務者に独立して帰属し、分割債権・債務になる（427条）。これを分割主義の原則という。例⑦の貸金債務＝金銭債務は可分だから、特約がない限り、AとBは等しく2500万円ずつD銀行に分割債務を負うことになる。

これに対して、②給付が性質上不可分である場合や、③可分であっても別段の意思表示や法規定がある場合には、1個の給付全体を目的とする債権・債務が複数の債権者・債務者に重畳的に帰属する。②が不可分債権・債務であり、例⑦の目的物引渡債権は不可分債権である。③が連帯債権・債務であり、例⑦の貸金債務は、銀行融資では連帯の特約が付されるのが通常であるため、連帯債務となる。

上でみた諸類型のほか、「多数当事者の債権及び債務」には、保証債務（446条）も規定されている。保証債務では、主債務者が負担する1個の給付義務について、保証人が担保のために重畳的に債務を負担する。複数人が1個の給付について重畳的に債務を負う点では、不可分債権や連帯債務と共通するが、主債務者と保証人との間に主従関係があるのが保証債務の特徴であり、連帯保証の場合も同様である。保証債務は第7章で扱う。

【図表6-1】 多数当事者の債権債務の見取り図

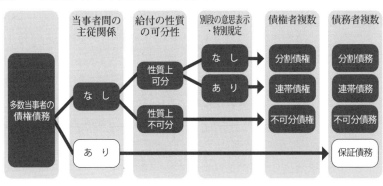

2　3つの問題

多数当事者の債権債務の各類型における効力は、3つの次元で検討される。

【図表6-2】

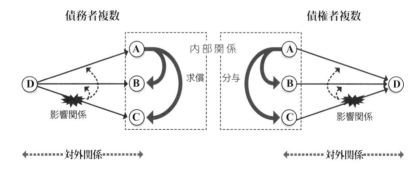

　第1は、（複数）債権者と（複数）債務者の間の対外関係における効力（対外的効力）である。債権者が複数いる場合、各債権者が債務者に対して債権全額について請求できるか、できるとして、全部を自分に引き渡せといえるか、他方で、債務者が複数いる場合、債権者が1人の債務者に対して全部の履行を請求できるか、また、全員に対して同時に請求できるかが問題となる。

　第2は、影響関係である。これは、複数の債権者・債務者の1人とこれに対する債務者・債権者の関係において生じた事由が、他の債権者・債務者とこれに対する債務者・債権者の関係に影響を及ぼすかという問題である。債権者または債務者の1人に生じた事由が他の全員に効力を及ぼすことを絶対的効力（絶対効）といい、他の者に対して効力を生じないことを相対的効力（相対効）という。問題となる事由のうち主なものについて整理してみよう。

　①債権満足型の債権消滅事由である「弁済及びこれと同視すべき事由」には、絶対的効力がある。弁済（473条）、供託（494条）、相殺が援用された場合（505条）がこれに当たる。債権者が複数いる場合には、1人の債権者が受けた弁済などの効力が他の債権者に及ぶと、知らないうちに債権が消滅して他の債権者が不利益を被るおそれがある。これに対して、債務者が複数いる場合には、1人の債務者による弁済などの効力が他の債務者に及んでも、債権の満足を受ける債権者に不利益を生じることはなく、他の債務者にとっても都合がよい。

　債権の満足による消滅は生じないが、債務者としてすべきことをした弁済の提供（492条）と受領遅滞（413条）にも、絶対的効力が認められる。これらの事

由をまとめて、「弁済及びこれに準じる事由」とよぶことにする。

　なお、代物弁済（482条）は、諾成契約である代物弁済契約が締結されただけでは相対的効力にとどまる（下記④に該当する）。代物の給付がなされると、債務者複数の場合には弁済と同じ効果を生じるが、債権者複数の場合、債権者の１人が本来の給付ではない他の給付を受けることによる問題がある。

　②履行の請求は、裁判上の請求（147条１項１号）も裁判外の請求（催告。150条）も時効の完成猶予の効果を生じ、裁判上請求された権利が確定判決などによって確定したときは更新の効果を生じる（147条２項）。また、不確定期限付または期限の定めのない債務については債務者を遅滞に陥らせるので（412条２項・３項）、これに絶対的効力を認めることは、債権者にとって有利となる。

　③更改（513条）、免除（519条）、混同（520条）（→第２章Ⅲ３〜５［62頁以下］）および時効の完成は、債権非満足型の債権消滅事由であり、絶対的効力を認めると債権者に不利になることがある。

　④他に、たとえば債務の承認は時効の更新を生じる（152条１項）。

　第３は、複数いる債権者または債務者同士の関係（内部関係）である。債権者の１人が受領した給付を他の債権者との間でどう分配（分与）し、債務者の１人が行った弁済などについて他の債務者にどう求償するかが問題となる。

　以上の３つの次元の問題に着目して、以下では、債権者が複数いる場合（Ⅱ）、債務者が複数いる場合（Ⅲ）の順で検討していこう。

427条以下の規定の適用範囲

　給付の内容が性質的に可分であっても、債権・債務が分割されず、各債権者の単独での権利行使や各債務者への履行請求が許されない場合がある。たとえば、複数債権者・債務者間に入会団体のように強い団体的結合がある場合（総有的帰属）は、債権・債務の持分・負担部分が観念されず、各人は自由に権利行使することができないし、組合のように共同の目的がある場合（合有的帰属）は、各人の有する持分権は共同目的に拘束されるため、持分権の自由な処分や分割請求を制限される（668・676条）。427条以下は、複数債権者・債務者間にこのような団体的な拘束がなく、個人の権利の独立性が保障されるべき場合を想定しており、上のような場合に適用されないことに注意してほしい。

Ⅱ　債権者が複数いる場合

1　債権の目的の性質上の可分性・不可分性

すでにみたように（→Ⅰ1［146頁］）、債権の目的が「性質上」可分であるか否かが、分割債権・連帯債権と不可分債権を区別する基準である。債権の目的が可分であるとは、債権の目的が物理的に量的に分割して実現することができるものであり、たとえば、金銭債権やワイン100本の引渡債権がそうである。これに対して、自動車1台の引渡債権のように、物理的に量的に分割して実現することができないものが、「性質上不可分」の債権である。性質上可分の給付を目的とする債権は、当事者の意思表示によっても不可分債権になりえず、連帯債権（432条）となる。

2　分割債権

(1)　分割債権とは何か

分割債権とは、1個の可分給付について各債権者に分割された債権である。分割の割合は、別段の意思表示がない限り、債権者の頭数に応じて平等である（427条）。たとえば、AとBが共有する自動車をCに売却した場合のAとBのCに対する代金債権（代金総額200万円）は、別段の意思表示のない限り、100万円ずつに分割された債権となる。この場合の法律関係については、次のページの【図表6-3】をみてほしい。

(2)　効力
(a)　対外的効力

分割債権の場合、各債権者の債権は独立しているので、各債権者は自己に帰属する割合の権利を単独で行使できる。上の例で、AとBはそれぞれ、Cに対して100万円の支払を請求できる。

もっとも、分割債権が双務契約から発生する場合には、契約法上の制約により、単独での権利行使が制限されることがある。上の売買契約から生じる目的物引渡債務は不可分債務であるから（→Ⅲ4［167頁］）、CはAとBのいずれに

【図表6-3】

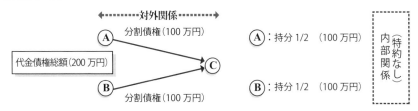

も自動車全体の引渡しを請求でき、特約のない限り、全体について履行が提供されるまでＣは代金全額について支払を拒絶できる（533条）。また、当事者の一方が複数いる場合の契約解除は、その全員からしなければならない（544条1項）。Ｃの債務不履行に基づきＡが売買契約を解除したいと考える場合、ＡはＢとともにでなければ解除することができない。

(b)　影響関係

各債権者の債権は独立した別個の債権であるため、原則的に、1人の債権者について生じた弁済その他の事由について、他の債権者への影響はない。

(c)　内部関係

民法427条は分割債権者らと債務者との間の対外的効力を定めた規定であり、内部関係は債権者間の合意によって決まる。別段の定めがなければ対外的割合と対内的割合は同じであり、分与の問題は生じない。対外的割合が対内的割合より多い場合には、対外的割合に従って弁済を受けた分割債権者は、内部関係に関するルール（委任・事務管理・不当利得・不法行為）に従って、自己の持分を超えて受領した部分について他の債権者に分与すべきことになる。

3　連帯債権

(1)　連帯債権とは何か

連帯債権とは、複数の債権者が債務者に対して同一の可分給付について有する債権であり、各債権者は、それぞれ単独で全部または一部の給付を請求する権利を有し、債権者の1人が給付を受領すれば、すべての債権者について債権が消滅するものである。

連帯債権は、債権の目的が性質上可分である場合で、法令の規定や当事者の

意思表示があるときに、成立する（432条）。連帯債権は、債権者の1人が弁済を受領すると全債権が消滅するため、他の債権者にとって危険が大きく、安易にその成立を認めるべきでないとの指摘がある。

連帯債権の規定を民法におくかどうかについては変遷がある。旧民法には規定があったが（債権担保編74～85条）、現行民法では実際の適用場面がないとして削除された。平成29年改正により、不可分債権を性質上不可分の場合に限定したことと、金融実務からの要請を受けて、復活した。

もっとも、連帯債権の例を挙げるのは容易でない。たとえば、フランスには、預金名義人（債権者）を「Monsieur（Mr.）ou（or）Madame（Mrs.）○○」とする夫婦連名預金口座があり、夫と妻はそれぞれ銀行に払戻しを請求でき、銀行が払い戻した分だけ債権が消滅する。こうした制度がない日本では、夫名義の預金口座を開設し、妻が代理人カードを作成して預金を引き出すことがよく行われるが、債権者はあくまで夫であり、妻は弁済受領権限を付与された第三者にすぎない（夫婦が逆の場合もあるだろう）。このほか、債権の二重譲渡の場合に各譲受人の確定日付ある通知が債務者に同時到達した場合に（→第11章Ⅲ2(2)(b)［242頁］）、各譲受人の債権は連帯関係にあると解する学説もある。承諾ある転貸借における転借人に対する賃貸人と転貸人の権利（613条）は、両債権の性質が異なるので、連帯債権となるかについては議論がある。

(2) 効力

(a) 対外的効力

各債権者は、それぞれ単独ですべての債権者のために全部または一部の履行を請求でき、債務者が債権者の1人に履行すれば、すべての債権者について債権が消滅する（432条）。

次のページの【図表6-4】をみてほしい。たとえば、AとBがCに対して200万円の連帯債権を有する場合、AとBの内部関係における割合にかかわらず、それぞれ単独で200万円請求できる。CはAに全額弁済すればBの債権も全額消滅するし、100万円弁済すればBの債権も100万円縮減する。

【図表6-4】

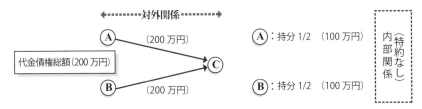

(b) 影響関係

　まず、原則を確認しよう。連帯債権者の1人について生じた事由は、他の連帯債権者に対して効力を生じないのが原則である（相対的効力の原則。435条の2本文）。もっとも、この原則は任意規定であり、他の連帯債権者の1人と債務者が別段の意思表示をすれば、絶対的効力事由を作り出すことができる（同条ただし書）。ちなみに、相対的効力の原則は、連帯債権や不可分債権（428条・435条の2）のみならず、連帯債務や不可分債務にも妥当する（430・441条）。

　これに対して、当事者の別段の意思表示がなくても絶対的効力が認められるのは、次の事由である。

　まず、弁済（432条）およびこれに準ずる事由（→Ⅰ2［149頁］）には絶対的効力が認められる。履行の請求に絶対的効力が認められることも、432条の文言（「全ての債権者のために…請求することができ」）から明らかである。代物弁済に絶対的効力を認めるかについては、議論がある。

　次に、非満足型の債権消滅事由である混同・更改・免除にも絶対的効力がある（433・435条）。これらの事由については、連帯債権の給付内容が通常金銭債権であることを前提に、迂遠で煩雑な分与プロセスを回避するために絶対的効力が認められている。それは、こうである。

　債権者の1人と債務者の間で混同が生じたときは、債務者による弁済とみなされる（435条）。435条がなければ、上の例で、CがAを相続した場合、債務者兼連帯債権者となったCは、まず債務者としてBに200万円全額弁済し、次に連帯債権者としてBから内部関係（特約がないとして平等）に応じて100万円の分与を受けることになり、BC間で無駄に金銭を往復させなければならない。混同に絶対的効力があることにより、端的に、CがBに対してBの取り分

の100万円を分与すればよくなる。

　債権者の1人との間で更改・免除がある場合、「その権利を失わなければ分与されるべき利益に係る部分について」、他の債権者は履行を請求できない（433条）。上の例でAがCの債務を免除した場合には、BはCに対して内部関係の割合（1/2）で自己の取り分の100万円のみを請求できる。

(c) 内部関係

　連帯債権の内部関係の割合は、債権者間の合意がない場合には、平等の割合と考えられる。連帯債権につき単独で弁済を受けた債権者は、他の債権者に対して、その債権者が受けるべき利益の割合で分与しなければならない。

4　不可分債権

(1) 不可分債権とは何か

　不可分債権とは、1個の「性質上不可分」の給付について、複数の債権者が有する債権である（428条）。各債権者は単独で履行を請求することができ、債務者が債権者の1人に履行すれば不可分債権は消滅する。たとえば、AとBの2人がCから自動車1台を購入した場合の車の引渡債権や建物の共同賃貸人D・Eの賃借人Fに対する賃貸借契約終了後の賃借物返還（建物明渡請求権）がある。

(2) 効力
(a) 対外的効力

　各債権者はすべての債権者のために単独で履行を請求でき、債務者は、債権者の中から1人を任意に選んで、すべての債権者のために履行できる（428・432条）。上の例で、自動車の共同買主AとBは自動車の引渡しを共同で請求する必要はなく、それぞれが単独で自己への引渡しを請求できる。

　不可分債権が可分債権になったときは、各債権者は、自己が権利を有する部分についてのみ履行を請求できる（431条）。上の例で、売主Cの責めに帰すべき事由により自動車の引渡しができなくなると、AもBも、内部関係で定まる自己の取り分についてのみCに対して損害賠償（415条）を請求できる。分割主義の原則（427条）に戻るわけである。

（b）　影響関係

不可分債権の効力については、更改・免除・混同に関する規定を除き、連帯債権の規定が準用される（428条）。

まず、債権者の1人に対する弁済およびこれに準じる事由は、絶対的効力を有する（428・432条）。相殺にも絶対的効力が定められるが（428・434条）、不可分債権の給付内容の性質上、相殺適状の同種債務要件（505条1項）を満たすことはまずないだろう。債権者の1人がした履行の請求（およびこれにともなう時効の完成猶予・更新や履行遅滞）にも絶対的効力がある（428・432条）。代物弁済については、代物の給付を受けた債権者以外の債権者が本来の給付を取得できなくなるのは不当であるとして、相対的効力しか生じないとする学説が有力である。

上記以外の事由には、別段の合意のない限り、相対的効力の原則が妥当するが（428・435条の2本文）、注意すべきは、更改と免除（429条）、混同（428条による435条の不準用）については、連帯債権と異なり（→3(2)(b)［153頁］）、相対的効力にとどまる点である。これは、不可分債権の給付内容の性質に起因する。

上のAとBによるCからの自動車の共同購入の例で、AとCの間で更改・免除または混同があった場合でも、Bは自動車の引渡しを請求することができる（相対的効力）。というのも、CがBに対して、「性質上不可分」である自動車の引渡債権を一部のみ履行することは不可能だからである。では、Bが履行を受けた後の処理はどうなるのだろうか。

混同の場合には、たとえばAがCを相続したとき、債務者兼債権者となったAが、債務者の資格でBに自動車を引き渡し、BがAに、Aに分与されるべき利益分の所有・占有を分与すればよい。

更改と免除については、429条がある。AとCの間で更改または免除がされた後にCから自動車の引渡しを受けたBは、Aがその権利を失わなければ分与されるべき利益を、Aを介さず、Cに直接償還しなければならない（429条後段）。BからAへの所有・占有の分与とAからCへの不当利得に基づく価額による償還という迂遠な償還を避け、また、更改・免除をした債権者Aの無資力リスクをCに負わせないためである。

(c) 内部関係

不可分債権の内部関係についても、連帯債権の場合（→3(2)(c)［154頁］）と同じく、単独で弁済を受けた債権者は、他の債権者に対して、その債権者が受けるべき利益の割合で分与しなければならない。

【図表6-5】債権者複数の場合に債権者の1人に生じた事由の影響関係

事由 類型		分割債権	連帯債権	不可分債権
債権者満足型 債権消滅事由	弁済・供託・相殺	※各債権者の債権が独立しているので、影響関係なし。	絶対効	絶対効
	代物弁済		?（議論あり）	?（議論あり）
債権者非満足型 債権消滅事由	更改		利益部分絶対効	相対効
	免除		利益部分絶対効	相対効
	混同		絶対効	相対効
	時効完成		相対効	相対効
履行の請求			絶対効	絶対効

Ⅲ　債務者が複数いる場合

1　債務の目的の性質上の可分性・不可分性

債権者複数の場合と同様に（→Ⅱ1［150頁］）、債務の目的が性質上可分かどうかが分割債務・連帯債務と不可分債務とを区別する基準となる。

債務者複数の場合にも、①給付内容が物理的に不可分である場合が「性質上不可分」であることは容易に想像がつくだろう。これに対して、②金銭債務のように本来は可分な給付であるが、その対価となる給付が不可分な利益である場合に、「性質上不可分」に当たるかが問題となる。AとBが共同でCから建物を賃借する場合における共同賃借人AとBの賃料債務について、平成29年改正前民法下の判例（大判大正11・11・24民集1巻670頁）・通説は、各賃借人は賃借物の全体を使用収益できる地位にあるから、その対価である賃料債務は性質上不可分であるとしていた。現428条では、旧同条で認められていた、給付の物理的な可分性を前提とした「当事者の意思表示」による不可分が否定されて

いる。そこで、「性質上不可分」は①の場合に限定されるという考えがある。これによると、金銭が性質上不可分に当たることはないが、不可分債務と効力の近い連帯債務になると解することで、全額についての請求や弁済を認め得る。ただ、こう解する場合には、連帯の根拠として「法令の規定又は当事者の意思表示」（436条）が必要であるところ、そのいずれに当たるのかが問題となる。また、混同の効力（430・440条）などで違いが生じる。そこで、改正前と同様、②の場合に不可分債務となることを認める考えもある。

2　分割債務

(1)　分割債務とは何か

　分割債務とは、1個の可分給付について各債務者に分割された債務である。分割の割合は、債務者間での別段の意思表示がない限り、平等である（427条）。金銭のような可分給付を目的とする債務は、原則的に分割債務となる。判例によれば、複数の者が負担する売買代金債務は分割債務になる（大判大正4・9・21民録21輯1486頁）。AとBが共同でCから自動車を200万円で購入する場合、AとBのCに対する自動車の引渡債権は不可分債権であるが、債権者と債務者間での別段の意思表示のない限り、AとBの代金債務は100万円ずつの分割債務となる。買主全員の資力が考慮されたとみるべき特段の事情があるときは、連帯債務とする黙示の特約を認めるべきとする学説もある。

(2)　効力

(a)　対外的効力

　分割債務は債務者ごとに独立した別個の債務であるので、各債務者は、他の分割債務者の債務を履行する義務を負わない。上の例で、自動車の共同買主AとBのCに対する債務は、原則的に分割債務であるから、Bが無資力でも、Aは100万円を弁済すればよい。もっとも、CはBから弁済の提供があるまで自動車の引渡しを拒絶できるし（533条）、Bの代金不払を理由にCが解除するには、解除権不可分の原則により、CはAとBに解除の意思表示をしなければならない（544条1項）。このように発生原因である契約に由来する制約がある。

(b) 影響関係

1人の債務者に生じた事由は、分割債権と同様、他の債務者に影響しない。

(c) 内部関係

分割債権と同様、427条は対外的効力を定めたものであり、内部関係は債務者間で別に定めることができる。特に合意がなければ、対外的割合と対内的割合は等しい。対内的割合の範囲内で自己の債務を弁済した債務者は、それが427条の定める対外的割合（等分）を超える場合でも、他の債務者に求償できない。これに対して、対内的割合を超えて弁済した場合は、内部関係のルール（委任・事務管理・不当利得）に従って他の債務者に求償できる。なお、対外的割合も超えた弁済は、債権者との関係では第三者弁済（474条）となる。

3 連帯債務

(1) 連帯債務とは何か

連帯債務とは、複数の債務者が、同一内容の可分給付について、それぞれ独立して全部の給付をなすべき債務であり、そのうち1人または数人が全部の給付をすれば、すべての債務者の債務が消滅するという関係にある債務である（436条参照）。

【図表6-6】

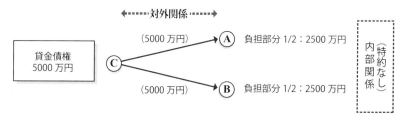

【図表6-6】をみてほしい。たとえば、AとBの夫婦が家を購入するため、C銀行から共同で5000万円の融資を受ける際には、性質上可分な金銭債務について、分割主義の原則（427条）を排除するために連帯の特約が付されるのが通常である。この場合、AとBの間で負担部分を半分ずつとする内部合意があったとしても、Cとの関係ではいずれも5000万円全額の返済義務を負う。実は、

ＡもＢも十分な資力を有し、弁済に協力的ならば、分割債務でも不都合は生じない。しかし、債務者双方が全額の債務を負うということは、１つの債権（5000万円）について、ＡとＢの一般財産が二重に引当てになることを意味するため、Ｃは債務者一方の無資力リスクを回避することができ、連帯債務は人的担保の役割を果たしている。

(2)　性質

　連帯債務において、１つの債務につき複数の債務者がいるのか債務者の数だけ別個の債務が存在するのかについて、明文の規定はないが、改正前より、各債務者が別個・独立の債務を負うことを前提とする規定がおかれている。第１に、連帯債務者の１人について無効や取消しの原因（制限行為能力、詐欺など）がある場合にも、他の債務者の債務の効力には影響しない（437条）。第２に、連帯債務者ごとに債務の態様が異なりうる。たとえば、条件や期限、利息の有無や利率が異なっていてもよいし、債務者によって債務の額が違ってもよい（不当額連帯）。第３に、連帯債務者の１人の債務のみについて保証したり抵当権を設定することも、債権者が債務者の１人に対する債権だけを第三者に譲渡することも可能であると解されている。

　このように各債務者が別個・独立の債務を負担することを前提に債務者の１人について生じた事由の絶対的効力と求償関係をどう説明するかは、連帯債務の性質論として論じられてきた。従来、連帯債務においては、債務者間に家族や共同事業者のような主観的共同関係や各債務者の負担部分を超える部分について相互保証関係があるとして説明されてきた。また、連帯債務規定の適用される真正の連帯債務とは別に、債務者間に密接な関係がなく、連帯債務の規定をすべてそのまま適用すべきではないと考えられるものとして、いわゆる不真正連帯債務（→コラム［166頁］）が認められてきた。しかし、平成29年改正は、連帯債務の中には債務者間に密接な関係がないものがあることを前提に、債権非満足型事由のうち、請求、免除、時効完成を相対的効力に改めた。そのため、現行法では、連帯債務の性質論に関する従来の議論の実益は大きく失われている（→コラム［166頁］も参照）。

(3) 成立

連帯債務は、債権の目的が性質上可分な場合に、法令の規定または当事者の意思表示があってはじめて成立する（436条）。性質上可分な場合には分割されるのが原則（427条）だからである。

(a) 当事者の意思表示

連帯債務は契約（連帯の特約）によって成立することが多い。判例は、分割主義の原則を尊重し、当事者による明示または黙示の意思表示がない場合に連帯の推定を認めない（前掲大判大正4・9・21）。もっとも、先にみたように（→2(1)［157頁］）、全債務者の資力が総合的に考慮されたという特殊な事情がある場合には、連帯の特約が推定されるとの見解が学説上は有力である。

契約によって連帯債務が成立する場合、連帯債務が同一の契約から生じる必要はない。たとえば、AがBに対して負担する既存債務について、Cは、Aの意思とは無関係にBとの別契約によって、また、Bの承諾があればAとの契約によって、Aとの連帯債務を負うことができる（470条2項・3項参照。併存的債務引受→第12章Ⅱ1［255頁］）。

連帯債務は遺言によっても生じうる。たとえば、特定の者に一定の金額を遺贈して共同相続人の連帯債務とする遺言がある。

(b) 法律の規定

併存的債務引受（470条1項）、共同不法行為（719条1項）、夫婦の日常家事債務（761条）、商行為（商511条1項）、一般社団法人の役員などの連帯責任（一般社団118条）などがある。

(4) 効力

(a) 対外的効力

債権者は、その選択に従って、債務者の1人に対し、またはすべての債務者に対して同時に若しくは順次に、全部または一部の履行を請求することができ、債務者の1人または数人が弁済した分について、すべての債務者について債務が消滅する（436条）。

履行の請求は、裁判外でも裁判上でもされうる。債権者は、債務者の1人に全額支払を命じる確定判決を得ていても、現実の履行があるまでは、他の債務

者を相手取って、重ねて訴えを提起することができる。

(b) 影響関係

連帯債務者の1人について生じた事由は、一部の例外を除き、相対的効力しかないのが原則である（441条本文）。履行の請求、免除、時効の完成などは相対的効力事由である。もっとも、これらの事由についても、債権者と他の連帯債務者の1人が、連帯債務者の1人について生じたときに自己に及ぼす旨の合意（「別段の意思表示」）をすることができ、これにより絶対的効力事由を作り出すことができる（同条ただし書）。

条文上絶対的効力が認められる事由は、次のように整理される。

第1に、弁済およびこれと同視すべき事由である。相殺（439条1項）以外の事由について明文規定はないが、債権全部の履行の確保という連帯債務の目的に照らせば当然である。

債権者に対して反対債権を有する債務者が相殺を援用しない間、他の債務者は代わりに相殺を援用することはできないが、当該債務者の負担部分の限度で履行を拒絶できる（439条2項）。冒頭の例（→(1)［158頁］）で、Cに対して反対債権を有するAが相殺しない間、Bは、Aの負担部分（1/2として2500万）の限度で履行拒絶できる。

第2に、非満足型の債権消滅事由のうち、更改（438条）と混同（440条）にも絶対的効力が認められる。

先の例でAとCが5000万円の金銭債務を消滅させる代わりに同額相当の土地甲をCに譲渡する債務を負担する更改契約がされた場合、新債務の成立によってAの旧債務＝5000万円の金銭債務は消滅するところ（513条→第2章Ⅲ3(2)［63頁］）、Bもこの債務を免れる（438条）。それが更改当事者の通常の意思に合致し、法律関係を簡略化するからである。なお、似て非なるものとして、AがCと5000万円の金銭債務に代えて自動車乙を引き渡すとの代物弁済契約（482条）を締結しただけの段階では、代物弁済として代物給付がされた場合とも更改とも異なり、絶対的効力は生じない。CはAに対して5000万円の支払も乙の引渡しのいずれも請求でき（→第2章Ⅲ1(2)［59頁］）、Bに対しては従前どおり5000万円の支払のみ請求できる。

混同に絶対的効力が認められるのは（440条）、不可分債務と異なる点である

（430条参照）。上の例でＣが自然人であるとしよう。ＣがＡを相続した場合に
AC間の混同に相対的効力しかないとすると、Ｂが債権者としてのＣにいったん支払ったうえで、その中から債務者としてのＣにその負担割合につき求償することになり、無駄に金銭を往復させる処理が必要になる。この循環は、給付内容（不可分給付）と償還の内容（金銭）が異なる不可分債務では、問題とならない（→ 4(2)(b)［168頁］参照）。

相対的効力の帰結

　現行法では、平成29年改正前民法において絶対的効力が認められていた事由のうち、履行の請求（旧434条）、免除（旧437条）、時効完成（旧439条）は、原則的に相対的効力を生じるにとどまる（441条本文）。上の例で、債権者Ｃが連帯債務者Ｂに対して免除した場合やＢのために時効が完成した場合、Ｃに弁済した他の債務者Ａは、Ｂに求償できる（445条）。つまり、Ｂに対する免除や時効完成は、ＢがＣから請求されないという効果を生じるにすぎない。

　このとき、求償に応じたＢはＣに償還請求できるだろうか。ＣがＡに対して依然として有する債権の全額について履行を受けたにすぎず、法律上の原因なくして利得を得たとはいえないと考えれば、免除を受け、または時効が完成した債務者ＢはＣに対して償還請求できないことになる（法制審議会民法（債権関係）部会の議論はこちらを前提としていた）。しかし、とりわけ債権者の権利不行使という懈怠の効果である時効完成については、求償に応じたＢは時効の完成にもかかわらず求償に応じることを強いられたとして、Ｃに対して不当利得返還請求できるとすべきとも考えられる。

(c)　内部関係

(i)　求償権

　すでにみたように、連帯債務者の１人が弁済その他自己の財産をもって免責行為をすると、他の債務者もその分だけ債務を免れる。このとき、弁済などによって共同の免責を得た債務者は、他の債務者に対して、「各自の負担部分に応じた額」の求償権を取得する（442条１項）。負担部分は、債務者間の特約によって決まるが、特約がなければ平等である。たとえば、ＡとＢとＣがＤに対して600万円の連帯債務を負い、負担部分が均等である場合に、ＡがＤに対し

【図表6-7】

(ⅰ) 全部弁済の場合

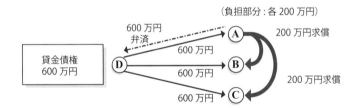

(ⅱ) 一部弁済の場合

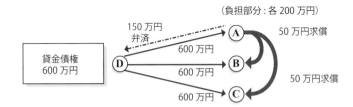

て600万円全額について弁済したときは、BとCに対して負担部分の割合に応じて3分の1（200万円）ずつ求償できる。

　求償権の内容は、支出額（ただし、AがDの同意を得て600万円の支払に代えて800万円相当の自動車で代物弁済した場合のように、免責額が支出額よりも低ければ免責額である600万円）のほか、免責があった日以後の法定利息および避けることができなかった費用その他の損害賠償を含む（442条2項）。

　では、Aは、150万円のみ弁済した場合にも求償権を取得するだろうか。442条1項によれば、「その免責を得た額が自己の負担部分を超えるかどうかにかかわらず」求償できる。これは、自己の負担部分を超える額の支出をしなくても一部求償を認めたほうが、債務者間の負担を公平にし、また、連帯債務の弁済が促進されて債権者にとっても不都合がない、との考えに基づくものである。したがって、【図表6-7】(ⅱ)のように、Aの一部弁済額（150万円）が負担部分（200万円）を超えていなくても、Aは、BとCに対して、3分の1（50万円）ずつ求償できる。

(ii) 事前通知義務

上の例で、BがDに対して反対債権（600万円）をもっているにかかわらず、AがDに全額弁済してしまったときにはAがBに求償できるとすると、Bは相殺によって弁済を免れる利益を害されてしまう。とくにDが無資力の場合には、Bは反対債権をもって相殺できなければ、Dから600万円を回収できぬままAからの求償（200万円）に応じなければならず、Dの無資力リスクを負わされてしまう。そこで、弁済等の免責行為をしようとする連帯債務者は、債権者に対して抗弁権を有する他の連帯債務者の抗弁権行使の機会を失わせないため、免責行為をする前に他の連帯債務者にその旨を通知しなければならない。

事前の通知をせずに免責行為がされた場合、求償権を行使された他の債務者は、自己の負担部分につき、債権者に対抗できた事由を免責行為者に対抗して求償を拒絶できる（443条1項前段。事前通知義務）。したがって、Aが事前の通知を怠って弁済した場合、Bは負担部分（200万円）について求償を拒絶できる。この場合、AはDに、Bの相殺によって消滅すべきであった債務の履行を請求できる（同項後段）。

もっとも、事前通知義務は弁済等をしようとする連帯債務者が他の連帯債務者の存在を知っていたこと（悪意）が前提になっている（同項前段）。Aが、Bの存在を知らなかった場合（善意）は、事前に通知しなくても、BからDに対抗できた事由の対抗を受けることはない。連帯債務者は、他の連帯債務者の存否を調査する義務までは負っていないのである。

(iii) 事後通知義務

上の例で、Bは、AがDに全額についてすでに弁済（第1弁済）していたことを知らずに重ねて600万円弁済（第2弁済）した場合、Aからの求償に応じなければならないか。一般原則によれば、Aのした第1弁済は有効であり、債務なくしてされたBの第2弁済は非債弁済となる。したがって、AがBに200万円求償でき、Bは支払った600万円を不当利得としてDに返還請求できることになる。しかし、443条2項があるので、免責行為をした連帯債務者は、他の債務者による二重弁済を防ぐため、弁済等をしたことを他の連帯債務者に通知しなければならない（事後通知義務）。事後の通知を怠ったせいで他の債務者が善意で弁済等の免責行為をした場合には、この行為を有効とみなすことができ

る。ただし、他の連帯債務者の存在を知らないときはこの限りでない。したがって、第1弁済をしたAがBの存在を知りながら事後の通知を怠り、Aの弁済を知らないBがAに事前の通知をし、Aからの返事がないのでDに第2弁済した場合には、AとBの間ではBの第2弁済が有効とみなされる。つまり、AとBの間ではAの第1弁済は無効と扱われるので、AはBに求償できず、かえってAの負担部分（200万円）について、第2弁済の有効を前提にBがAに求償できる。では、Cに対して求償権（200万円）を有するのはAとBのいずれであろうか。債権者Dや他の債務者Cとの関係ではAの第1弁済が有効であるので、Cに求償できるのはAである（相対的効力説。大判昭和7・9・30民集11巻2008頁）。しかし、AとBとの間では、Aの第1弁済は無効なのでAのCに対する求償権（200万円）はAの不当利得となり、BはAに対してこの200万円の支払を請求できる。これにより、Bは第2弁済した600万円のうち、自己の負担部分（200万円）を除く400万円をAから回収できる。しかし、これでは、Aは第1弁済した600万円とBからの求償などに応じた400万円の合計1000万円を支出したことになり、Cに対する求償権を行使して200万円回収することを考えても、800万円を支出したままである。また、Dも二重弁済（1200万円）を受けたままである。AはCに対して求償権を行使して200万円回収し、第2弁済によって生じたBのDに対する不当利得返還請求権（600万円）は、BがAからの求償などに応じたときにAに移転することになる（422条類推適用）。これにより、Aも自己の負担部分（200万円）を超える支出を回収できる。

　(iv)　互いに通知を怠った場合

　では、互いの存在を知っているにもかかわらず、第1弁済をしたAが事後の通知（443条2項）を怠り、その後Bが事前の通知（443条1項）を怠って第2弁済をした場合には、いずれの弁済が有効になるだろうか。判例は、443条2項は同条1項を前提とするので、同条1項の事前通知につき過失のある連帯債務者までを保護する趣旨ではないとして（最判昭和57・12・17民集36巻12号2399頁）、一般原則に従って第1弁済のみを有効にする。これによると、Aの第1弁済（600万円）が有効となり、AはBとCに200万円ずつ求償できる。Bは、無効な第2弁済分（600万円）をDに不当利得返還請求することになる。

⒱　無資力者の負担部分の分担

　上の例で、Aが事前・事後の通知を行って弁済したがCが無資力であるとき
に、AがCに対する求償権を回収できずにその負担部分（200万円）を事実上負
担しなければならないとすると、求償者Aと他の資力ある債務者Bとの間で不
公平を生じる。そこで、無資力者のリスクは、他の債務者間で負担部分に応じ
て平等に負担させられている（444条）。

　まず、連帯債務者の1人が無資力であるとき、その者の負担部分は、求償者
と他の資力のある者との間で負担部分に応じて分割して負担する（同条1項）。
したがって、AはBに、Bの負担部分200万円に加えてCの負担部分の半分
（100万円）を求償できる。また、Cのみが負担部分を負い、AとBの負担部分
がゼロの場合には、求償者Aと資力のあるBとの間で等しい割合で分割して負
担する（同条2項）。

不真正連帯債務概念は存続するのか

　伝統的学説において、不真正連帯債務は、主に同一の損害を数人が各々の立
場で塡補すべき義務を負う場合に生じるとされてきた。使用者責任（715条）
が成立する場合における被用者の不法行為に基づく損害賠償債務（709条）と
使用者の損害賠償債務（715条）がその例である。また、共同不法行為者の債
務は、719条の文言（「連帯」）にかかわらず、判例・学説上は不真正連帯債務
と解されてきた。連帯債務に絶対的効力事由が広く認められていた平成29年改
正前民法の下では、不真正連帯債務の特徴は、①弁済およびこれと同視すべき
事由以外の事由について絶対的効力がないこと、②共同不法行為の場合、負担
部分を超える弁済をした場合にのみ、その超過部分しか求償できないこと（最
判昭和63・7・1民集42巻6号451頁）にあり、とくに①によって、不真正連帯債
務の担保力は連帯債務よりも強くなっていた。連帯債務の広い絶対的効力事由
は債務者間の密接な関係（→⑵〔159頁〕）から説明されていた。

　現行法は、連帯債務の絶対的効力事由が限定され（438－441条参照。→コラム
［162頁］）、①につき、連帯債務と従来の不真正連帯債務との差が縮減された。
これは、法制審議会民法（債権関係）部会が、これらの区別の廃止を念頭にお
き、連帯債務に多様な関係が含まれることを前提としたためである（→⑵［159
頁］）。もっとも、共同不法行為の事例につき、加害者の1人と被害者に生じた

相続による混同の絶対的効力を否定した判例があり（最判昭和48・1・30判時695号64頁）、この解釈は自動車損害賠償法の保険金請求権の給付の観点から被害者保護に資するが、この判例を現行法の下でも維持するならば、混同の絶対的効力（440条）の例外となろう。

②について、改正経緯に照らすと、求償権に関する442条1項が共同不法行為の場合にも適用され、上掲昭和63年判決の考えが変更されそうである。同項の趣旨は、自己の負担部分を超えない一部弁済の場合に求償を認めることで、債務者の負担を公平にして連帯債務の弁済を促進することにある。共同不法行為者間の求償のハードルを下げることで弁済が促進され、被害者保護に資するとも考えられる。これに対して、共同不法行為の場合には自己の負担部分を超えて弁済した場合にのみ求償を認めることによって、他の債務者に求償に応じさせるよりも被害者への賠償を優先させるほうが被害者保護に資すると考えるならば、共同不法行為には同項の適用を否定して判例を維持することになる。

このように、現行法では、影響関係・求償について法定の連帯債務と一部異なるものを認めるべきかが問題となり、認めないならば不真正連帯債務概念は不要となる。特に共同不法行為の場合に被害者保護の観点を考慮に入れた効力を認めるために上記の各判例法理を維持するとすれば、その限りで不真正連帯債務という概念が残ることは、法定の連帯債務とは異なる類型を正面から認める意義をもつだろうし、不真正連帯債務概念をなくしたとしても、連帯債務概念の下で、適用されるルールの修正を要する、法定の連帯債務とは異なる連帯債務の存在を認めていく必要があるだろう。

4 不可分債務

(1) 不可分債務とは何か

不可分債務とは、1個の不可分給付について複数の債務者が負う債務である（430条）。債権者は債務者の1人に対して履行を請求でき、債務者の1人が弁済すると全債務者のために債務が消滅する。

債務の給付内容の「性質上不可分」性は、1でみた（→1［156頁］）。

(2) 効力

不可分債務の効果については、混同の絶対効に関する440条を除き、連帯債務の規定が準用される（430条）。

(a) 対外的効力

債権者は、その選択に従い、債務者の1人に対して、または全債務者に対して同時もしくは順次に履行を請求でき、請求を受けた債務者は、債権者に対して全部の履行をしなければならない（430・436条）。

不可分債務が可分債務となったとき、各債務者はその負担部分についてのみ履行の責任を負う（431条）。AとBが共有建物をCに売却したとしよう。AとB双方の責めに帰すべき事由により建物の引渡しが履行不能となった場合には、AとBのCに対する損害賠償債務は分割債務になる。分割債務になる結果、債務者の一方が無資力である場合のリスクが債権者に転嫁されることになり、担保力が弱くなる。これを避けるには、不可分債務が可分になったときには連帯債務に転化する旨の特約をあらかじめ付しておく必要がある。

(b) 影響関係

基本的に連帯債務の規定が準用されるが（430条）、扱いが異なる事由もある。

混同は、相対的効力事由である（430・441条）。上の例でAがCを相続した場合、Bは、Aに建物を引き渡したうえで負担部分に応じて求償する。

相殺は、連帯債務と同様に絶対的効力事由であるが（430・439条2項）、不可分債務では相殺のための同種債務要件（505条1項）を満たす場面は極めて稀である。反対給付が不可分な利益であるときに金銭債務を「性質上不可分」と解釈するならば（→1 [156頁]）、ありえるだろう。

(c) 内部関係

不可分債務者間の内部関係にも、連帯債務の規定が準用される（430・442－445条）。弁済をした債務者は、負担部分の割合で、他の債務者に求償する。

可分債権と共同相続

共同相続された可分債権が各共同相続人の法定相続分に応じた分割債権になるかについては、遺産共有の性質論に照らして争いがあったが、判例は、大審院時代以来一貫して、相続財産中の可分債権は相続開始と同時に当然に相続分

に応じて各共同相続人の分割債権となるとしている（最判昭和29・4・8民集8巻4号819頁〔不法行為に基づく損害賠償請求権〕）。しかし、特に預貯金債権については、原則的に相続人全員の署名押印を要求する銀行実務と整合せず、また、金銭（現金）が遺産分割の対象になることとのアンバランスや、預貯金は金銭と同じく遺産分割の際の調整資産として有用であるべきなのに、当然分割により相続人間の不公平が生じうることなどが問題視されていた。こうした中、最高裁は、定額郵便貯金や投資信託受益権について、その性質や内容に照らし、当然分割を否定するに至った。さらに共同相続された普通預金債権・通常貯金債権・定期貯金債権は、相続開始と同時に当然に分割されず、共同相続人全員の合意の有無にかかわらず遺産分割の対象となるとした（最大決平成28・12・19民集70巻8号2121頁）。

　現在の判例理論によれば、遺産分割前には共同相続人全員の合意がないと預貯金を払い戻せず、生活費や葬儀代の支払に使えないという不都合が生じる。そこで、平成30年相続法改正によって民法909条の2が新設され、共同相続人は、相続開始時の預貯金債権額の3分の1に法定相続分を乗じた額（ただし、債務者〔銀行など〕ごとに法務省令で定められた額〔150万円〕を限度とする）について、他の共同相続人の同意を要せず、単独で払戻しを受けられることになった。また、預貯金債権の仮分割の仮処分により、上記の範囲を越える払戻しを受けられることもある（家事200条3項）。

【図表6-8】債務者複数の場合に債務者の1人に生じた事由の影響関係

事由 ＼ 類型		分割債務	連帯債務	不可分債務
債権者満足型債権消滅事由	弁済・供託・代物弁済・相殺（援用後）	※各債務者の債務が独立しているので、影響関係なし。	絶対効	絶対効
	相殺（援用前）		履行拒絶権（負担部分）	履行拒絶権（負担部分）
債権者非満足型債権消滅事由	更　改		絶対効	絶対効
	免　除		相対効	相対効
	混　同		絶対効	相対効
	時効完成		相対効	相対効
履行の請求			相対効	相対効

第 7 章

保証

I　保証債務とは何か

1　保証債務の意義と構造

　保証とは、債務者以外の第三者が、債権者に対して、主債務者が債務（主債務）を履行しないときに、これに代わって履行する責任を負うことである（446条1項）。この第三者が保証人であり、保証人が負う債務を保証債務という。たとえば、AからBが500万円を借り入れ、CがBのために保証した場合、主債務者Bが債務を弁済しないときは、CはBに代わって500万円をAに支払わなければならない。

【図表 7 - 1】

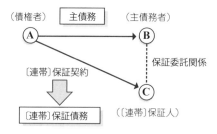

　保証債務は、債権者と保証人の間で締結される保証契約によって発生する場合が多い（→Ⅲ1［175頁]）。保証人は主債務者から頼まれて保証人になること

が多いが、主債務者からの委託を受けたかどうかは保証契約の成否に影響することはなく、主債務者の意思に反して保証人になることもできる。委託関係の有無は、保証人の事前求償権の有無と事後求償の範囲に影響を及ぼすにとどまる（→Ⅵ［184頁］）。

単純保証と連帯保証

　「保証」というと、「連帯保証」という言葉を真っ先に思い浮かべる人も多いのではないだろうか。民法では、単純（普通）保証が原則として定められるが（446条1項参照）、実務では、ほとんどの場合に保証人が主債務者と連帯して債務を負担して保証する連帯保証が用いられている。

　連帯保証も単純保証と基本構造は変わらない。「連帯」であることによる最大の違いは、連帯保証人は、主債務者よりも先に請求されても文句を言うことができない（補充性がない）ことである（454条→Ⅱ3［175頁］、Ⅳ2⑵［181頁］）。また、連帯保証人が複数いる場合、連帯保証人には分別の利益がない（→Ⅶ1［189頁］）。このように、連帯保証では単純保証よりも債権者の権利が強化されているため、実務で好んで利用されている。なお、債権満足事由以外の事由（たとえば、請求）が（連帯）保証人に生じても、その効力は原則的に主債務者に及ばない点で両者は共通する。連帯保証人に更改や混同が生じた場合には、連帯債務の規定の準用によって主債務者に及ぶとされるが（458条）、単純保証人にこれらの事由が生じた場合にも主債務者に及ぶと解されるので（→Ⅴ2［184頁］）、同条による準用の実益は疑わしい。

　連帯保証が成立するには、保証契約の中で連帯の特約が付される必要がある。もっとも、主債務が主債務者の商行為によって生じたものであるときまたは保証が商行為であるときには、常に連帯保証となる（商511条2項）。

　以下の説明では、連帯保証の扱いが単純保証と異なる場合についてのみ、連帯保証に言及することにしたい。

2　保証の機能

　保証では、主債務者の一般財産が主債務の引当てになっているほかに、保証人の一般財産が、主債務の履行を担保する保証債務の引当てになる。つまり、

究極的には、保証人の一般財産を主債務の引当てに追加するものといえ（→第4章【図表4‐1】(3)［113頁］参照）、連帯債務と並ぶ人的担保の一種として担保機能を果たすものである。抵当権のような物的担保と比べて（人的担保と物的担保の比較については→第4章Ⅱ2［113頁］）、設定・実行手続（強制執行を要せず、保証人の任意弁済が期待できる）の簡便さや費用の安さに魅力がある。もっとも、事業のための貸金等債務の保証については、設定時のメリットは減殺される（465条の6以下→Ⅸ1［194頁］）。また、上でみたように、主債務者が不履行になると、保証債務を通じて保証人の全ての一般財産を失わせる恐れがあるので、とくに保証人が個人である場合（下記①②の個人保証）には、主債務者が弁済を心理的に強制される機能も期待される。

3　保証主体と利用場面の多様性

　上でみたように、保証は債権者にとって使い勝手がよく、物的担保とともにまたは単独で、中小企業や消費者が融資を受ける際に広く利用されてきた。実務上保証が重要な役割を果たしてきた中小企業金融の場合、①経営者が自己の経営する会社の債務を保証する「経営者保証」では、主債務者と保証人は意思決定主体として事実上同視しうるが、財産上分離されているところ、経営者個人の一般財産を会社債務の引当てに巻き込んで経営者に無限責任を負わせる意義がある。これにより、会社財産の隠匿を防止し、経営者に経営責任を自覚させてモラルを確保する効果（いわゆる「モニタリング機能」）が期待される。これに対して、②経営者（個人事業主の場合には経営者＝主債務者であり、会社形態をとる場合には会社＝主債務者の経営者である）と個人的・情義的関係にある第三者（家族・親族・友人など）が保証する「第三者保証」では、保証人に迷惑をかけまいとする主債務者の履行を促進する効果が期待される。

　他方で、法人（機関）による保証も発展している。③中小企業などへの融資の促進を目的とする信用保証協会法によって各地に設立された信用保証協会は、中小企業などの金融機関に対する貸金債務の保証を主な業務とする。④銀行や保証会社による有償保証もある。③も④も保証料をとって合理的計算の下に行われている。なお、このような保証は有償保証とも呼ばれるが、有償性があるのはあくまで保証人と主債務者の間の保証委託関係においてであり、債権

者が保証人に対して保証の対価として経済的出捐をしているわけではないため、この場合の保証契約も無償契約であること変わりはない。

　最近では、事業融資については個人保証の利用を抑制する政策がとられているが（→コラム［173頁］）、保証の利用場面は多様である。身近な例では、不動産（建物）賃借人の債務の保証（根保証）が求められる場合には（→Ⅷ2［190頁］）、②主債務者＝賃借人の親族等による第三者保証のほか、④家賃保証会社による法人保証もあり、後者について悪質業者が社会問題化している。また、日本学生支援機構の貸与型奨学金については、伝統的に②第三者保証が要求されてきたが、現在では、④機関保証との選択が可能である。

　保証人になる者の属性にかかわらず、適用される規定は基本的に同じである。これに加えて、現行法は、保証人が個人か法人か、また、主債務の発生原因によって保証を類型化し、各場面に応じた保証人保護規定をおいている。

個人保証をめぐる法・政策の変化と担保法改正

　バブル経済崩壊後の1990年代後半以降、第三者保証人（②）の経済的破綻や保証人に迷惑をかけまいと生命保険金で弁済しようとする経営者の自殺が社会問題化した。背景には、経営者の近親者が、経営者（≒主債務者）から頼まれて断りきれず、保証のリスクや責任範囲を認識せず、無償で、資力に比して過大な保証を引き受けてしまうという実態があった。また、中小企業への運転資金の融資を業とする高利貸（「商工ローン」）による根保証の悪用や暴力的取立ても問題となった。これを契機に、民法の保証規定は平成16年と平成29年の2度にわたり改正され、個人保証人保護や根保証に関する規律が整備された。

　実務レベルでは、金融機関が中小企業などに融資するに際して第三者個人保証（②）を用いることが、中小企業庁や金融庁によって、実質的に禁止されている。さらに、経営者保証人（①）の保証責任の追及への懸念が経営難に陥った会社の早期再建を阻害したり、経営者保証を要求する商慣行が起業家の創業意欲や事業承継を妨げていることが問題視され、平成25年には、日本商工会議所と全国銀行協会が事務局となり、「経営者保証ガイドライン」が策定され、経営者保証人の解約や私的整理の際の責任制限などを規定し、さらに、令和4年には、財務省、経済産業省、金融庁による「経営者保証アクションプログラム」が策定され、経営者保証の利用自体を抑制するために経営者による保証契

約締結の手続を加重するに至った。これらの業界の自主規制や行政規制は、法律ではないが、いずれも金融機関の監督指針に組み込まれるなどして事実上の強制力を有し（ソフト・ロー）、保証実務に大きな影響を及ぼしている。

　事業のための融資の仕組みとして、不動産担保・人的担保（保証）への依存から、企業の有する動産（在庫など）・債権や事業そのものを担保として活用する方向にシフトするという政策の下で、現在、法整備が進められている。令和5年1月には、「担保法の見直しに関する中間試案」が公表された。

II　保証債務の性質

1　保証債務の別個債務性

　保証人は、主債務そのものを第三者として履行するのでなく、自ら負担する保証債務を履行する。【図表7-1】［170頁］をみてほしい。保証債務は主債務とは別個の債務であり、主債務の発生原因とは別の保証契約によって成立する。つまり、Aに対するBの貸金債務（主債務）と、Bのために保証人になったCのAに対する保証債務は2つの異なる債務である。Cは、保証債務にのみ違約金や損害賠償の額を約定することができ（447条2項）、保証債務を担保するために抵当権を設定したり保証（副保証）したりすることもできる。

2　保証債務の付従性

　保証債務は、主債務と別個の債務ではあるとはいえ、主債務の履行の担保を目的としているため、主債務との主従関係にある。この性質が保証債務の付従性であり、その内容は次のとおりである。

　①保証債務は、主債務が存在しなければ成立しない（成立における付従性）。

　②主債務が消滅するときは保証債務も消滅する（消滅における付従性）。

　③保証債務の目的や態様（条件、期限、利息など）が主債務のそれよりも重くなることはない。保証契約の時点で保証債務の内容が主債務よりも重い場合には一部無効となり、主債務の限度に縮減される（内容における付従性。448条1項）。この帰結として、保証契約締結後に主債務が軽減されると保証債務も軽

減する。反対に、主債務の事後的な加重は保証債務を加重しない（448条2項）。債権者と主債務者の間の事後的な合意によって、当該合意に関与していない保証人は、保証契約時に合意していた以上の不利益を強いられるべきでないからである。

　このように、債権者は保証人に対して主債務者に対して有する以上の権利を有しえないことを裏からみると、保証人は主債務者の有する抗弁権を行使できるということになる（457条2項→Ⅳ2⑴(d)［181頁］）。

　④主債務が債権者の変更によって移転すると、それにともなって保証債務も移転するが、これを随伴性という。

3　保証債務の補充性

　主債務者がその債務を履行しないときにはじめて保証人が保証債務の履行責任を負うことを補充性という（446条1項）。単純保証の場合、保証人は催告（452条）および検索（453条）の抗弁権を有する（→Ⅳ2⑵［181頁］）。連帯保証には補充性がない（454条）。

Ⅲ　保証債務の成立

1　成立原因

　保証債務は遺言によっても成立するが、通常は保証契約によって成立する。Aに対するBの貸金債務をCが保証する場合、AとCが書面で保証契約を締結すると、CのAに対する保証債務が発生する。この例から次の2つが明らかになる。まず、①保証契約の当事者は債権者と保証人であり、主債務者は当事者ではない。したがって、Cが、保証契約の締結に際し、Bの資力の有無について誤信したときは基礎事情の錯誤（95条1項2号）であり（→コラム［176頁］）、Bから欺罔された場合には第三者詐欺（96条2項）の問題となる。また、事業債務の保証では、保証契約締結時に、主債務者に保証人に対する情報提供義務が課されることがある（465条の10→Ⅸ2［196頁］）。また、②保証契約は書面でする要式契約である（446条2項）。保証人にその責任を認識させて保証契約の

締結を慎重にさせるとともに、保証意思が外部的にも明らかな場合に限って法的拘束力を認める趣旨である。書面の内容や方式に定めはない。電子メール等の電磁的記録でもよく（同条３項）、民法上、保証人への書面の交付義務はない（例外として、貸金業法16条の２第３項等）。

　保証契約が成立すると、一定の場合にＡのＣに対する情報提供義務が発生する（458条の２・458条の３→Ⅳ３［182頁］）。これらの情報提供義務はＣのＡに対する保証債務と対価関係に立つものではないので、保証契約は片務契約である。

主債務者をめぐる錯誤

　主債務者が誰であるか（主債務者の同一性）は、保証の対象である主債務の同一性に関わるので、その錯誤は表示の錯誤である（95条１項１号）。これに対して、主債務者の属性や資力の有無は、保証人にとって主債務の履行可能性を左右する重要な事情であるが、他の担保があると信じたのに実はなかった場合と同様に、保証契約を締結する動機（基礎事情〔95条１項２号〕）にすぎない。このような基礎事情については、保証人が情報収集の責任を行い、その失敗＝誤認のリスクを負うのが原則である。たとえば、主債務者が融資時に無資力であったが、債権者も保証人も有資力であると信じて保証契約を結んだ場合には、主債務者に一定の資力のあることが保証契約締結の前提となっているとはいえ、その誤認リスクを保証人が負担すべきことは、担保としての保証契約の性質上当然と言えよう。しかし、このような基礎事情も「法律行為の基礎とされていることが表示されていた」ときには、錯誤取消しの対象になり得る（同条２項）。そこで、どのような場合に、履行可能性にかかわる基礎事情が保証契約の基礎とされていることが表示されたと評価されるかが問題となる。錯誤の一般論として、いかなる場合に「法律行為の基礎とされていることが表示されていた」といえるかに関する学説は分かれており、本書では深く立ち入らないが（詳しくは、民法総則で勉強してほしい）、保証の場面は１つの問題群を形成している。そこでは、一方で、主債務の不履行リスクを債権者から保証人に転嫁するという保証の担保として性質、他方で、表意者たる保証人と相手方たる債権者の情報収集能力の非対当性や債権者による誤認惹起の有無といった具体的事情を考慮に入れて評価されていることを指摘しておこう。

主債務者が反社会的勢力でないことも主債務者の属性の１つであるが、判例には、信用保証協会と金融機関の保証契約締結後に主債務者が反社会的勢力であることが判明した事案について、同事情が判明した場合には保証債務を履行しないとするなどの扱いが契約中にあらかじめ定められていない限り、当該事情を当事者双方が保証契約の前提としていたとは言えないとしたものがある（最判平成28・1・12民集70巻1号1頁）。

2　主債務に関する要件

(1)　主債務の存在

　保証債務は主債務の存在を前提とするので（成立における付従性）、主債務を発生させる契約の不成立・無効・取消しにより主債務が存在しない場合には、連帯債務（437条参照）や損害担保契約と異なり、保証債務も無効となる。

　では、主債務者が無効な消費貸借契約に基づき受領した金銭の不当利得返還義務を負う場合、保証債務は不当利得返還義務に及ぶか。判例は、付従性の原則を貫き、消費貸借契約の無効により保証債務も無効であるから、保証債務は不当利得返還債務に及ばないとしたが（最判昭和41・4・26民集20巻4号849頁〔農協の員外貸付〕）、付従性から形式的に演繹せずに、保証契約の解釈によって定める保証債務の範囲の問題（→Ⅳ1(2)(b)［179頁］参照）とすべきであるとの批判も強い。

　もっとも、主債務は、保証債務発生時にすでに現実に発生している必要はなく、発生可能性がある限り（当座貸越契約、継続的売買契約、賃貸借など）、将来発生する債務のために現実の保証債務は成立する。根保証がこれに当たる。

> **損害担保契約**
>
> 　損害担保契約は、保証に類似する行為で、民法典に規定がない契約の１つである。損害担保契約は、一方の当事者が、他方の当事者に対して、一定の事実から発生する損害を填補することを約束する契約である。主債務の存在を前提とせず、付従性や補充性がない点で保証と異なる。
>
> 　主債務者が制限行為能力者であることを知って保証した場合には、主債務者が制限行為能力を理由に取り消したとしても、主債務と同一の目的を有する独

立の債務（損害担保債務）を負担したと推定される（449条）。これは、主債務の取消しの有無にかかわらず債務を負担するという保証人の意思を推定したものである。

(2) 給付内容の同一性

保証債務は主債務と別個の債務であるが、保証債務の給付内容は主債務と同一でなければならないだろうか。多くの場合には主債務が金銭債務であるため問題にならないが、主債務が不動産の引渡債務や俳優の出演債務のように不代替的給付であるときは、保証人が主債務者に代わって現実に履行することができないため、問題になる。

伝統的通説は、保証債務の内容は主債務と同一の内容であるとしてきた（給付内容の同一性）。これは、民法が保証債務を多数当事者の債務として位置づけ、また、446条1項が保証人は「その履行をする責任を負う」と規定していることを根拠とする。上の各例では、主債務の不履行によって損害賠償債務が生じることを停止条件として損害賠償債務を保証したことになる。これに対して、現在では、保証債務の内容は主債務と同一である必要はなく、保証契約の内容は当該保証契約の趣旨によって決まるとし、不代替債務については当初から損害賠償債務を保証していると解する見解が有力である。

3　保証人に関する要件（保証人の資格）

保証人になることができるのは、どのような人だろうか。原則的に、保証人となりうる資格に制限はなく、無資力者や制限行為能力者（13条1項2号参照）も保証人になることができる。しかし、主債務者が保証人を立てる義務（立保証人義務）を負う場合には、保証人は行為能力と弁済の資力を有する者でなければならない（450条1項）。制限行為能力者は保証契約を取り消すおそれがあり、資力がない保証人による保証は実効性を欠くからである。当初資力のあった保証人がその後無資力になった場合には、債権者は行為能力と資力のある保証人に代えるよう請求できる（同条2項）。ただし、債権者が保証人を指名した場合はこの限りでない（同条3項）。資格のある保証人を立てられない主債務者は、代わりの担保を提供してもよい（451条）。

IV 債権者と保証人の対外的関係

1 保証債務

(1) 保証債務の内容

保証債務の内容は、保証契約つまり当事者の意思によって定まるとともに、内容の付従性によって限界が画される。

(2) 保証債務の範囲

保証債務は、主債務の履行を担保することを目的とするから、保証債務の範囲には、主債務の元本のみならず、利息、違約金、損害賠償その他の従たる債務が含まれる（447条1項）。

保証債務の範囲については、次の2点が問題となる。

(a) 一部保証

主債務の一部を保証すること（一部保証）は、付従性に反しない。Cは、BのAに対する元本50万円の貸金債務のうち30万円だけ保証することができる。

Bが20万円のみを弁済した場合、Cはいくらにつき保証債務を負い続けるかについては、一部保証の趣旨により、3つの可能性がある。①Cは保証した30万円までの弁済を担保する。これによるとBの弁済分（20万円）だけ責任を免れ、以後10万円のみ責任を負う。②CはBに残額がある限り保証した額（30万円）まで責任を負う。これによるとBが20万円弁済しても30万円について責任を負う。③Cは主債務の残額の一定割合（30/50＝60％）を保証する。これによると残額20万円×0.6＝12万円について責任を負う。当事者意思が不明のときは、契約解釈の問題となるが、基本を②とする考えが有力である。

(b) 解除による原状回復義務

AがBの所有する土地を5000万円で購入する契約を締結し、Cが売主Bの土地引渡債務について保証人となったとしよう。Bが履行期に土地を引き渡さない場合、Cの保証債務は、主債務との内容の同一性を求めるか否かにかかわらず、Bの負う損害賠償債務（415条）に及ぶ（447条1項）。

では、Aが代金を支払った後に本件売買契約を解除した場合（541条）、Cの

保証債務はBが負う既払金の返還債務（原状回復義務。545条1項）に及ぶだろうか。かつて大審院は、解除による売買契約の遡及的消滅（直接効果説）に基づき、原状回復義務は契約上の債務と発生原因の異なる別個独立の債務であり、「従たるもの」（447条1項）にあたらないとして、保証人の責任を否定していた。これに対して、最高裁は、特定物売買の売主のための保証は、契約から直接生じる売主の債務よりも、売主の債務不履行に基づき売主が負担する債務につき責任を負う趣旨であるとし、保証人は、反対の意思表示のない限り、売主の債務不履行により契約解除された場合の原状回復義務について保証の責任を負うとした（最大判昭和40・6・30民集19巻4号1143頁）。これは、保証債務の及ぶ範囲を保証契約の当事者の意思解釈を基準に判断したものである。

2　保証人の有する抗弁

　債権者から保証債務の履行を請求された保証人は、主債務に由来する抗弁権や保証人固有の抗弁権を主張して、保証債務の履行を拒絶できる。

(1)　主債務に由来する抗弁

(a)　主債務の不存在または消滅

　すでにみたように、主債務を発生させる契約が不成立・無効または取り消された場合には、保証債務も存在しないので（成立における付従性）、449条の例外を除き、保証人はこれを主張できる。主債務について弁済・供託がされ、また、主債務者による相殺・時効援用の意思表示がされると、主債務の消滅に伴って保証債務も消滅するので（消滅における付従性）、保証人はこれを主張できる。これに対して、主債務者が時効の援用・相殺・取消し・解除の意思表示をしていない場合には、主債務が存続する以上、保証人は、保証債務の不存在ないし消滅を主張することができないのだろうか。

(b)　主債務者の相殺権・取消権・解除権

　主債務者Bが債権者Aに対して相殺権・取消権・解除権を有しながらこれらを行使しない場合に、Aから請求を受けた保証人Cは、Bに代わってこれらの権利を行使することができるか。主債務者の意思決定や処分権限に対する過度な干渉となるので、保証人がこれらの権利を行使することができるのは妥当で

ない。しかし、主債務者がこれらの権利を行使していないからといって保証人が弁済を拒絶できないというのでは、保証人の保護を欠く。そこで、457条3項は、保証人は、相殺権・取消権・解除権の行使によって主債務者がその債務を免れるべき限度において、債権者に対して保証債務の履行を拒絶できるとした。ただし、取消可能な行為について、主債務者が追認した場合には（124・125条）、保証人は履行しなければならなくなる。

(c) 主債務の時効

主債務の時効完成後にBが時効を援用しない間にAから請求を受けたCは、主債務が時効消滅すると保証債務が付従性により消滅するので、権利の消滅について「正当な利益を有する者」＝「当事者」（145条）として、自らの資格で時効を援用することができる。この場合、時効援用の効果はAとCの間でしか生じないから（相対効）、AとBとの間では、Bが時効を援用しない限り、主債務が存続する。したがって、Aには保証のない主債務が残される。

(d) 主債務者の抗弁権

主債務者に同時履行の抗弁権（533条）がある場合や、債権者が主債務者に期限を猶予した場合などには、保証は、保証債務の付従性に基づき、これらの抗弁権を援用することができる（457条2項）。

(2) 保証人固有の抗弁権

保証人（＝単純保証人）は主債務者が弁済しないときに補充的に責任を負う（446条1項）。補充性に基づく抗弁は2種類ある。

①債権者からの保証債務の履行請求に対し、保証人はまず主債務者に催告せよと抗弁できる（催告の抗弁権。452条本文）。裁判外で請求（＝催告）すればよいので、実効性は乏しい。また、主債務者が破産手続開始の決定を受けたときや行方不明のときは、認められない（同条ただし書）。

②債権者が主債務者に催告をした後に保証人に請求した場合であっても、主債務者に十分な資力があり、その財産への執行が容易であることを保証人が証明したときは、債権者は、主債務者の財産に強制執行してからでなければ、保証人に履行請求できない（検索の抗弁権。453条）。

催告・検索の抗弁権を行使された債権者が催告や執行を怠って主債務者から

全額の弁済を受けられなかった場合、保証人は、債権者がただちに執行していれば弁済を受けられた限度で義務を免れる（455条）。

　これらの抗弁を排除するために利用されるのが連帯保証（→コラム［171頁］）である（454条）。債権者は連帯保証人に対し、履行期到来後ただちに請求できる。

3　債権者の保証人に対する情報提供義務

　債権者は、保証契約締結後に、保証人に対して情報提供義務を負うことがある。

　第1に、主債務者の委託を受けた保証人から請求があったときは、債権者は、遅滞なく、主債務の元本および利息、違約金、損害賠償その他の従たる債務すべてについての不履行の有無ならびに残額およびそのうち弁済期が到来しているものの額に関する情報を提供する義務を負う（458条の2）。この情報提供義務は、保証人が主債務者の不履行を長期間知らないまま遅延損害金が蓄積する事態を避けるため、保証人に、主債務の履行状況を知る手段を確保するものである。本来、債権者（とくに金融機関）は主債務者の信用に関わる情報をその許可なく他人＝保証人に開示することは許されないが、主債務者自身が委託した保証人からの請求を要件として、この守秘義務を免ずるものであり、保証人が法人である場合にも適用される。同条は義務違反の効果を定めていないが、債務不履行に基づく損害賠償（415条）が生じうるし、根保証の場合には特別解約権の行使の可否も検討されるべきである。

　第2に、主債務者が期限の利益を喪失したときは、債権者は、主債務者からの委託の有無を問わず、個人である保証人に対し、期限の利益の喪失を知った時から2か月以内にその旨を通知する義務を負う。債権者が通知義務を怠ると、主債務者が期限の利益を喪失した時から実際に通知するまでに生じた遅延損害金について保証債務の履行を請求できない（458条の3）。この通知義務は、主債務者が期限の利益を喪失したとき（法定か特約による喪失事由かを問わない）は、遅延損害金が蓄積して保証人の責任が拡大する危険がとくに高いことから、それによって生活を脅かされうる「個人」の保証人を保護するため、保証人からの開示請求を要件とせずに債権者が負うものである。

V 主債務と保証債務の影響関係

1 主債務者について生じた事由の効力

主債務者について生じた事由は、付従性に基づき、あるいは保証の担保目的に照らし、原則的に保証人に対しても効力を生じる（例外として、448条2項）。

第1に、主債務の縮減・消滅は付従性により保証債務を縮減・消滅させる。ただし、主債務の引当てとなる責任財産が限定されただけである場合には、保証人は全部の弁済をする責任を負い続けることには、注意が必要である。

まず、主債務者が死亡し、相続人が限定承認をした場合（922条）、主債務の責任財産は相続財産に限定されるが、主債務自体は縮減されないので、保証債務は影響を受けない。

また、主債務者が倒産した場合も同様である。個人である主債務者に対する免責許可決定（破253条2項）、会社更生計画における一部免除や期間の猶予（会更203条2項）、民事再生法に基づく再生計画の決定（民再177条2項）などは、保証債務に影響を及ぼさないことが規定されている。判例は、法人である主債務者が破産し、破産終結決定にともない法人格が消滅した場合にも、保証債務は消滅しないとする（大判大正11・7・17民集1巻460頁）。この場合、会社の法人格の消滅にともない主債務も消滅するが、それでも保証債務は消滅しないとする（最判平成15・3・14民集57巻3号286頁）。

これらは、付従性との整合的な説明が難しく、むしろ、主債務者が履行しない場合にこそ保証債務の効力を発揮すべきという保証の担保目的を考慮し、付従性の例外を認めたものといえよう。

第2に、主債務者に対する債権が譲渡されると保証債務もともに移転する（随伴性）。主債務者との間で債権譲渡の対抗要件である通知・承諾（467条）が行われれば、その効力は保証人に及ぶので、保証債務について別途通知・承諾をする必要はない。

第3に、主債務者に対する権利行使等の効果として生じる時効の完成猶予・更新（147～152条）は、保証人に対してもその効力を生じる（457条1項）。これは付従性の帰結ではなく、主債務より前に保証債務が時効消滅することを防い

で債権の担保を確保するという政策的な趣旨による。10年より短期の時効期間を定められた主債務が確定判決によって10年に延長されると（169条1項）、保証債務の時効期間も10年となるが、これも457条1項と同様の趣旨によると考えられる。

2　保証人について生じた事由の効力

保証人に生じた事由は原則的に主債務者に影響を及ぼさない。しかし、保証債務について生じた弁済・代物弁済・供託・相殺といった債権満足事由は、主債務を消滅させる。主債務の履行確保という保証の目的から当然である。保証人と債権者の間で更改が生じた場合にも、更改当事者の意思により主債務者に効力が及ぶと解される。混同が生じた場合には、保証人が保証債務を免れて債権者となる。連帯保証の場合には、458条が連帯保証人に生じた更改・相殺・混同の絶対効を規定するが、同条の存在意義は大きくない（→コラム［171頁］）。

VI　保証人と主債務者の内部関係 (求償権)

1　保証人の求償権の根拠

保証人の弁済は、債権者との関係では、保証人が自ら負担する保証債務の履行であるが、その実質は主債務者という第三者の債務（主債務）の肩代わり弁済である。したがって、主債務者との関係で保証人の負担部分は常にゼロであり、保証人は主債務者に対して全額について求償できる。

求償権の法的性質は、保証人と主債務者の間の委託関係の有無によって異なる。主債務者からの委託を受けた保証人（受託保証人）の求償権は、委任事務処理のための費用償還請求権である（649・650条）。委託のない保証人（無委託保証人）の求償権は、事務管理の費用償還請求権であり（702条1項・3項）、その範囲は主債務者の意思に反するかどうかによって異なる。もっとも、保証人の求償権には、委任・事務管理に関する一般規定ではなく、459条以下が適用される。なお、保証人は、保証債務の履行を通じて他人＝主債務者の債務を弁済しているので、委託の有無にかかわらず、弁済によって債権者に代位する

(499条→第8章［197頁以下］)。

2　受託保証人の求償権

委託を受けた保証人（受託保証人）の場合、弁済してから主債務者に求償できるだけでなく（事後求償権）、弁済前に求償することもできる（事前求償権）。

(1)　事後求償権

受託保証人が、主債務者の代わりに自己の財産をもって（＝出捐）債務消滅行為（弁済・供託・代物弁済・相殺・更改など）をすると、主債務者に対して求償権を取得する（459条1項）。

事後求償権の範囲は、保証人が主債務の弁済期到来後に保証債務の弁済等をした場合、保証人が支出した財産の額または消滅した主債務の額のうち低い額（同条1項）、債務消滅行為の日以後の法定利息、避けられなかった費用その他の損害賠償の合計である（同条2項・442条2項）。これは受任者による費用償還請求権の範囲（650条）と同じである。

受託保証人は、弁済期到来前に弁済等をできるが、主債務者との関係で保証委託の趣旨に反するし、主債務者の期限の利益を害することも許されないため、求償について制約を受ける。求償権を行使するには主債務の弁済期を待つ必要があり（459条の2第3項）、求償範囲は、主債務の消滅行為時に利益を受けた限度（同条1項）、主債務の弁済期到来後の法定利息、弁済期後に履行したとしても避けられなかった費用その他の損害賠償（同条2項）の合計である。

(2)　事前求償権

受託保証の場合には、委任契約に基づき、委任事務処理費用の前払請求権（649条）が認められそうである。しかし、保証の場合に、主債務者が将来の弁済費用を受任者に無条件で前払できるならば、保証を頼む必要も意味もなくなってしまう。そこで民法は、受託保証人の事前求償権を3つの場合に限定している。①主債務者が破産手続開始の決定を受け、かつ、債権者が破産財団の配当に加入しないとき（460条1号）、②債務が弁済期にあるとき（ただし、保証契約の後に債権者が主債務者に許与した期限は保証人に対抗できない）（2号）、③保証

人が過失なく債権者に弁済をすべき旨の裁判の言渡しを受けた場合（3号）、である。

上の場合に主債務者が事前求償に応じたとしても、保証人が保証債務を履行してくれなければ、主債務者は債権者からも二重に請求を受ける恐れがある。そこで、債権者が保証人から全部の弁済を受けない間、事前求償に応じた主債務者は、保証人に担保を提供させたり、保証人に対して自己に免責を得させるよう請求できる（461条1項）。また、主債務者は事前求償に応じずに、保証人に支払うべき金額を供託するか担保を提供し、また、保証人に免責を得させて事前求償の義務を免れることもできる（同条2項）。

事前求償権の法的性質については、受任者の委任事務処理費用の前払請求権と理解するのが判例および伝統的通説であるが、学説では、保証人が自己の損害を防止するために自らの免責または担保を請求するために認められた特別の権利（解放または免責請求権）とする見解も、有力である。

事前求償権と事後求償権の関係

事前求償権を委任事務処理費用の前払請求権と捉えると、事前求償権も事後求償権も、保証債務の弁済に要する費用の請求となるため、これらの求償権が1つの権利か2つの権利かが問題になる。判例は、事後求償権は、事前求償権と発生原因、消滅原因、法的性質が異なる別個の権利であるため、受託保証人が事前求償権を行使できるからといって、事後求償権の時効は免責行為時まで進行しないとした（最判昭和60・2・12民集39巻1号89頁）。他方で、事前求償権は事後求償権を確保するために認められた権利であるため、受託保証人が事前求償権を被保全債権とする仮差押えをすれば、事後求償権についても権利行使があったと評価され、事後求償権の時効の完成も猶予されるとした（最判平成27・2・17民集69巻1号1頁）。

3　無委託保証人の求償権

無委託保証人は事前求償権を有しない。事後求償権の範囲は、主債務者の意思に反するか否かによって異なる。

第1に、主債務者の意思に反しない無委託保証人は、主債務者が「その当時」（＝保証人の債務消滅行為時）に利益を受けた限度で求償権を取得する（462条1項・459条の2第1項）。したがって、受託保証人の場合と異なり、弁済日以後の法定利息・損害賠償は含まれない。

第2に、主債務者の意思に反する無委託保証人は、主債務者が「現に」（＝求償時に）利益を受ける限度でのみ求償権を取得する（462条2項前段）。Aに対して100万円の債務を負担するBが保証人Cの弁済後・求償日以前にAに対して30万円の反対債権を取得した場合には、Cはその30万円についてBに求償できない。このときBのAに対する反対債権がAに移転し、CはAに請求できる（同項後段）。

4　通知義務と求償権の制限

(1)　事前通知義務と事後通知義務

保証人および主債務者は、連帯債務の場合と同様（443条参照）、弁済等をする前後に通知義務を負うことがある（463条）。事前の通知は、主債務者が債権者に対抗することのできる事由を有している場合に、その権利行使の機会を確保するために要求されている。これに対して、事後の通知は、保証人または主債務者が弁済をしたこと知らずに主債務者または保証人が二重に弁済することを防ぐ趣旨である。

(2)　保証人の通知義務

受託保証人は、これから弁済等をすることを主債務者に通知する事前通知義務を負っており、事前の通知を怠って弁済等をしたときは、主債務者は債権者に対抗できた事由（相殺、同時履行の抗弁権など。なお、期限の猶予〔弁済期の延期〕は含まれない〔460条2号ただし書参照〕）を保証人に対抗し、求償を拒絶できる（463条1項前段）。主債務者が債権者に対して反対債権を有していた場合には、保証人はその分を債権者に請求することになる（同項後段）。反対債権は主債務者から保証人に移転するからである。なお、反対債権に担保が付いている場合には、担保もともに移転する。無委託保証人については、そもそも求償範囲が債務消滅行為時または求償時に主債務者が利益を受けた限度に限られており

（462条1項・2項）、事前通知義務違反のサンクションの実効性がないため、この義務は課されていない。

受託保証人と主債務者の意思に反しない無委託保証人は、弁済等をしたことを通知する事後通知義務を負う。これらの保証人が弁済後に通知を怠り、主債務者が善意で弁済をした場合には、主債務者は自己の弁済を有効とみなすことができる（463条3項）。このとき保証人は、二重弁済を受けた債権者に不当利得返還請求せざるを得ず、債権者の無資力のリスクを負うことになる。主債務者の意思に反する無委託保証人については、求償範囲がもともと制限されており（462条2項）、事後通知義務を課す意味はない。

(3) 主債務者の通知義務

主債務者は、自ら委託した保証人に対して事後通知義務を負う（463条2項）。受託保証人を二重弁済の危険から保護するためである。主債務者が事後の通知を怠ると、後に善意で弁済した保証人は自己の行為を有効とみなし、主債務者に求償できる。これに対して、主債務者は自ら委託していない保証人に対して事後通知義務を負うことはない。

VII 共同保証

1 意義と3つの類型

同一の主債務について数人が保証債務を負担することを共同保証という。共同保証には3類型ある。まず、①単純保証人が複数いる場合である。この場合、各保証人は、主債務の額を保証人の頭数で平等に分割した額についてのみ保証債務を負い、債権者は分割された分しか請求できない（分別の利益。456・427条）。たとえば、Xに対してYが負担する100万円の債務をAとBが保証すると、AとBはXに対して50万円ずつ保証したことになる。分別の利益は、債務の分割主義の原則（427条）のあらわれであり、保証人保護のために認められる。しかし、これにより、保証人の数を増やすたびに各保証人の保証額が減り、保証人の中に無資力者がいることのリスクを債権者が負うことになるた

め、債権担保としての効力が弱まってしまうため、当事者の合意により排除されることが多い。次の２類型では、各保証人が主債務の全額を保証している。②連帯保証人が複数いる場合には、連帯保証人は主債務者と連帯して全額弁済することを約束しているので、分別の利益がないのは当然である。また、③単純保証人が複数いるが、「各保証人が全額を弁済すべき旨の特約」が結ばれる場合（保証連帯）には、各保証人は主債務全額を保証するが、債権者に対する関係では単純保証であり、補充性（452・453条）を有する。この場合、保証人相互間には連帯債務の規定が準用される。

2 保証人相互の内部関係

上の例で、Ｘに対してＹが負担する100万円の債務についてＡが全額弁済した場合、ＡがＹに全額求償できるのは当然である。では、ＡはＢに対しても求償できるか。

Ａは自己の負担部分を超える額を弁済した場合にのみ、Ｂに求償できる（465条）。同条は、弁済をした保証人のみが主債務者の無資力による損失を負担することは共同保証人間の公平に反するので、共同保証人間の負担を最終的に調整するため、共同保証人間の求償権を創設したものである。したがって、共同保証人間の求償権と主債務者に対する求償権は別個独立の権利であり、前者が後者を担保するものではない。そのため、主債務者に対する求償権の消滅時効の完成猶予・更新（147条以下）が生じても、457条１項は類推適用されず、共同保証人間の求償権の時効の完成猶予・更新の効力を生じない（最判平成27・11・19民集69巻７号1988頁）。

共同保証人間の求償範囲は、分別の利益の有無によって異なる。分別の利益のある場合（上記①）、Ａによる自己の負担部分を超える額の弁済は、Ｂとの関係では一種の事務管理となり、無委託保証人の求償規定が準用される（465条２項・462条）。分別の利益のない場合（上記②③）、Ａは、自己の負担部分を超える額についてのみ、連帯債務者に準じてＢに求償権できる（465条１項・442～444条）。自己の負担部分を超える額しか求償できないのは、Ａは、自己の負担部分については、主債務者であるＹへの求償で満足すべきだからである。

Ⅷ 根保証

1 根保証とは何か

これまでの説明は、1つの特定の債務を主債務とする保証（特定保証）を前提としていた。これに対して、一定の範囲にある不特定の債務を包括的に保証することを根保証という。

根保証の法的性質

根保証には、①保証期間中に発生する個々の主たる債務についてその都度保証債務が発生するもの（継続的保証）と、②根抵当と同様に、元本確定（保証期間終了）時に存在する債務を保証するもの（狭義の根保証）という2つの性質のものがある。①では、元本確定には被保証債権の発生の終期としての意味しかなく、元本確定前でも個々の被保証債権の履行期が到来すればその保証債務の履行を請求でき、個々の被保証債権の譲渡に保証債務も随伴する。つまり、この場合の根保証は、個別の保証の束である。他方で、②では、元本確定は、被保証債権の発生の終期の意味に加えて、主たる債務を特定する意味をもつため、元本確定前の履行請求や保証債務の随伴性の否定につながる。保証契約においては契約自由の原則が妥当するので、いずれの性質を有する根保証をすることも可能である。

判例は、当事者意思の合理的解釈を根拠に、別段の合意のない限り、根保証の性質を①であると解している（最判平成24・12・14民集66巻12号3559頁）。

2 主な利用場面

根保証が用いられる代表的な場面をみてみよう。

①継続的な融資取引（貸付・手形割引）や売買取引（継続的商品供給契約）から生じる不特定の債務を一括して保証する信用保証である。主債務の元本の発生が債権者と主債務者の取引に依存するため、根保証人の知らないうちに責任が拡大し得る。

②不動産賃借人の賃料・損害賠償債務の保証である。定期的に一定額ずつ発

生する賃料債務が主債務の中心であり、不履行が続けば賃貸人は賃貸借契約を解除できるため、この点で不払賃料にかかる根保証人の責任が予想外に高額化する危険は小さいといえるが、賃借人が賃貸目的物を毀損した場合などの損害賠償債務は高額化する恐れがある。

　③身近な例では、大学の在学契約の際に結ばれる授業料の（連帯）保証も根保証である。授業料債権の発生は在学期間の増減によって変動するからである。

　④雇用契約に際して被用者の身元を保証する契約である。わが国の古くからの慣行であり、被用者の親や親戚によってされることが多い。身元保証はその責任が長期にわたりきわめて広範になりがちであるため、昭和8年に「身元保証ニ関スル法律」が制定された。身元保証と呼ばれるものの中には、根保証のほか、損害担保契約や身元引受も含まれ得る。

　根保証では、特定保証と異なり、保証期間が長期に及び、保証人の責任が当初の予想を超えて過大になる場合があるため、判例や立法により根保証人の保護が講じられてきた。平成29年改正は、平成16年改正が創設した「貸金等根保証契約」を「個人根保証契約」に改め（465条の2〜465条の5）、一部の規定（465条の3・465条の4第2項）を除く規定の適用範囲を、個人が根保証人となる根保証契約全体に拡大した（②〜④も適用範囲に含まれうる）。以下では、この特則を中心に説明する。

3　個人根保証契約に関する特則

(1)　個人根保証契約と個人貸金等根保証契約

「個人根保証契約」とは、①一定の範囲に属する不特定の債務を主債務とする根保証契約であり、②個人が保証人となるものである（465条の2第1項）。個人根保証契約には、465条の2ないし465条の5の特則が適用される。

　個人根保証契約のうち、主債務に金銭の貸渡しや手形割引による債務を含む根保証を「個人貸金等根保証契約」という（465条の3第1項）。

(2)　極度額

　極度額は、根保証によって担保される債権の限度額であり、根保証人の責任

の量的に制限する機能を有する。極度額の定めのない個人根保証契約は無効であり（465条の２第２項）、この定めは書面でする必要がある（同条３項・446条２・３項）。極度額は、主債務の元本・利息・損害賠償その他の従たる債務すべておよび保証債務について約定された違約金や損害賠償額を含むものでなければならない（債権極度額。465条の２第１項）。

　もっとも、極度額をいくらにするかは当事者の自由に委ねられており、保証人の資力を超える極度額を定めることも可能である。

(3)　元本の確定

　元本が確定すると、保証人は確定時に存在する主債務の元本とそれについての利息・損害金についてのみ保証債務を負い、以後に発生する元本について保証債務を負わない。このように、元本の確定は根保証の範囲を時間的に制限する機能を有する。元本が確定する態様は次の２つである。

　第１に、元本確定期日が到来すると、自動的に元本が確定する。個人貸金等根保証契約以外の個人根保証契約では元本確定期日（保証期間の長さ）に制限はないが、個人貸金等根保証契約についてのみ、元本確定期日を定める場合は上限が５年とされ（465条の３第１項）、自動更新条項は無効である。元本確定期日の定めのない場合も、保証契約日から３年の経過により自動的に元本が確定する（同条２項）。第２に、一定の元本確定事由が生じると、当然に元本が確定する。個人根保証契約全般について、主債務の元本は、①債権者が、保証人の財産について、金銭債権についての強制執行または担保権実行の申立てをしたとき、②保証人が破産手続開始決定を受けたとき、③主債務者または保証人が死亡したとき、に確定する（465の４第１項）。なお、③のうち、保証人が死亡した場合、相続人は、保証人死亡時に確定した主債務の元本にかかる保証債務を相続する。

　個人貸金等根保証契約では、①〜③のほか、④債権者が、主債務者の財産について、金銭債権についての強制執行または担保権実行の申立てをしたとき、⑤主債務者が破産手続開始決定を受けたときも、元本が確定する（同条２項）。

⑷　法人による根保証契約の求償権についての個人保証

　たとえば、AがB会社に継続的な融資をする際に、保証会社＝法人CがBの債務を一括して根保証する場合には、465条の2以下の特則の適用はなく、極度額と元本確定期日の定めのない包括根保証も有効である。この場合に、個人であるDが、Cが根保証債務を履行した際にBに対して取得する求償権に係る債務を主債務としてする保証（求償保証）は、主債務が1つの特定の債務であるため根保証ではない。しかしDは、個人が貸金債務を直接に根保証した場合と同様に、不測の責任拡大の危険にさらされる。そこで、465条の5は、法人たるCの求償権を発生させる原因となるAC間の根保証契約に、①極度額の定め、②その根保証契約の主債務に貸金等債務を含む場合には元本確定期日の定めを要求し、個人たる求償保証人Dの保護を図っている。

4　根保証人の解約権

　根保証の範囲を根保証人の事後的なイニシアチブによって時間的に制限する手段として、判例上、古くから、根保証人の解約権が認められてきた。現行法に明文規定はないが、どのように扱われるべきだろうか。

⑴　信用保証

　かつての判例は、元本確定期日の定めのない根保証の場合に、保証契約後相当期間の経過により、保証人の解約権（任意解約権）を認めていた（大判昭和7・12・17民集11巻2334頁）。また、事情変更によって将来にわたり保証させ続けることが信義則に反する場合にも、即時の解約権（特別解約権）を認めてきた（最判昭和39・12・18民集18巻10号2179頁）。たとえば、主債務者の資産状態の急激な悪化、保証人の主債務者に対する信頼関係の喪失、保証の前提となっていた一定の職務や地位から保証人が離れた場合などである。

　元本確定期日のある根保証については、任意解約権は問題となりえないが、特別解約権は排除されるべきでない。465条の4所定の元本確定事由は、極度額および期間の定めのある根保証を前提に、特別解約権の発生原因のうち典型的な事由を法定したものであるが、その他の事由から生じる特別解約権を否定する趣旨ではないからである。

(2)　不動産賃借人の債務の根保証

　不動産賃借人の債務の根保証について元本確定期日が強制されないのは（465条の３参照）、借地借家法が適用される不動産の賃貸借契約においては、賃貸人からの解約申入れや更新拒絶には正当事由が要求され（借地借家６・28条）、賃借人が望まない限り事実上賃貸借契約の継続が強制されるため、賃貸借契約の存続にもかかわらず根保証契約が終了してしまうという賃貸人の不利益を避けるためである。このような配慮は、期間の定めのある建物賃貸借の保証債務が、当事者の合理的意思に基づき、特段の事情のない限り、更新後の賃貸借から生じる賃借人の債務に及ぶとした判例にもあらわれている（最判平成９・11・13判時1633号81頁）。

　古い判例には、不動産賃借人の債務の根保証に元本確定期日の定めがない場合において、保証人の任意解約権を否定したものがある（大判昭和７・10・11新聞3487号７頁）。他方で、保証契約締結から相当期間経過後、賃借人が不払に陥り、将来の支払見込みもないのに賃貸人が解除せずに使用収益させている場合には、保証人は特別解約権を行使できるとしたものがある（大判昭和８・４・６民集12巻791頁）。この場合には、保証人からの特別解約権の行使が認められるべきことはもちろんのこと、保証人が不払の事実を知らされずに特別解約権を行使し得なかったときには、かかる事情を考慮して信義則による責任制限も認めるべきである。

IX　事業に係る債務についての個人保証人の保護

　事業に係る債務はとくに高額になりがちであり、これについて個人が保証・根保証する場合には、保証人保護の要請が高い。そこで、平成29年改正は、事業に係る債務を保証した個人保証人を保護する２つの特別規定を新設した。

1　保証意思宣明公正証書の作成義務

　個人が「事業のために負担した貸金等債務」を主債務とする保証またはこのような債務を主債務に含む根保証をすることは、原則として無効であり、①公正証書による保証債務履行意思の事前宣明という厳格な手続を踏んだ場合

（465条の6～8）と、②保証人が当該事業に関与する一定の者である場合（465条の9）に、例外的に有効となる。

　①個人（いわゆる経営者を除く）が事業のために負担した貸金等債務を主債務としまたは主債務に含む保証または根保証をする場合には、保証・根保証契約の締結の前1か月以内に、465条の6第2項・465条の7所定の厳格な方式に従って作成された公正証書で保証債務を履行する意思を宣明していなければ、保証・根保証契約は無効となる。保証意思宣明公正証書の作成のための方式は、公正証書遺言の方式（969条・969条の2）に倣ったものであり、具体的にはこうである。保証・根保証契約の重要事項について保証人候補者が公証人に口授し、公証人が保証人候補者の口授を筆記してこれを読み聞かせるか閲覧させ、保証人候補者が筆記の正確さを承認した上で署名・押印し、公証人が当該証書の作成が所定の方式を満たすことを付記し、署名・押印して、公正証書を作成する。保証契約の締結自体について、公正証書で行うことが強制されているわけではない。事業のための貸金等債務を法人が保証する場合には465条の6の適用はないが（同条3項）、その法人保証人の求償権を個人が保証するときは、保証意思宣明公正証書の作成を要する（465条の8）。

　②保証人になろうとする個人が、法人である主債務者の理事や取締役、総株主の議決権の過半数を有する社員などのいわゆる経営者保証人である場合や、個人である主債務者の共同事業者や主債務者の事業に現に従事する配偶者である場合には、①の手続を経ずに、事業のための貸金等債務を保証することができる（465条の9）。もっとも、主債務者たる経営者の事業に現に従事する配偶者（同条3号）の扱いについては、議論がある。配偶者が主債務者の事業について決定しうる共同事業者の地位にない場合には、他の第三者保証人と同様、主債務者との情義的関係から保証の引受けを断りきれない可能性が高い。そのため、たとえ主債務者との共同の家計を通じて経済的利益を受けているとしても、配偶者が経営者に準じる者として扱われることには、批判が強い。配偶者は共同事業者と同視すべき場合にのみ①の義務を免じられるべきである。

　本条により第三者個人保証の利用の抑制が期待されるが、当時の金融実務の後追いの感があり、実益は乏しかった。平成29年改正の際には、経営者保証人に保証意思宣明公正証書の作成義務を課して保護することにより、事業融資の

際に有用とされてきた経営者保証の利用（→Ⅰ3［172頁］）が敬遠されてかえって必要な資金調達を受けられなくなる恐れがあるとして、経営者保証人の保護が除外された。しかし、現在では、実務レベルで、経営者保証の利用からの脱却も図られている（→コラム［173頁］参照）。

2　主債務者の情報提供義務

主債務者は、「事業のために負担する債務」（貸金等債務以外の債務も含む点で、465条の6〜8よりも適用範囲が広いことに注意されたい）を主債務とする保証・根保証を委託する場合に、委託相手の個人（保証人候補者）に対して、主債務者の財産や主債務の目的となる事業の収支状況、主債務以外の負債額とその履行状況、他の担保の有無やその内容について、情報提供義務を負う（465条の10第1項）。主債務者による情報不提供・不実情報提供があり、これにより保証人候補者がこれらの事項について誤認をし、それによって保証契約の申込みまたは承諾の意思表示をした場合に、主債務者による情報不提供・不実情報の提供について債権者が悪意・有過失であるときは、保証人は保証契約を取り消すことができる（同条2項）。

本来、主債務者の資力などに関する情報収集は保証人自身の責任で行うべきである（主債務者の資力などの錯誤や詐欺について→Ⅲ1［175頁］・コラム［176頁］参照）。しかし、「事業のために負担する債務」は高額になりがちであり、保証を引き受けるかどうかを決定する際には主債務者の返済能力に関わる情報がとくに重要であるため、委託保証の場合に、これに関する情報提供義務が委託者たる主債務者に課されている。

主債務者の情報提供義務違反の効果として保証人に保証契約の取消権を認めることにより、リスク評価の誤りによって予想外に保証債務の履行を請求される事態から保証人を保護し、同時に、第三者詐欺（96条2項）の構造により、善意無過失の債権者が自ら知らない事情により担保を失う事態を防いでいる。このように、保証契約の当事者である債権者と保証人の利益のバランスが図られている。

第8章

弁済による代位

I　弁済による代位とは何か

　次のページの【図表8-1】をみてほしい。たとえば、AからBが6000万円を借り入れるにあたって、自己所有の不動産（評価額3000万円）に抵当権を設定し、Cが保証人となっていた場合に、弁済期に弁済できないBに代わって、Cが6000万円全額について弁済したとしよう。Cの弁済により、Cの保証債務は消滅する。このとき、AのBに対する債権（原債権）は満足を受けて消滅し、原債権のために設定された抵当権は原債権とともに消滅する（付従性）はずである。Cが弁済したのは自己の債務である保証債務であり、第三者弁済（474条）ではないが、実質的にはBの債務を肩代わりして弁済しているため、CはBに対して求償権を取得する（委託保証について459条、無委託保証について462条）。しかし、求償権は単なる債権だから、Bの資力がCの求償権を含む他の債権者に対する債務総額を支払うのに十分でないときは、Cは債権者平等の原則に従って割合的な満足を受けることしかできない。このとき、弁済者Cの求償権を確保するために、原債権がCのBに対する求償権の限度でAからCに移転し、原債権を担保する担保権（ここでは抵当権）もそれにともなって移転するというのが、弁済による代位という制度である。

　これにより、Cは、求償権の限度でAが有していた原債権の抵当権を行使できるので、求償権の満足を受けられる可能性が高まる。また、Aも、すでに弁済を受けているのだから何ら不利益を被らないし、この制度があることで弁済が促進されるので、債権の満足を得られる機会が増えるというわけである。

【図表 8-1】

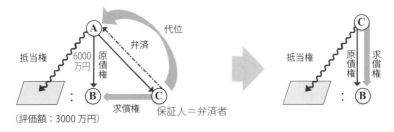

II　要件

　弁済による代位は、次の2つの要件が満たされると、当然に生じる。

　要件①は、弁済または弁済に準ずることにより債権者に満足を与えたことである。これには代物弁済、供託、共同債務者の相殺、混同が含まれる。また、物上保証人が抵当権を実行された場合も、求償権の確保を要するので、これに含まれる。

　要件②は、弁済者が債務者に対して求償権を有することである。債務者への贈与として弁済した場合や求償権を放棄した場合には、認められない。

　なお、弁済者が、「弁済をするについて正当な利益を有する者」（500条かっこ書参照）であるか否かを問わず、上記の2要件を満たすと弁済による代位は当然に生じる（499条）。もっとも、「正当な利益」を有しない第三者は、債権者の意思に反して第三者弁済をできないので（474条3項本文→第1部第2章2(2)(c)[36頁]）、このような第三者の弁済は、原則的に債権者が弁済の受領を承諾していることが前提になっている。

　「正当な利益」を有しない者が代位する場合には、上記の2要件のほか、債務者その他の第三者への対抗要件として、債権譲渡と同じ対抗要件（通知・承諾）を具備する必要がある（500・467条）。債務者や第三者が想定外の者の弁済によって不測の損害を被るのを防止する趣旨である。

　では、「正当な利益」を有するのはいかなる者だろうか。2類型ある。まず、①弁済しないと債権者から自己の財産が執行される者である。たとえば、物上保証人、担保目的財産の第三取得者のほか、連帯債務者や保証人といった共同

債務者である。次に、②弁済しないと債務者に対する自己の権利が事実上価値を失う者である。たとえば、後順位抵当権者は、現時点で抵当権が実行されて配当を受けられない事態を回避するため、先順位抵当権の被担保債権を弁済して担保不動産の換価時期を選択する利益を有する。債務者の一般債権者も、債務者の一般財産に執行等をしようとする他の債権者に弁済して、債務者の財産状況が改善してより大きな配当を受けられる時期まで待つ利益がある。

弁済者の正当な利益の有無によって扱いが異なるのは、対抗要件の具備の要否のほか、債権者の担保保存義務の有無（→Ⅲ 2⑵ [201頁]）についてである。また、正当な利益を有する代位者相互間には、代位割合に関するルールがある（後述→Ⅲ 3 [203頁]）。

Ⅲ　効果

1　代位者と債務者の関係――基本的効果

弁済による代位が生じると、弁済者＝代位者は、求償権の範囲内で、「債権の効力及び担保としてその債権者が有していた一切の権利」を行使することができる（501条1項・2項）。これは、弁済によって消滅するはずの原債権が、担保権（人的担保も含む）とともに弁済者に当然に移転するという意味である。これにより、弁済者は債務者に対して、【図表8-1】の右の図のように、①求償権および②原債権とその担保権を併存する形で有するのであり、弁済者はいずれを行使してもよい。

では、両債権はどのような関係にあるのだろうか。

まず、原債権は求償権と別個の債権であり、両債権の元本額、弁済期、利息・遅延損害金の有無や率が異なるので、両債権の債権額は別々に変動し、別個に消滅時効にかかる（最判昭和61・2・20民集40巻1号43頁）。

また、原債権は求償権を確保する目的で存続するので、原債権の存在は求償権に依存し、原債権よりも求償権のほうが小さい場合には、原債権を行使できる範囲は求償権の範囲内に限定される（501条2項）。

原債権とともに担保権が弁済者に移転する場合には、当該担保権の被担保債

権が原債権と求償権のいずれであるかが問題となるが、担保権の被担保債権は
あくまで原債権である。そのため、担保権を行使できる範囲は、原債権よりも
求償権が小さいときは、求償権の限度であり、反対に、求償権の方が大きいと
きは、原債権の限度である。また、担保権の実行によって直接に満足を受ける
のは原債権であり（最判昭和59・5・29民集38巻7号885頁）、原債権が満足を受け
る限りで求償権も満足を受けることになる。

2　代位者と原債権者の関係

(1)　一部代位

　AがBに6000万円を貸し付け、B所有の不動産（評価額3000万円）に抵当権を
設定し、CがBのために保証しているという冒頭の例で、Cが3000万円のみ弁
済したとしよう。債権の一部が弁済された場合にも、Aの権利（原債権・担保
権）の一部は当然にCに移転するが（一部代位）、残額（3000万円）の債権者は依
然としてAである。このとき、一部代位者Cが全部代位の場合と同じくAの権
利を自由に行使できるとすると、元からの債権者Aの権利が害される。そこで
民法は、債権者と一部代位者の利益の調整として、債権者を優先させている。
　まず、どちらが権利行使（抵当権の実行）の主体として優先されるかについ
て、債権者は「単独で」権利行使できるのに対し（502条2項）、一部代位者は、
「債権者の同意を得て」、「債権者とともに」でなければ権利行使できない（同
条1項）。代位制度の目的は債権者が満足を受けたことを前提に弁済者の求償
権を確保することであるが、一部弁済だけでは債権者が満足を受けたとはいえ
ず、代位者の単独による担保権の実行を認めると、債権者が換価時期を選択で
きる利益を失い、不利益を被り得るからである。
　次に、権利行使による満足をどちらが優先的に受けるか（抵当権実行によって
誰にどれだけ配当されるか）について、民法の起草者は、一部代位者と債権者が
平等に権利を有すると考えており（平等主義）、これによると、CもAも1500万
円ずつ配当を受けることになるが、502条3項は債権者を優先させている（原
債権者優先主義）。したがって、配当額は、A：3000万円、C：0円となる。こ
の考えは、抵当権以外の物的・人的担保の実行や任意弁済によって得られた金
銭や、強制執行などの場合にも及ぶ。

> **１個の抵当権が数個の債権を担保する場合**
>
> 　ＡのＢに対する複数の債権を被担保債権としてＢ所有の不動産に抵当権が設定され、Ｃが保証人となっており、Ｃがそのうちの１個の債権の全額について弁済した場合において、当該抵当権が実行され、換価による売却代金が被担保債権のすべてを消滅させるに足りないときは、Ｃは一部弁済したものとして502条が適用され、同条３項の原債権者優先主義によりＡに劣後してしか配当を受けられないのか。それとも、ＣはＡと対等な立場で債権額に応じた案分弁済を受けられるのだろうか。この点について、判例は、被担保債権の１個を全額弁済したＣにこの被担保債権が原債権として移転することを前提に、当該抵当権は債権者と保証人の準共有となり、特段の合意がない限り、両者は債権額に応じて案分して弁済を受けるとした（最判平成17・1・27民集59巻１号200頁）。この場合には、一部弁済による代位の場合と異なり、債権者と代位者の優劣問題が生じないとの考えに基づくものである。

(2)　担保保存義務

(a)　担保保存義務とは何か

　銀行Ａが債務者Ｂに対して3000万円を融資するに際して、Ｂ所有の不動産甲（評価額2000万円）に抵当権を設定し、ＣがＢのために保証人となったとしよう。甲を売却したいというＢからの相談を受けたＡは、Ｃが十分な資力を有することから、イザというときにはＣから全額の弁済を受けられると考え、抵当権の放棄に応じたとする。その後、Ｂが支払不能に陥り、ＡがＣに対して保証債務の履行を請求する場合、Ａは債権を全額回収できる一方、Ｃは、Ａの請求に応じて支払っても、すでに存在しない抵当権についてＡに代位できないので、資力のないＢに対する回収見込みのない求償権を取得することになる。このような場合にも、Ｃは保証債務の履行に応じなければならないか。

　504条１項によれば、弁済について正当な利益を有する者は、「債権者が故意又は過失によってその担保を喪失し、又は減少させたときは」、「代位をするに当たって担保の喪失又は減少によって償還を受けることができなくなる限度において、その責任を免れる」（いわゆる担保保存義務）。代位の期待を保護する趣旨である。上の例では、甲を競売すれば2000万円で売却できたとすると、保証

人Ｃは2000万円について責任を免れ、1000万円のみ支払えばよいことになる。

(b)　要件

担保保存義務違反による責任減免の要件は、①代位権者の弁済に対する正当な利益、②債権者の故意・過失、③担保の喪失・減少の３つである。

要件①について、債権者の担保保存義務違反により免責されるのは、弁済につき正当な利益を有する代位権者（→Ⅱ［198頁］）のほか、債権者が担保Ａを喪失・減少させた後に、同じ債権を被担保債権とする担保Ｂの目的財産を物上保証人から譲り受けた第三者である（504条１項後段）。担保Ａの喪失・減少によって担保Ｂの目的財産が負担すべき責任が増加するからである。

要件②について、代位の対象となる担保の喪失などについて債権者の故意・過失があることであり、免責を生じる関係の存在についての故意・過失は必要ない。

要件③について、担保とは、物的担保・人的担保であり、債務者の一般財産は含まれない。喪失などには、担保の放棄、質物の返還、保証債務の免除のような作為のほか、不作為も含まれる。たとえば、抵当権設定の登記手続を怠っている間に所有者がその不動産を第三者に売却して追及効が失われる場合である。もっとも、同じ不作為でも、債権者が抵当権を実行しない間に抵当不動産の価値が下落した場合には、原則的に504条１項の適用はない。債権者は担保権を実行する義務を負うわけでなく、換価時期を選択する自由を有するし、代位権者は、自ら弁済して担保権に代位してこれを実行することで担保価値の下落を防止できるからである。しかし、債権者の態度が著しく信義誠実に反する場合には、同項が適用される（大判昭和8・9・29民集12巻2443頁）。

銀行取引では、長期にわたる継続的な取引関係における債務者の経営環境の変化にともない債務者から担保の差替えや一部解除を要請されたり、一部弁済と引換えに銀行が担保の一部解除に応じたり、貸付額の増加にともない銀行が債務者に担保の差替えを要求したりすることもある。担保の差替えや一部解除は形式的には担保の喪失などに当たる。しかし、代位権者の同意がなければこれらの行為をできないとすると円滑な金融取引に支障が生じる。これは、代位権者の利益保護の要請と金融取引の円滑化の要請が衝突する場面である。そこで、同条2項は、担保喪失・減少行為に「取引上の社会通念に照らして合理的

な理由がある」ときは、担保保存義務違反による責任減免の適用除外ルールを定めた。担保喪失行為などに「合理的理由」があることについては債権者が証明責任を負うのであり、証明責任の負担の観点からも、金融実務では、銀行の担保保存義務を免除する特約が結ばれていることが多い（→コラム［206頁］）。

(c) 効果

代位権者は、担保の喪失・減少によって償還を受けられなくなった限度で、責任を減免される（504条1項前段）。

免責の範囲の基準時は、判例によれば、担保の全部喪失の場合には、喪失が確定した時（大判昭和6・3・16民集10巻157頁）、一部喪失（減少）の場合には、残部が実行された時（大判昭和11・3・13民集15巻339頁）である。

3 弁済について正当な利益を有する代位者相互の関係

1つの債権について弁済につき正当な利益を有する代位者が複数いる場合、これらの者の間ではいかなる割合で代位できるのだろうか。501条3項は、正当な利益を有する代位者相互間の利害を公平・合理的に調整するための補充規定である。こうしたルールがないと、先に弁済した者が弁済した全額について代位できて早い者勝ちとなり、代位者間に不公平を生じるからである。

(1) 保証人・連帯債務者のみが複数いる場合

たとえば、AのBに対する1000万円の貸金債権について、CとDがともに連帯保証人となっており（負担部分は、①C：600万円／D：400万円、②C：400万円／D：600万円）、Cが連帯保証債務の履行として全額弁済した場合、Cは、Bに対して求償権を取得し（459・462条）、Aに代位してAのDに対する連帯保証債務にかかる債権を行使できる（501条1項）。保証債務について担保・副保証や執行名義があるときに、代位する実益がある。Cが代位できる範囲は、Bに対する求償権ではなく、共同保証人間（CD間）の求償権の範囲（465条）が上限となる（501条2項かっこ書）。

では、共同保証人間の代位割合はどうなるのか。代位者間の代位割合を定める501条3項各号に共同保証人のみが複数いる場合に関する規定がなく、問題となる。この点、代位者の期待や公平の理念を理由に、保証人と物上保証人間

の代位割合に準じて人数に応じた頭割り（同項4号本文参照）を基準とする見解がある。これによると、Cは、①：400万円、②：500万円の範囲でDに対する保証債権についてAに代位する。①は、頭割りに加え、501条2項かっこ書を適用した帰結である。もっとも、これによると、上の例のように共同保証人間に負担部分の特約がある場合には、負担部分と同じ代位割合を定めた代位割合の特約が加わらない限り、代位割合と求償権の範囲にズレを生じる（ただ、合理的に解釈すると特約は双方に及びそうである。）。これに対して、求償権確保という代位制度の趣旨を重視するならば、相互に求償権が発生する債務者間（連帯債務・共同保証人など）の代位範囲を規定するのは同条2項であり、共同保証人間の代位割合は、同条2項かっこ書により、共同保証人間の求償権の範囲（465条）に従うと解されよう。つまり、負担部分の特約がなければ平等（456・427条）＝頭割りであるが、特約があればそれに従うことになる。したがって、Cは、①：400万円、②：600万円の範囲でAに代位する。この考えでは、501条3項各号は相互に求償権が発生しない代位者間での代位を認めるための根拠規定であり、共同保証人間には適用されないと理解されている。

　連帯債務者相互間で代位できる範囲が、求償権の範囲内（442条以下）であることは明らかである（501条2項）。

(2)　保証人または物上保証人と第三取得者がいる場合

　AのBに対する1000万円の貸金債権について、B所有の土地甲（評価額800万円）上に抵当権が設定され、Cが保証人であるとしよう。Bから甲を買い受けた第三取得者であるDがAに第三者弁済しても、Dによる代位は生じない（501条3項1号）。これに対し、Cが弁済した場合には、Cはその全額につき、甲の抵当権に対してAに代位できる（同号の反対解釈）。Cが物上保証人であるときも同様である。

　Bは、当該債務を負った張本人であり、その所有する不動産上の担保権を実行されても保証人・物上保証人に代位できるはずもなく、逆に、保証人・物上保証人は、弁済によって債務者の設定した担保権に代位できる。この関係性は、債務者Bから担保不動産を譲り受けた第三取得者Dとの間でも維持される。債務者が担保不動産を譲渡したせいで保証人・物上保証人の代位の期待が

裏切られるべきではないし、第三取得者は担保権の存在を登記により知り得、債務者の負担を引き継ぐことを覚悟していたはずだからである。

(3) 物上保証人または第三取得者のみが複数いる場合

AのBに対する1200万円の貸金債権を被担保債権として、C所有の土地甲（評価額1000万円）、D所有の土地乙（評価額500万円）に抵当権が設定されており、CがBの債務全額について第三者弁済をしたとしよう。この場合、Cは、「各財産の価格に応じて」乙上の抵当権に対してAに代位する（501条3項3号）。したがって、弁済額1200万円を担保目的不動産の価格の割合（2：1）で割り付けると、甲について800万円、乙について400万円となる。Cは、乙上の抵当権に対して400万円の限度でAに代位できる。

債務者からの担保不動産の譲受人である第三取得者のみが複数いる場合も、同様である（同項2号）。

(4) 保証人と物上保証人がいる場合

(a) 1人の保証人と1人の物上保証人がいる場合

AのBに対する1200万円の貸金債権について、Cが連帯保証人となり、D所有の土地甲（評価額1200万円）に抵当権が設定されていた場合に、Cが連帯保証債務の履行として1200万円全額を弁済したとしよう。この場合、「その数に応じて」、つまり頭数で割った額について、債権者に代位する（501条3項4号本文）。CとDの負担部分は各2分の1となり、Cは甲上の抵当権に対して600万円の限度でAに代位できる。

(b) 1人の保証人と複数の物上保証人がいる場合

上の例で、さらにE所有の土地乙（評価額400万円）にも抵当権が設定されており、Cが債務全額について弁済したとしよう。この場合には、まず、上述(a)のルールに従い、C・D・Eの頭割りによって（1/3）、保証人Cの負担部分（400万円）と物上保証人D・Eの負担部分の合計（800万円）を決定する（501条3項4号本文）。次に、DとEの間では、(3)の場合と同様、「各財産の額に応じて」割り付ける（同号ただし書）。したがって、800万円を甲と乙に3対1の割合で割り付ける。Cは、甲上の抵当権について600万円、乙上の抵当権につい

て200万円の限度で、Aに代位できる。

(c) 複数の保証人と複数の物上保証人がいる場合

ここまでの説明で基本的な考え方は理解できただろうが、最後に確認しておこう。上の例で、さらに、Fも連帯保証しており、Fが全額について弁済したとしよう。この場合にも、まず、C・D・E・Fの頭割りによって（1/4）、保証人C・Fの負担部分（計600万円）と物上保証人D・Eの負担部分（計600万円）を算出する（501条3項4号本文）。次に、CとFの間では、(1)に従って考える。同条2項かっこ書と3項4号のいずれに基づくにせよ、負担部分の特約がなければ平等である。DとEの間では、(3)に従い、600万円を甲と乙に3対1の割合で割り付ける。したがって、Fは、Cに対する連帯保証について300万円、甲上の抵当権について450万円、乙上の抵当権について150万円の限度で、Aに代位できる。

(5) 保証人と物上保証人を兼ねる者がいる場合

AのBに対する1200万円の貸金債権について、Cが保証人兼物上保証人、Dが物上保証人となっていた場合に（不動産の価格はC：900万円、D：300万円）、Dが1200万円を第三者弁済したとする。この場合に、保証人兼物上保証人の数え方について、二重資格者を1人と数える1人説と資格ごとに1人と数える2人説に分かれている。判例は、現501条3項3号4号の「基本的な趣旨・目的である公平の理念に基づいて、二重の資格をもつ者も1人と扱い、全員の頭数に応じた平等の割合であると解するのが相当である」（最判昭和61・11・27民集40巻7号1205頁）として、1人説を採った。判例法理の評価も分かれていたため、現行法でも解釈に委ねられている。

2人説によれば、保証人として、Cは頭割り（3分の1）の400万円、さらに物上保証人として、CとDの負担する抵当権には残額800万円を不動産の価格に応じて3対1の割合で割り付け、Cが600万円、Dが200万円ずつ負担することになる。したがって、DはCに対する保証債権について400万円、抵当権について600万円を限度としてAに代位できる。

判例の採用する1人説によれば、負担部分は単純に頭割りで決定し（2分の1）、CとDは600万円ずつ負担し、Cはこれについて保証人と物上保証人の両

資格で重畳的に責任を負うので、Dが代位すると負担部分を上限として保証債権と抵当権のいずれを実行してもよい。しかし、この考えによると、Cが単なる物上保証人である場合（900万円）よりも、保証人を兼ねたほう（600万円）がその負担部分が小さくなるという問題が生じる。

代位に関する特約

　弁済による代位に関する諸規定は任意規定であるため、金融実務においては特約が結ばれることが多い。

　まず、債権者たる銀行と保証人・物上保証人との間で、銀行の担保保存義務を免除する特約（担保保存義務免除特約）を結ぶのが通常である。判例は、上記特約は原則的に有効であり、債権者の担保喪失などの行為が「金融取引上の通念から見て合理性を有し、保証人などが特約の文言にかかわらず正当に有し、または有し得べき代位の期待を奪うものといえないときは、他に特段の事情のない限り」、特約の効力の主張は信義則違反・権利濫用にならないとしていた（最判平成 7・6・23民集49巻 6 号1737頁）。この考え方は504条 2 項に明文化されたが（ 1 ⑵⒝ [203頁]）、上記特約があれば、証明責任の負担者が変更されるので、上記特約の意義は失われない。

　また、物上保証人に対して担保保存義務免除特約によって504条 1 項の免責の効果が生じなかったときは、その物上保証人からの第三取得者も免責の効果を主張できない（前掲最判平成 7・6・23）。第三取得者は、免責の生じていない状態の担保の負担がある担保不動産を取得しているからである。

　また、501条 3 項は補充規定であるため、保証人と物上保証人の間で代位割合を100対 0 とする代位割合変更特約は有効である（前掲昭和59・5・29）。この特約は、信用保証協会が保証人となる場合によく用いられる。

第 9 章

相殺

　相殺は、民法上、「弁済」に続く「債権の消滅」原因の 1 つとして規定されている。もっとも、相殺は、弁済、更改、免除および混同など、その他の消滅原因と異なり、債権関係の当事者の一方による意思表示で自己の債権を確実に回収することを可能にするものであるから（→第 4 章 II 1［112頁］）、実際の取引では、簡便な債権回収方法として利用されることも多い。

I　相殺の意義

1　序説

　たとえば、AがBに対して50万円の金銭債権 α を有し、BがAに対して100万円の金銭債権 β を有しているとしよう。両債権の弁済期が到来すると、本来であれば、AはBに100万円を弁済し、BはAに50万円を弁済すべきである。しかし、AB 間で金銭の授受を往復させる代わりに、両債権の金額を「対当額」で差引計算し、債権 α を消滅させ、債権 β を50万円の債権に縮減するほうが、決済の方法として簡便であり、公平にもかなう。そこで設けられたのが相殺という制度である。AまたはBは、相殺によって、対当額についてその債務を免れることができる。

　相殺は、上の例のように、債権の当事者間で弁済期が到来した同種の債権が対立している状態の存在を前提とする。このような状態を「相殺適状」という。

【図表9-1】 相殺のしくみ

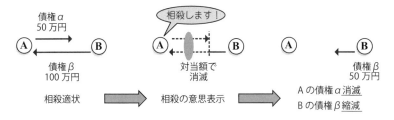

相殺適状が生じると当然に差引計算が行われるという立法主義（当然相殺主義）によることも考えられる。しかし、相殺適状は法の定める客観的要件を満たすことにより自動的に生じるため、当事者がその発生を適時に認識しえない場合もありうるところ、当然相殺主義によると、相殺適状の発生を知らずに当事者が弁済その他の債務消滅行為を行った場合に、法律関係が不明確になるおそれがある。当然相殺主義は、このような観点から、また旧来のわが国の慣行にも合わないと考えられたことから、採用されていない。

相殺適状にある債権債務が対当額で消滅するという効果は、一方当事者が他方当事者に対して相殺の意思表示をすることによってはじめて生じる（506条1項本文）。相殺の意思表示はいずれの当事者から（上の例ではAからでもBからでも）行ってもよい。このとき、相殺の意思表示をする者が有する債権を「自働債権」、相殺の意思表示の相手方が有する債権を「受働債権」という。つまり、上の例でAが相殺の意思表示をした場合は債権αが自働債権、債権βが受働債権となり、Bが相殺の意思表示をした場合は債権βが自働債権、債権αが受働債権となる。

2 相殺の機能

(1) 簡易弁済機能・公平保持機能

相殺には、互いに同種の債権を有している当事者間において、現実の給付をし合う手間を省いて、簡易な方法で決済する機能がある。

また、Bが自己の債務を履行せずに無資力になったのに、Aは自己の債務を誠実に履行しなければならないとすると、AB間に不公平が生じる。相殺には

このような不公平を回避する意味もある。

　このように、相殺は、当事者間における簡易弁済機能と公平保持機能を有するものといえる。

(2)　担保的機能

　相殺にはもう１つ重要な機能がある。上の例で、ＣもＢに対して150万円の貸金債権γを有しており、Ｂには債権βのほか、とくにめぼしい財産がない場合を想定してみよう。

【図表9-2】相殺の担保的機能

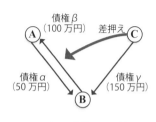

相殺制度がない場合

A：C＝25万円：75万円

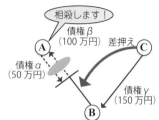

相殺制度がある場合

A：C＝50万円：50万円

　ＢがＡに対する債務もＣに対する債務も任意に履行しない場合に、Ｃが、強制的に債権を回収するため債権βを差し押えたとしよう。相殺という制度がなければ、Ａはこの債権執行手続に配当加入するほかない（債権執行手続の概要については→第３章Ⅱ３(4)［78頁］）。このとき、債権者平等原則の適用により、ＡとＣは、被差押債権100万円を自己の債権額の割合に応じて按分した額（Ａは25万円、Ｃは75万円）でしか満足を得ることができない。

　これに対して、相殺という制度がある場合、ＡがＢに対して相殺の意思表示をすると、債権αと債権βは対当額である50万円につき消滅する。このことは、Ａが債権αにつき債権βによって満足を得たことを意味する。つまり、Ａは、事実上Ｂの他の債権者Ｃに優先して債権α全額を回収することができる。Ｃは縮減したＢの債権βの残額50万円だけを回収することになる。

このように、相殺の意思表示をすることによって、相手方の資力が不十分な場合でも、他の債権者に事実上優先して自己の債権を回収することができる。相殺にはこのような意味での担保的機能が認められる。

Ⅱ　相殺の意思表示

1　意思表示の様式

　相殺の意思表示は相手方のある単独行為である。特定の方式は必要とされていない。口頭でも可能であるが、証拠保全のために通常は内容証明郵便が用いられる。相殺の意思表示は、債権の同一性を認識できる程度にその対象を特定して行わなければならないが、債権発生の日時や発生原因事実などの詳細に言及する必要はない。

　相殺の意思表示には条件・期限を付すことができない（506条1項後段）。条件を付すことは、一方的意思表示による法律関係を紛糾させ、相手方を不安定な立場に置くことになるからである。また、後述するとおり（→3）、債権消滅の効果は相殺適状時に遡及するから、期限を付すことは無意味である。

2　意思表示の相手方

　相殺の意思表示は、自己の債務を履行すべき相手方に対して行わなければならない。通常は冒頭の例のように受働債権の債権者＝自働債権の債務者である。

　相手方がとくに問題となるのは、受働債権につき譲渡や差押え等がされるなど、受働債権に法的な利害関係をもつ第三者が出現する場合である。

　後でみるように、上の例で、CがBのAに対する100万円の債権を差し押さえた後でも、Aは所定の要件を満たす限り相殺することができる（→Ⅳ4［218頁］参照）。このとき、Aは、原則として、Bを相手方として相殺の意思表示をすべきである。差押えが効力を生じても、受働債権の債権者がBであることに変わりはないからである。もっとも、差押命令が債務者に送達された日から1週間が経過し、差押債権者Cが被差押債権の取立権（民執155条1項）を取得す

ると、Cも債務を履行すべき相手方に含まれことになるから、Cを相手方としてもよい（→図表9-3）。

【図表9-3】意思表示の相手方

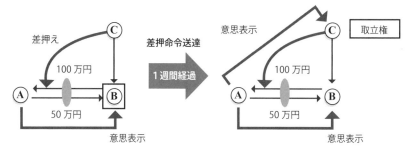

差押えの場合

また、BのAに対する100万円の債権が第三者Dに譲渡された場合、あるいは差押・転付命令によりCに移転した場合でも、Aは所定の要件を満たす限り相殺することができる（→第11章V3［251頁］）。これらの場合、Aは受働債権の新たな債権者である譲受人Dあるいは転付債権者Cを相手方としなければならない（→図表9-4）。

【図表9-4】意思表示の相手方

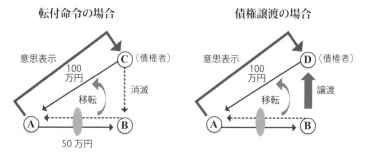

転付命令の場合　　　　　　　　債権譲渡の場合

3　相殺の遡及効

(1)　趣旨

相殺による債権消滅の効果は相殺適状時にさかのぼる（506条2項）。諸外国には相殺の意思表示の時点で債権消滅の効果を生じるとする立法例も多い。意思表示の効果として債権が消滅するのであれば、遡及効を認める必然性はない。それにもかかわらず、遡及効が認められているのはなぜだろうか。

相殺適状にある債権債務について、当事者はすでに清算されたものと考えるのが通常であること、遡及効を認めることが当事者間の公平にかなうことがその理由である。たとえば、一方の債権が無利息で他方が利息付である場合や、利息や遅延損害金の利率が異なる場合を想定してみよう。このとき、債権消滅の効果が意思表示の時点で生じるとすれば、当事者の一方が狡猾に相殺の意思表示をする時期を遅らせて、利息や遅延損害金の差額分を利得する行動に出ることが予想される。このような利得を認めることは当事者間の公平に反し、許されるべきでないと考えられたのである。

(2)　遡及効の及ぶ範囲

遡及効は、両債権の差引計算の基準時を相殺適状時とするためのものである。それ以上に、相殺適状時から意思表示がされる時点までの間に行われた行為の効力を覆すことまで目的としていない。たとえば、債務不履行を理由として契約が解除された後に、解除以前から相殺適状にあった債権を自働債権として相殺をしても、契約解除の効果が影響を受けることはない（最判昭和32・3・8民集11巻3号513頁）。

Ⅲ　相殺の意思表示をするための要件

1　相殺適状

(1)　同種債権の対立

相殺をするには、同一当事者間に同種の債権関係が対立している必要があ

る。金銭その他の同種物の引渡しのように、同種の行為を目的とする債権の対立関係があれば足り、金額の違いや、債権の発生原因が異質であることは問題とされない。したがって、貸金債権と売買代金債権との相殺や、法定債権と契約債権との相殺も可能である。

両方の債権の履行をすべき場所（履行地）が同一である必要もない。もっとも、相手方が履行地に特別の利益を有していた場合、相殺者は相手方に生じた損害につき賠償責任を負うべき場合がある（507条）。

(2) 両債権の弁済期の到来

自働債権と受働債権の弁済期がともに現実に到来していなければならない（505条1項本文）。もっとも、受働債権について期限の到来が必要だとしても、債務者が期限の利益を放棄することは基本的に自由である（136条2項）。そして、自働債権の弁済期さえ到来していれば、債務者が受働債権につき期限の利益を放棄して相殺の意思表示をしても、相手方（受働債権の債権者）の利益を害することはない。そこで、受働債権の弁済期未到来の状態で債務者が相殺の意思表示を行った場合、期限の利益を放棄する意思が黙示的に前提として表示されており、相殺の意思表示は相殺適状においてなされたものと解することができる（大判昭和8・5・30民集12輯1381頁）。

2　相殺適状の現存

(1) 原則

相殺適状は相殺の意思表示をする時点で現存していなければならない。いったん相殺適状が生じても、その後に弁済、代物弁済、更改、相殺等の事由により対象債権が消滅すると相殺適状は失われ、相殺することはできなくなる。

(2) 例外

相殺適状が現存しなければならないという原則については、時効消滅した債権を自働債権とする相殺に関する例外がある。すなわち、時効完成前に相殺適状が生じていれば、意思表示の時点で消滅時効により相殺適状が失われても、相殺することができる（508条）。同種債権が対立する場合、当事者は、相殺適

状が生じると意思表示をまつことなく差引計算がされたものと信頼し、互いに適時に時効の完成猶予や更新に必要な措置をとらないのが普通である。このように両債権がすでに清算されているという当事者の信頼を保護するための特則として位置づけられる。

このような趣旨に照らすと、当事者間にそもそも保護すべき信頼が存在しない場合、たとえばすでに消滅時効にかかった他人の債権を譲り受けた場合には、これを自働債権として相殺をすることは許されない（最判昭和36・4・14民集15巻4号765頁）。

また、本条に基づき消滅時効が援用された自働債権との相殺をするには、消滅時効完成前に受働債権につき期限の利益の放棄又は喪失等により、その弁済期が現実に到来していなければならない（最判平成25・2・28民集67巻2号343頁）。505条1項の文理にも即していること、受働債権の債務者が既に期限の利益を享受しながら、後になってからそれを相殺によって遡及的に消滅させるのは相当でない、というのが理由である。

3　債務が相殺を許す性質のものであること

(1)　性質上相殺に適さないもの

債権の性質上相殺が許されない場合もある。不作為債務（たとえば、ルームシェアをする同居人が互いに夜10時以降楽器演奏を行わないことを合意した場合）や行為債務（たとえば、友人同士で毎週金曜日に各自が作成した起案文書を添削しあうことを合意した場合）は、現実に履行をしないと意味がないため、性質上相殺に適さないとされるものが多い。

(2)　抗弁権の付着した債権

自働債権に相手方の抗弁権が付着している場合も相殺に適さないと解されている。たとえば、AがBに50万円の貸金債権を有しており、逆にBがAに100万円の売買代金債権を有している場合、貸金債権と売買代金債権は同種債権として相殺することができそうである。もっとも、BがAに売買目的物を引き渡していない場合、AはBからの代金支払請求に同時履行の抗弁権を主張して履行を拒むことができる。このような状態でBが売買代金債権を自働債権、貸金

債権を受働債権とする相殺を認めると、Aの同時履行の抗弁権が奪われることになり、妥当でないからである。

IV　相殺禁止

たとえⅢでみた要件を充たしても、次の場合には、相殺を債権者に対抗することができない。このほか、特別法において、とりわけ債権者平等原則を重視する観点から倒産法において相殺禁止に関する重要なルールが置かれている（破71条、72条、民事再生93条、93条の2など）。

1　意思表示による制限

当事者が相殺を禁止または制限する旨の意思表示をした（相殺制限特約がある）場合、相殺の効力を主張することはできない。たとえばAがBに対する借入債務を担保するために自己所有の不動産甲にBのための抵当権を設定したところ、BがAに対し、不動産競売手続の進行に協力するならば見舞金として50万円支払うことを約束した場合を考えてみよう。

このとき、BがAに対して負う50万円の支払債務は、Aが抵当権の実行により被担保債権の全額につき満足を受けることができない場合でも、現実にBに対して給付が行われなければならないものとして、黙示的にせよ相殺禁止の表示がされたものとみられ、BはAに対する貸金債権を自働債権とする相殺の効果を主張することができない。

もっとも、相殺制限特約は善意・無重過失の第三者に対抗することはできない（505条2項）。

2　受働債権が不法行為等により生じた場合

不法行為などにより生じた債権を受働債権とする相殺は一定の場合に債権者に対抗することができない（509条）。この規定は、①債権者による不法行為の誘発を防止し、②人身損害の賠償において債権者が現実の給付を得ることを保障することを目的としている。

(1)　不法行為の誘発防止

　たとえば、Aが、Bに対する50万円の貸金債権を有していたところ、期限が到来してもBが返済しないので、腹いせにダンプカーをBの店舗に突っ込ませて、店舗を破壊したとする。BはAに対して不法行為に基づく損害賠償債権を取得する。このとき、Aが貸金債権を自働債権、損害賠償債権を受働債権として相殺できるとすれば、相殺制度の存在が借金を返さない債務者に対して債権者が暴力に訴え出る誘因になるおそれがある。そこで、不法行為の誘発を防止するために、悪意による不法行為に基づく損害賠償債務の債務者は相殺を債権者に対抗することができないものとされている（509条1号）。

　悪意による不法行為の場合に限定されているから、過失による不法行為に基づく損害賠償債権を受働債権とする相殺は禁止されない。ここでの「悪意」は、通常の用語法と異なり、単に「知っている」という意味ではない。「悪意」といえるために、「故意」で足りるのか、それとも加害に対する積極的意欲を含む「害意」まで必要なのかにつき解釈の余地があるが、立案趣旨は、「害意」を要求する考え方に立っている。たとえば、Aが多量に飲酒した後、泥酔状態でダンプカーを運転してBの店舗に突っ込み、物損を生じさせても相殺は禁止されない。

(2)　人身損害における被害者保護

　もっとも、上の例でBの店舗内にたまたまいた人が死傷するなど人身損害が発生した場合は、話が別である。すなわち、「人の生命又は身体の侵害」による損害賠償債務に関しては、これを受働債権として相殺することは加害者の故意・過失を問わず禁止される（509条2号）。人身損害にかかる賠償債権については被害者に現実の給付を得させる必要があると考えられるからである。この趣旨に照らすと、人身損害にかかる賠償債権の発生原因が不法行為でなく、安全配慮義務違反などの債務不履行（415条）である場合も同様に相殺を認めるべきでないことになる。

　なお、509条1号・2号いずれの債務についても、被害者側から損害賠償債権を自働債権として行う相殺は禁じられない。被害者が現実の給付を受ける利益を放棄することは自由であるし、これを認めても、不法行為を誘発すること

にもならないからである。

3 差押禁止債権を受働債権とする相殺

差押禁止債権を受働債権とする相殺は受働債権の債権者に対抗することができない（510条）。差押禁止債権とは、債権者の生活に必要不可欠なものとして、とくに民事執行法その他の特別法において差押えが禁じられている債権である。こうした債権を受働債権とする相殺を認めることは、債権者に現実に給付を得させようとする法の趣旨に反するからである。給与や退職手当の一部（民執152条）や労働者の賃金債権（労基17条、24条1項本文）、生活保護の保護金品受給権（生活保護58条）などが代表的なものである。

4 差押えを受けた債権を受働債権とする相殺

(1) 問題の所在

Ⅰ2(2)［210頁］の例において、CがBのAに対する100万円の金銭債権βを差し押さえたところ、AがBに対する50万円の金銭債権αを自働債権、債権βを受働債権として相殺を主張する場合を考えてみよう（→図表9-5）。

BがAに対して有する金銭債権βがBの一般債権者Cによって差し押さえられると、差押債務者Bは差し押えられた債権β（被差押債権）の取立てその他の処分を禁止され、被差押債権の債務者（第三債務者）Aは、債権βの弁済を禁止される（民執145条1項）。このとき、AはBに弁済しても、債権消滅の効果を差押債権者Cに主張することができない（481条）。

相殺をもっぱら債務者による債務消滅行為として捉え、強制執行の機能充実を重視する場合には、弁済と同様、差押えの効力発生時点で少なくとも相殺適状が生じていない限り、相殺することはできないと考えられなくもない。

しかし、既に述べたように、相殺には担保的機能もある（→Ⅰ2(2)［210頁］）。すなわち、債権βの債務者Aは、同時に債権αの債権者でもあり、債権αの債権者としての目線からみると、債権αを債権βから確実に回収することに対して期待利益を有している。他方で、差押えは被差押債権を消滅させる新たな処分行為を関係者に禁じるものにすぎない。AがすでにBに対して有していた相殺の担保的機能に対する期待利益をCの差押えによって一方的に奪ってよ

【図表 9-5】 差押えと相殺

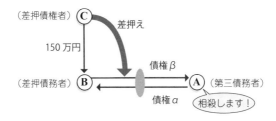

いと考えるべき合理的理由はない。そこで、511条は、相殺による担保的利益と差押債権者の利益とを調整するために、差押後における被差押債権を受働債権とする相殺を一切禁止するのではなく、1項及び2項において相殺の意思表示をすること自体は可能であることを前提に、利益状況に応じた場合分けをして、差押え後の相殺を債権者に対抗できる場合を明らかにしている（債権βをBから譲り受けた者に対して、Aが債権αとの相殺を対抗する場合にも類似の問題が生じる［→第11章Ⅴ3［251頁]]）。

(2) 差押え前に取得した自働債権

まず、Aが自働債権αを取得した時点と受働債権βにつきCによる差押えの効力が発生した時点の前後関係によって相殺の可否が区別されている。

すなわち、受働債権の第三債務者は、差押え後に取得した債権による相殺を差押債権者に対抗することはできない一方で、差押え前に取得した債権による相殺を対抗することはできる（511条1項）。この区別にはいったいどのような意味があるのだろうか。

1項の基礎には、差押えの効力発生時点で当事者間に同種債権の対立関係さえ生じていれば、それだけで当然に相殺に対する期待利益は正当なものとして保護されてよい、とする考え方がある。

その際、受働債権の弁済期と自働債権の弁済期の先後関係は問題にならない。つまり、自働債権の弁済期が受働債権の弁済期より先に到来する場合だけではなく、受働債権の弁済期が自働債権の弁済期より先に到来する場合であってもよい。また、たとえば銀行等が自行に口座を開設させた債務者の預金債権

を貸付債権の担保とする場合のように、あたかも自働債権を担保する目的で受働債権に黙示の債権質を設定したものともみられるほどに特別な関連性（密接関連性あるいは牽連性）が両債権の間に認められるかどうかも問われない。

　かつては、受働債権の弁済期が自働債権の弁済期より先に到来する場合は、相殺に対する期待利益は保護に値しないとする考え方（制限説）を採る判例法理が存在した。債務者は受働債権の弁済期が到来した以上、債権者から請求があれば、履行しなければならず、受働債権につき履行をせずに、自働債権の弁済期の到来をまって相殺するというのは不誠実な行為であり、そのような債務者の期待は合理的なものとはいえないというわけである。

　もっとも、同種の債権関係が対立する当事者間においては、弁済期が到来しても、ただちに互いに履行を請求するとは限らない。このことはとくに多数の債権債務関係の発生が予定される継続的取引関係にある当事者間において顕著である。また、自働債権の債権者にとって、むしろ相殺による差引決済のメリットのほうが重要であり、受働債権の履行遅滞により相手方に生じる不利益は遅延賠償でカバーすれば足りる事柄であって、弁済期の先後関係は相殺の可否との関係では重要な意味を持たないとみることもできる。このように差押えの効力発生時にすでに同種債権の対立関係が存在するという客観的要件さえ満たしていれば、相殺の担保的機能に対する期待利益を認める方向に判例法理が変遷し（無制限説）、その結果を明文化したものが1項なのである。

合意に基づく相殺

　本文で見た法定相殺とは別に、合意に基づく相殺をすることも可能である。たとえば銀行取引の約款等においては、一定の事由が生じれば自働債権の期限の利益を喪失させる一方で、受働債権の期限の利益を放棄することにより、相殺適状を招来させるとともに、相殺すべきことを予約しておく合意（相殺予約）がされるのが通常である。相殺予約は、法定相殺において認められる合理的期待の範囲内における担保的機能を実現する目的で、もっぱら相殺権の行使に必要な相殺適状の要件を適時に充足させる意味のみを持つものと考えられることから、契約自由の原則に照らして、当然に有効であると解されている（最大判昭和45・6・24民集24巻6号587頁）。

このほか、相殺の意思表示が相手方に到達しなかった場合でも到達を擬制する特約（「みなし到達条項」）、相殺の意思表示をしなくとも相殺による債務消滅効果を生じさせる旨の特約なども存在する。こうした合意も、契約自由の原則からすれば、公序良俗に違反するなど、不当条項と評価されない限り、少なくとも当事者間で有効と考えられる。もっとも、合意に基づく債務消滅の効果を第三者に対しても当然に主張してよいかどうかは、別途問題となりえ、慎重な検討が必要な場面も少なくない。

(3) 差押え前の原因に基づいて生じた自働債権

　次に、自働債権が受働債権の差押え後に取得されたものであっても、それが差押え前の原因に基づいて生じたものとみられるときは、相殺に対する期待利益が保護される（511条2項本文）。(2)でみたとおり、自働債権が差押え前に取得された場合は、定型的に相殺の期待が正当なものであると考えられる一方、差押え後に取得されたものでも、その主要な発生原因が差押え前に成立しており、その事実から受働債権との相殺を期待することが正当であると認められる場合には、例外的に禁止を解除し、相殺の期待利益を保護すべきだと考えられるからである。

　具体的に、どのような場合が、「差押え後に取得した債権が差押え前の原因に基づいて生じたもの」に当たるかについては、解釈に委ねられている。

　一方で、自働債権が契約に基づく債権である場合、債権の主要な発生原因である契約が差押え前に成立していれば、そのことだけで相殺の期待が正当と考えられる場合がある。

　たとえば、①DがEに対して有する貸金債権について、FがEから委託を受けて保証契約を締結し、②Eの一般債権者GがEのFに対する売掛代金債権βを差し押えた後で、③FがDに対して保証債務を履行して、Eに対する事後求償権α（459条1項）を取得したとする（→図表9-6）。このとき、Fは債権αを自働債権、債権βを受働債権とする相殺を差押債権者Gに対抗することができる。Fが債権αを取得した時点（③）は、Gによる差押えの効力発生時点（②）の後であるが、Fはそれ以前にEとの保証委託契約に基づきDとの間で保証契約を締結したことにより、その時点（①）で相殺に対する正当な期待が基礎づ

けられていると考えられる。

　他方で、「差押え後に取得した債権」が債務者からの委託を受けずに第三者弁済をした者の求償権である場合には、「差押え前の原因」に当たりうるものが存在せず、その求償権が「差押え前の原因に基づいて生じたもの」といえないことは明らかである。たとえば、①FがDとの間で保証契約を締結しておらず、Eから委託を受けることなく、②Eの一般債権者GがEのFに対する売掛代金債権βを差し押さえた後で、③DのEに対する貸金債権を第三者弁済したとする（→図表9-7）。この場合、Fは事務管理（702条1項・3項）に基づき求償権γをEに対して取得するが、債権γは差押えが効力を生じた時点（②）の後に取得した債権であり、かつ差押え前にFの相殺に対する正当な期待を基礎づける事情は何ら存在しない。したがって、511条2項が適用される余地はなく、同条1項の原則どおり、Fは債権γを自働債権、債権βを受働債権とする相殺をGに対抗することができない。

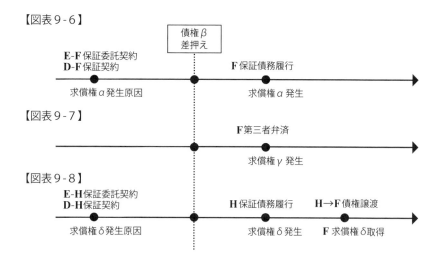

【図表9-6】

【図表9-7】

【図表9-8】

(4)　差押え後に他人の債権を取得したとき

　差押え前の原因に基づいて生じた債権とみられる場合でも、第三債務者が差押え後に他人の債権を取得した場合は相殺を対抗することができない（511条2項ただし書）。上の例で、Eの委託を受けて保証をしたのがFではなく、Hであ

ったとしよう（→図表9-8）。このとき、Gによる差押えの効力発生後にHが保証債務を履行して取得した事後求償権δをFがHから譲り受けて、売掛代金債権βと相殺することは許されない。この場合の事後求償権δは、たしかに差押えの効力発生前の原因に基づいて発生した債権であるが、511条2項ただし書にいう「差押え後に他人の債権を取得したとき」に当たり、差押え時点での相殺への期待は正当なものとはいえないからである。

5　相殺権の濫用

　法が定める相殺禁止事由に形式的にはあたらないが、債務者の恣意的な相殺より、公平の理念に反する結果が生じる場合は、例外的に相殺権の行使が権利濫用（1条3項）に当たると解される余地がある。相殺により自己または第三者の債権が相手方の一般債権者の利益を不当に害する形で優先的な満足を得る場合が問題になる。たとえば、AがBに対して複数の売掛代金債権を有し、そのうちの1個の債権をAの一般債権者Cが差し押さえ、転付命令が発せられたとする。Cが差し押さえた債権の弁済期が他のAの債権の弁済期より遅かったにもかかわらず、あえてBがAに対して有する貸金債権を自働債権、差し押さえられた債権を受働債権として相殺をすること（「狙い撃ち相殺」とよばれる）は信義則に反し権利の濫用となると考えられる。

契約債権における相殺に対する正当な期待

　自働債権が契約に基づく債権である場合、その発生原因である契約の成立により相殺に対する正当な期待が当然に生じるといえるかは、一つの問題である。例えば、売買契約に基づき引き渡された目的物の契約不適合を理由に買主に認められる損害賠償請求権を自働債権とする相殺について考えてみよう。このとき、買主の売主に対する損害賠償債権を自働債権とし、売主の買主に対する金銭債権一般を受働債権とする相殺に対する期待が売買契約の締結に基づき引渡請求権が発生するのと同時に抽象的に生じており、買主の期待が正当なものといえるのか、それとも例えば目的物の引渡し等により損害賠償債権が発生することにより期待が具体化されてはじめて正当なものといえるのか、511条2項の「前の原因」の解釈をめぐって争いがある。

また、本文で述べた委託保証における事後求償権を自働債権とする相殺のように、自働債権の発生根拠と位置付けることが可能である契約が複数（保証及び保証委託契約）存在する場合に、「前の原因」に当たる契約とは何かも問題となりうる。保証委託契約が「前の原因」に当たるとすれば、差押え前に主債務者からの委託なしに保証契約を締結した保証人が差押え後に保証債務を履行して取得した事後求償権を自働債権とする相殺について「前の原因」は存在しないことになりそうである。しかし、ことはそう単純ではなく、議論がある。事務管理として行われた保証契約が差押え前に成立している限りにおいては委託保証の場合（→図表9-6）と共通点が見出され、①「前の原因」が存在し、相殺の期待は正当とするもの、②「前の原因」が存在するとしても、Eの意思と無関係に、差押え後にDF間の行為のみにより債権者がFに交替することで相殺適状が生じる点において差押え後に他人の債権を取得した場合に類似し（⇒(4)参照）、511条2項ただし書類推適用を根拠として、相殺の期待は正当でないとするもの、③保証契約の成立のみから相殺に対する期待が正当に生じているとはいえず、「前の原因」が存在しないとするもの、など見解が対立している。

破産法と民法の関係

　511条2項は、差押え後に取得した債権でも、それが差押え前の原因に基づいて生じたものと評価できるとき、相殺に対する正当な期待が認められるものとして、改正前民法よりも相殺の要件を拡張している。なぜこのような拡張が行われたのだろうか。

　破産法によれば、破産債権者が、破産手続開始の時点で破産者に対して債務を負担するときは、破産手続によらずに相殺することができるとされている（破67条1項）。破産債権（破産手続開始の前の原因に基づいて生じた財産上の請求権（破2条5項））に該当するものであれば、破産手続開始時に具体的に発生していなくても、これを自働債権とする相殺が認められている（しかも最判平成24・5・28民集66巻7号3123頁は、傍論であるが、受託保証人が主債務者の破産手続開始後に保証債務を履行したことにより生じた事後求償権を自働債権とする相殺が認められると述べた）。このように債権者平等の要請が強く働く破産手続との関係で（倒産時に）保護されるべき相殺の期待利益の範囲が、倒産手続がいまだ開始していない個別執行の局面で差押債権者に対して認められる期待利益の範囲

よりも広いようでは、バランスを失する。そこで、破産手続開始前に具体的に発生していなくても、その発生原因が手続開始前に存在しているとみられる場合には、相殺の期待利益を基礎づける同種債権の対立関係の存在を厳密に要求しないという破産法上の評価は、個別執行である差押えと相殺の場面にも妥当すべきであると考えられたのである。

V　相殺の充当

1　充当とは何か

同一の当事者間において相殺適状にある自働債権と受働債権が複数対立して存在する場合に、どのような順序で相殺による債務消滅の効果が生じるべきだろうか。これが相殺の充当という問題である。充当の順序につき、当事者間に合意がある場合は、その合意にしたがった充当がされる（合意充当）。問題は、充当に関する合意がない場合に適用されるルール（法定充当）の内容である。

2　1個または数個の債権・債務の間における充当

(1)　相殺適状の時期の先後

債権者が債務者に対して有する1個または数個の債権と、これと同種の目的を有する債務であって、債権者が債務者に対して負担する1個または数個の債務について、債権者が相殺の意思表示をした場合、相殺をする債権者の債権が債務者に対して負担する債務のすべてを消滅させることができないときは、相殺適状が生じた時期の先後にしたがって充当される（512条1項）。

たとえば、AがBに対して、元本30万円の債権 α（弁済期5月1日）と元本25万円の債権 β（弁済期7月1日）を有する一方、元本40万円の債務 γ（弁済期6月1日）と元本25万円の債務 δ（弁済期8月1日）を有する場合において、Aが10月5日に相殺の意思表示をすると、まず債権 α と債務 γ との相殺により債権 γ の残額が10万円となる。次に債権 γ の残額と債権 β が相殺され、債権 β の残額が15万円となる。最後に、債権 β の残額と債権 δ との相殺により、債権 δ の元本10万円が残る。

なお、弁済において充当合意がない場合に認められる指定充当（488条1項）は、相殺では認められない。相殺の遡及効は、相殺適状の発生によりすでに清算されたものと当事者が考えるのが通常であるという取引通念を基礎としており、指定充当を認めることはこのような相殺の遡及効と理論的に整合しにくいからである。

(2) 相殺適状において同順位のものが複数存在する場合の扱い

　相殺適状となった時期を同じくする債務が複数あるときは、その時期を同じくする元本債権相互間および元本債権とこれについての利息・費用債権の間の充当は、弁済の充当に関する488条4項2号ないし4号が定める法定充当のルールに従って行われる（512条2項1号）。488条4項1号は相殺適状の存在を前提とする相殺については問題にならないので準用の余地がない。

　したがって、元本債権相互間についていえば、すべての債務が弁済期にあるとき、または弁済期にないときは、債務者の利益のために相殺の利益が多いものに先に充当され、相殺の利益が等しい場合は、弁済期が先に到来したものまたは先に到来すべきものに先に充当される。相済の利益・弁済期の先後が相等しい債務の弁済は、各債務の額に応じて充当される。

　利息・費用を支払うべき場合は、費用→利息→元本の順に充当するという弁済充当の規定（489条）を準用しつつ、同様に488条2号ないし4号のルールが準用される（512条2項2号）。

　たとえば、AがBに対して、元本30万円の債権α（弁済期5月1日）と元本25万円の債権β（弁済期7月1日）を有する一方、BがAに対して、元本40万円の債権γ（弁済期6月1日）、元本10万円の債権δ（弁済期8月1日）および元本10万円利息5万円の債権ε（弁済期8月1日）を有しており、Aが10月10日に相殺の意思表示をした場合、相殺はどのように充当されるか。

　まず債権αと債権γの相殺により、債権γの元本10万円が残る。次に債権βと債権γの残額との相殺により債権βの元本15万円が残る。最後に、債権βと債権δおよび債権εとの相殺により、債権εの利息5万円は消滅するが、債権δと債権εの元本は5万円ずつ残ることになる。

(3)　受働債権に係る債務が自働債権の全部を消滅させるに足りない場合

　債権者が相殺をした場合に、受働債権に係る債務が、自働債権の全部を消滅させるのに足りない場合にも類似の問題を生じる。たとえば、上の例でAのBに対する債権 α の元本が50万円である場合、AはBに対して負う債務 γ・債務 δ・債務 ε の全額を消滅させることができるので、上に述べた意味での「相殺の充当」は問題とならない。しかし、どの債権とどの債権とが相殺により消滅し、相手方Bにどの債権が残存するのかを決めるルールは同様に必要であるから、この場合にも相殺に関する法定充当の規律が準用される（512条3項）。

3　数個の給付をすべき場合の充当

　相殺をする債権者が債務者に対して有する1個の債権の弁済として数個の給付をすべき場合に、債権者が受働債権の額の全部を消滅させるのに足りない額に係る債権をもって相殺の意思表示をしたときにも、上に述べた充当に関するルールが準用される（512条の2前段）。たとえば120万円の売掛代金債権が毎月10万円を12回に分けて支払うべきものとされる場合などがこれに当たる。

　逆に、債権者が債務者に対して負担する債務に、1個の債務の弁済として数個の給付をすべき場合についても同様である（同条後段）。

第10章

序説

　債権関係の当事者が変更される場面は、債権者の変更を目的とする「債権譲渡」と債務者の変更を目的とする「債務引受」の2つに分けられる。債権の実質的な価値は債務者の信用力・財産状態に左右されるから（→第4章Ⅰ［109頁］）、債権の回収可能性に及ぼす影響という点において、債権者の変更と債務者の変更との間にはかなり大きな違いがある。このため、債権者変更の要件と債務者変更の要件とは別々に規定されている。

　第3部においては、まず債権譲渡の基本ルール（→第11章）を説明する。次に、債務引受の基本ルール（→第12章）を説明し、最後に、契約に基づく法律関係に特有の「契約上の地位の移転」（→第13章）についても触れておく。

　なお、債権の中には、古くから、手形・小切手のように一定金額の支払を内容として証券化されたものも存在している。このような有価証券については、その特性に見合った特則が民法の中に置かれている（520条の2〜520条の20）。社会におけるデジタル化の進展に伴い、今後は手形・小切手に代わって電子記録債権等の利用が進むことが予想され、実務上こうした新しい形の債権の意義は一層増すことが予想される。

　もっとも、これらの特別規定の意味を理解するには商法その他の特別法の知識が不可欠である。そこで、以下、第11章の説明は、これらの債権を除く指名債権、つまり、債権者をその名前により特定する債権で、債権の発生・行使・移転に証券を必要としない債権一般の譲渡に関する基本的なしくみに対象を限定する。

第11章

債権譲渡

I　債権譲渡とは何か

1　債権譲渡の意義——契約に基づく権利移転行為

　債権譲渡とは、債権者が契約により債権の帰属を他人に移転すること、すなわち債権者の交替を目的として行われる法律行為である。たとえば、AがBに対して有する1000万円の金銭債権 α をCに譲渡すると、Cが債権 α の債権者となり、Aは債権者でなくなる。

　債権譲渡は、債権の内容を変えることなく、つまり債権の同一性を保ちながら、その帰属主体だけを変える行為であるから、債権に付着する担保も、原則として、譲受人に引き継がれる。契約による債権者の交替は、更改契約によっても可能であるが、更改は旧債権を消滅させて新債権者のもとに新債権を発生させる契約であり、旧債権に付着する担保は新債権者に自動的には承継されない（→第2章Ⅲ3(5)〔64頁〕）。この点で債権譲渡は更改と異なる。

　債権譲渡は、譲渡人と譲受人との間で締結される売買（555条）や代物弁済（482条）などの契約を原因として行われる処分行為である。契約は書面その他の特定の方式によって行われる必要はない。

　遺贈による債権の移転は、単独行為であり、譲渡人と譲受人との間の契約によるものではないから、債権譲渡という概念に含まれない。もっとも、債権者の意思表示に基づく権利移転という本質的な点において債権譲渡と共通するから、遺贈による債権の移転にも、その性質に反しない限り、債権譲渡の規定

（とりわけ対抗要件に関する規定など）が類推適用されると考えられる。

債権の移転は、このほか、法律の規定により、様々な原因（賠償者代位（422条）、弁済による代位（500条）、相続（896条、899条の2第2項）、転付命令（民執159条）など）に基づいても生じる。このような法定の原因に基づく債権の移転も債権譲渡とは概念上区別されている。

2　債権譲渡の機能

債権譲渡はいったい何のために行われるのだろうか。一般的に債権譲渡には、(1)資金調達機能、(2)債権担保的機能、(3)債権回収機能などがあるとされている。

(1)　資金調達機能

たとえば、①A会社が取引先Bに対して弁済期が1年後に到来する1000万円の金銭債権αを有しているとしよう。従業員に支払う給与の原資を至急調達しなければならなくなるなど、Aにとって、1年後に手にできるはずの1000万円よりも目前の現金800万円のほうが貴重な場合がある。他方で、Bが高い信用力を有し、債務の確実な履行を期待できる場合は、資金を有する第三者が債権αを額面より割り引いた額（たとえば800万円）で買い受けることに対する需要も存在する。1年後にBから1000万円全額の回収が見込めるならば、800万円で債権αを購入することで利益を得られるからである。このような場合に、Aが債権αをCに売却することで、資金を調達することができる機能を債権譲渡の資金調達機能という。

(2)　債権担保的機能

上の例で、②Aが給与原資を調達するため、Dから800万円の融資を受ける方法もある。その際、Dは、Aに対する貸金債権βを担保するため、Aの優良資産とみられる債権αを譲り受けることが考えられる。担保目的の譲渡（債権譲渡担保）であるから、債権βの返済をAが継続する限りは、D自らが債権αを取り立てる必要はない。そのため通常はAに取立権が付与される。債権βが債務不履行になったときに、Dは、担保権を実行する旨をBに通知して、A

の取立権を消滅させ、以後自らが債権 α に対する取立権を行使して債権を回収すればよい。このように自己が有する債権を担保の目的物として譲渡する取引もしばしば行われる。これを債権譲渡の担保的機能という。

(3) 債権回収機能

先の例で、③債権 α の返済期限が到来しており、かつEがAに対して800万円の貸金債権 γ を有していたとする。債権 γ の返済期限が到来してもAが弁済しない場合、EはAの財産の中から比較的換金しやすい債権 α について債権執行手続（民執143条以下）を利用して債権 γ を回収することができる（債権執行手続の概要については→第3章Ⅱ3(4)［78頁］参照）。

もっとも、債権執行は裁判所に申し立てる必要があり、Aの他の債権者と債権 α を債権額の割合に応じて平等に分けあう事態になりかねない。債権 γ を債権 α から回収する方法として、Dは、債権 α を債権 γ の代物弁済として譲り受けるほうがより確実である。代物弁済により、債権 γ は消滅し、Dが債権 α の債権者となる。つまり、Dは実質的に債権 γ を債権 α に姿を変えさせる形で回収したことになる。これを債権譲渡の債権回収機能という。

かつては、経営状態の悪化した譲渡人が債務を弁済する目的で自己の債権を譲渡するという事案（例③）が債権譲渡の典型例であった。しかし、こんにちでは、正常な経営状態にある譲渡人が、業務の一環として、債権を換価（現金化）する場合（例①）や担保として提供する場合（例②）など、資金調達の手法の1つとして重用されている。債権の財産的価値は現代社会においてきわめて重要なものになっているのである。

とくに債権が有価証券の形態をとって流通に置かれることにより、債権そのものが投資その他の取引の対象とされ、資産や資金の流動化が促進されている。このような現代的な現象は「債権の流動化」と呼ばれることがある。

Ⅱ　債権の譲渡性

1　財産権としての債権

債権も財産権の一種であるから、原則として、債権者は自由に自己の債権を譲渡することができる（466条1項本文）。債権者が交替しても債務者が履行すべき債務の内容が実質的に変わらないのであれば、債務者の意思いかんにかかわらず、債権譲渡は有効に行われるものとして差し支えないからである。

もっとも、債権の性質上、例外的に譲渡性が制約されるべき場合もある（同項ただし書）。

まず、債権者が交替すると、給付内容そのものが変化して債権の同一性を保つことが困難である場合は、債権者の交替は更改によるほかなく、譲渡は認められない。たとえば、家庭教師に対する生徒の教授債権がこれに当たる。

次に、債権の同一性を維持することはできても、債権者の権利行使の態様が変化する場合は、交替の過程に債務者の関与が必要とされる。たとえば、物や労力を他人から借りて使用収益する権利については、権利行使の態様が権利者の個性に応じて様々に変化しうる。そのため、使用借権（594条2項）・賃借権（612条2項）・使用者の権利（625条）においては、権利者の交替に債務者の承諾が必要とされている。

このように、一定額の金銭の支払や物の引渡しを目的とする債権とは異なり、債権者の個性が給付内容や権利行使の態様に反映されるタイプの債権においては債権者による自由な譲渡が認められない。

このほか、法律による制限として、年金受給権（国年24条）、生活保護を受ける権利（生活保護59条）なども譲渡が禁止されている。これらの債権は、債権者の生活保障を目的としており、特定の債権者に支払われることにこそ意味があるからである。配偶者居住権（1032条2項）、配偶者短期居住権（1041条）についても特定の債権者の居住利益を保護する趣旨に照らし、譲渡が禁止されている。

2　譲渡制限特約

(1)　譲渡制限特約とは何か

債権関係の当事者が債権の譲渡を禁止し、あるいは譲渡を制限する旨の意思表示をする場合がある。契約を発生原因とする債権に付されたこのような意思表示は譲渡制限特約と呼ばれている。譲渡制限特約は、債務者が弁済の相手方を固定することで、主に煩雑な事務の発生および過誤払の危険を回避することや、相殺に対する期待利益を保持することなどを目的として用いられる。債務者が債権者に対して強い力関係にある場合に利用されることが多い。たとえば、約款において、請負人の報酬債権や継続的な取引関係における売主の売掛代金債権、金融機関に対する預貯金債権などについて、譲渡を禁止し、あるいは譲渡に債務者の承諾を必要とする旨が定められていることが少なくない。

譲渡制限特約は、債権の自由な譲渡を阻害する要因となりうることから、特約の効力をどう考えるかという問題が、古くから議論されてきた。

(2)　特約付債権の譲渡の効力

たとえば、請負人Aが注文者Bに対して有する報酬債権 α に譲渡制限特約が付されている場合に、Aが債権 α をCに譲渡したとしよう。このとき、AからCへの譲渡を有効と考えてよいか、それとも無効と考えるべきだろうか。

債権が特定人に対する行為請求権を中核とする法律関係であるとし（→第1章 I 1(1)［8頁］）、かつ契約自由の原則を重視する立場からは、意思表示による譲渡制限も、性質上の制限・法令上の制限と同様、債権の譲渡性を制約し、特約違反の譲渡は原則として無効であるという考え方も成り立ちうるし、現在もそのように解すべき特約の存在は、預貯金債権のように一定の場合（466条の5）に認められている（→後述3参照）。

しかし、現代の取引社会においては、資金調達を目的として債権の自由な流通を促進すること（債権の流動化）が重要視されている。このように、債権の財産権としての側面を重視する場合、債権の本性としての譲渡性を当事者が特約で制約することはできず、譲渡制限特約付債権の譲渡も有効であると考えられる（466条2項）。すなわち、譲渡制限特約は、原則として、譲渡を禁止・制

約するものではなく、たとえ債権譲渡がされても元の債権者に債務を履行すれば、有効な弁済となることを明らかにする趣旨のものであり、いわば弁済の相手方を固定することを目的とするものと解されている。

> **特約違反の譲渡と譲渡人の債務不履行責任**
>
> 　譲渡制限特約に違反して債権を譲渡した譲渡人は債務者に対して債務不履行責任を負うのだろうか。466条2項は、特約の第三者に対する効力を制約するだけで、当事者間において譲渡を禁止する特約をすることまで妨げられているわけではない。したがって、特約付債権の債権者は、債務者との関係では禁止規範に拘束され、債権を譲渡すると債務不履行責任を免れないようにも思われる。そして、譲渡人は取引先である債務者に対する債務不履行を冒してまで譲渡をすることに通常は二の足を踏むであろう。そうすると、いくら特約付債権の譲渡が有効だとされても、それにより譲渡人が債務不履行責任を免れないとすれば、債権の流通はそれほど促進されないことになりそうである。
>
> 　もっとも、譲渡制限特約が譲渡自体を禁止する趣旨のものであるのかについては契約の解釈によって定まるから、特約付債権を譲渡しても特約違反とならない場合もあるだろう。
>
> 　預貯金債権等を別として譲渡制限特約は第三者との関係で債権の譲渡性を制約するものではなく、弁済の相手方を固定するためのものだと考えられるから、特約の内容をどのように解釈するかが重要となるし、当事者としては特約の文言を工夫する必要がある。また、特約違反に対して違約金の支払を義務付ける条項や特約違反を解除原因とする条項が約款等において定められている場合、それらの条項の効力を無制限に認めてよいかなど、解釈の精緻化も必要であろう。

(3)　債務者の利益保護

(a)　譲渡制限特約の抗弁

　上でみたとおり、一方において、取引の安全を図るため、譲渡制限特約によって債権の譲渡性は一切影響を受けず、特約付債権の譲渡は完全に有効とされている。

　他方で、(1)でみた債務者が特約によって守ろうとする利益にも配慮する必要

がある。そこで、譲渡制限特約の存在につき悪意・重過失の譲受人に対して債務者は特約を対抗して、譲受人からの履行請求を拒絶し、譲渡人に対して弁済その他の債権消滅行為をすることができるものとされている（466条3項）。

　譲受人が特約の存在につき善意の場合は、原則として取引の安全を保護する要請が貫徹されるべきである。先の例でいえば、Bは、Cの請求に対して、特約を主張して履行を拒絶することができず、Aに弁済その他の債権消滅行為を行ったとしても、Cにそれを対抗できない。

　これに対して、譲受人が譲渡制限特約の存在について悪意の場合は、債務者に特約に基づく主張を認めても取引の安全をさほど害しない。また、善意でも重過失がある場合は悪意と同じに扱うことが許される（この評価については最判昭和48・7・19民集27巻7号823頁を参照）。そこで、Cが悪意・重過失の場合、Bは、Cの請求に対して、譲渡を承諾してCに弁済するか、譲渡制限特約を主張してCに対する履行を拒絶し、Aに弁済その他の債務消滅行為をするか選択できるものとされている。

　譲受人が悪意・重過失の場合でも債権が譲受人に帰属していることに変わりなく、譲渡人は弁済受領権限のみを法律上付与されていることになる。

(b) 供託

　以上のルールによると、譲受人の主観的態様いかんで、譲受人に対して弁済すべきか、それとも譲渡人に弁済その他の債権消滅行為をすることもできるのか、債務者が採るべき対応が左右されることになる。債務者は譲渡人と譲受人のどちらに弁済すべきかの判断に迷うこともありうるので、債権 α が金銭債権の場合は供託が認められると債務者にとって都合がよい。もっとも、譲渡制限特約付債権が譲受人に帰属していることは明らかであるから、債務者は「過失なく債権者を確知することができない」（494条2項）ことを理由に供託することはできない（→Ⅲ 1(2)(c)61頁）。そこで、債務者は債権の全額に相当する金銭を供託することができる旨の規定を特別に設ける必要があると考えられた（466条の2第1項）。供託金の還付請求権者は債権者である譲受人に限られる（同条3項）。

(4) 譲渡制限特約の抗弁の制約

(a) 特別の履行催告権

譲受人の主観的態様がどうあれ、譲渡人はもはや債権者ではないから、債務者に対して履行を請求することができない。そうすると、先の例で、BはCの悪意・重過失を主張して履行を拒絶する一方で、Aに対しても任意に履行しないという態度に出ることも可能になる。つまり強制力をともなって債務者に債権の履行を請求できる者が誰もいない状態が発生してしまう。

そこで、このような手詰まりの状況を打開するために、譲受人は債務者に対して相当の期間を定めて譲渡人に履行するよう催告をすることができ、相当期間経過後も履行がないときは、債務者は譲渡制限特約を主張することができなくなるものとされている（466条4項）。催告により譲渡人への弁済の機会を与えられたにもかかわらず、債務不履行を続ける債務者に譲渡制限特約を主張して譲受人への履行を拒絶する利益を認める必要はないからである。

その結果、上の例で、悪意・重過失のCによる催告後相当期間が経過した後は、Cが善意・無重過失の場合と同じ法律関係になる（→図表11-1）。

【図表11-1】

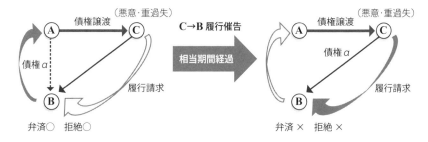

(b) 差押・転付命令による移転

差押・転付命令による法律上の効果として、被差押債権は差押・転付債権者に移転する（→第3章Ⅱ3(3)［76頁］）。このような法定の債権移転関係を契約による債権移転関係と同様に捉えることができるとすれば、差押・転付債権者が悪意・重過失の場合、債務者は差押・転付債権者に譲渡制限特約を主張して履行を拒絶することができるようにも思われる。

しかし、債権者と債務者との間で譲渡制限特約をするだけで自由に差押禁止

債権を創出することができる結果になるのは適当ではない。たとえば、請負人Aが注文者Bに対して有する報酬債権αに譲渡制限特約が付されていたところ、DがAに対して別の債権を有しており、その債権の満足を得るため、債権αにつき差押命令が発令されたとしよう。Dは差押命令に基づき所定の要件を満たすと債権αにつき取立権を取得するが（民執155条1項）、債務者Bは、たとえDが悪意・重過失であっても、譲渡制限特約を主張してDに対する履行を拒絶することができないとされている（466条の4第1項、図表11-2）。Dの申立てにより転付命令が効力を生じ、Dが債権αを取得した場合も同様である。

【図表11-2】

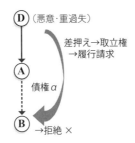

さらに、上の例において、かりに債権αを譲り受けたCに対してEが別の債権を有している場合、債権αはCに確定的に帰属しているから、Eはその主観的態様にかかわらず債権αを差押・転付命令により取得することができる。もっとも、EはCが有する権利以上の利益を享受すべき理由はないため、Bは、Cの悪意・重過失を理由に譲渡制限特約をCに対して主張できる場合、Eに対しても同様に譲渡制限特約を主張することができる（同条2項、図表11-3）。

【図表11-3】

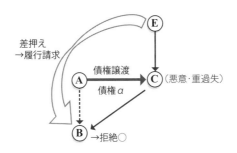

3　預貯金債権の特例

(1)　物権的効果

　2で見た原則的ルールは、預金債権または貯金債権についての譲渡制限の意思表示には適用されない（466条の5）。つまり特約違反の譲渡は原則として無効である。特約には物権的効果があると表現されることもある。このような例外的処理が必要とされる理由として、①預貯金に譲渡制限特約が付されていることは周知のものとなっているため、譲受人が善意・無重過失とされることはほぼ皆無であり、銀行のシステムも預金の譲渡に関する管理を考慮する必要がないことを前提に構築されているところ、466条2項以下のしくみを妥当させると、システム構築に要するコストと管理コストが著しく増大すること、②頻繁に入出金が行われる膨大な預金口座を管理する金融機関において、円滑な払戻し業務に支障が生じかねず、迅速な決済手段としての利便性が失われかねないこと、③預貯金債権は、債権者の払戻しの求めに応じて迅速確実に行われるのが通常であることから、その性質上現金化されているも同然であり、譲渡人の資金調達の便を図るために譲渡性の障害となる譲渡制限特約の効力を制限する必要性に乏しいという特性があることが挙げられている。

　このように、預貯金債権に付された譲渡制限特約に譲渡性自体を制約する効力を認める判例法理が引き続き妥当し、悪意・重過失の譲受人に対する譲渡は無効である（前掲最判昭和48・7・19）。ただし譲渡制限特約が任意に差押禁止債権を創出することを許すものではないことは預貯金債権に関しても同様であり（466条の5第2項）、たとえば、かりにAがBに対して預金債権βを有する場合に、Aの一般債権者Dは、その善意・悪意にかかわらず債権βを差し押さえ、転付命令により債権βを取得することができる。

(2)　物権的効果に関する解釈問題

　譲渡制限特約に物権的効果が認められ、かつ譲受人が悪意・重過失である場合、無効を主張することができる者の範囲が問題となる。譲渡制限特約の目的が主に債務者の利益保護にあることを考えると、無効を主張することができるのは原則として債務者に限られるという考え方がある一方、債務者のほかにも

無効を主張することにつき独自の利益を有する者は無効を主張することができるという考え方もありうる。判例は、物権的効果が認められる譲渡制限特約に関して、少なくとも譲渡人および譲渡人と同視しうる譲渡人の特別清算人については無効を主張する独自の利益を認めていない（最判平成21・3・27民集63巻3号449頁参照）。

　次に、債務者が譲渡制限特約付き債権の譲渡を事後承諾した場合に、譲渡が承諾時から将来的に有効になるのか、譲渡時にさかのぼって有効になるのかも問題となる。譲渡制限特約は債務者の利益を保護するためのものであるから、債務者が譲渡を事後承諾した場合、譲渡行為自体には瑕疵がない以上、譲渡は譲渡行為時に遡って有効となると考えてよい。ただ、そうすると、たとえ承諾前に譲渡人の債権者が譲渡制限特約付き債権を差し押さえたとしても、債権はすでに譲受人に帰属していたものと扱われ、差押えは空振りに終わり、差押債権者の利益が害されてしまう。そこで、譲渡行為それ自体には瑕疵がなく、譲渡の効果帰属要件の欠如が事後承諾によって補完されるところに無権代理の追認との類似点を見出し、116条ただし書の法意により、譲渡後承諾前に出現した譲渡人の差押債権者の利益を承諾の遡及効によって害することはできないものと解されている（最判平成9・6・5民集51巻5号2053頁）。

III　債権譲渡の対抗要件

1　2種類の対抗要件

(1)　債務者対抗要件

　債権譲渡の当事者は譲渡人と譲受人である。そこで、譲渡に関与しない債務者に債権譲渡を対抗するには、債務者への通知または債務者の承諾が必要であるとされている（債務者対抗要件・467条1項）。債務者対抗要件は、債務者に弁済の相手方を確知させることで、債務者を二重弁済の危険から解放することを目的とする。譲受人が債務者に対して履行を請求する際に必要な要件であるという趣旨を明確にするため、権利行使要件とよばれることもある。

　通知は譲受人ではなく譲渡人が行わなければならない。譲受人による通知が

対抗要件として認められないのは、債権譲渡が行われたという通知内容の真実性を担保するには、債権譲渡により権利を喪失する譲渡人を通知の主体とするのが望ましいからである。譲受人からの通知は対抗要件としての適格性を欠くから、債務者は対抗要件の欠缺を主張して履行を拒絶してもよいし、譲渡を承諾して譲受人に履行してもよい。もっとも、譲受人が譲渡人から委託を受けて譲渡人の代理人または使者として通知するのはよいと解されている。

　ここでいう承諾は、意思表示ではなく、債権譲渡の事実を知っていることを表明することであり、観念の通知である。承諾は、通知と異なり、譲渡人・譲受人のいずれに対して行ってもよい。

(2)　第三者対抗要件

　I2で述べたとおり、とくに多重債務状態にある譲渡人が弁済の目的で債権を譲渡する場合には、同一の債権が複数人に譲渡され、あるいは同一の債権につき差押えと債権譲渡が競合するという事態が生じうる。

　そこで、債権譲渡についても、不動産や動産の譲渡の場合と同様に、譲渡の目的に対して競合する権利や利益を取得した者に譲渡を対抗するという局面を規律するルールが必要になる。このように、権利変動を対外的に主張する際に必要となるのが債務者以外の第三者への対抗要件（第三者対抗要件）である。第三者対抗要件は通知・承諾に確定日付を付すことによって具備される（467条2項）。つまり民法上は債務者対抗要件を備えることなく第三者対抗要件だけを備えることはできない。このように、確定日付ある証書による通知・承諾という形で、債務者対抗要件と第三者対抗要件とを一体化することによって、第三者対抗要件を具備すれば第三者からも債務者からも譲渡の効果を争われる余地はないしくみになっている。確定日付ある証書としては内容証明郵便（民施5条1項6号）または公正証書（民施5条1項1号）などが用いられる。

　467条2項の「第三者」とは、通知または承諾が確定日付ある証書を欠くことを主張する正当の利益を有する者を意味し、債権譲受人、差押債権者、仮差押債権者などが含まれる。

2　債務者対抗要件と第三者対抗要件との関係

　たとえばAがBに対する債権αをCに譲渡した後、Dにも譲渡した場合に、
次のような、やや複雑な問題が生じる。

(1)　確定日付ある証書による通知と単なる通知の競合

　まず、単なる通知と確定日付ある証書による通知が競合した場合はどうか。
この場合は、通知の先後にかかわらず、確定日付ある証書による通知がある譲
渡が優先する（大連判大正8・3・28民録25輯441頁）。たとえば、Cへの第一譲渡
につき単なる通知がされ、Dへの第二譲渡につき確定日付ある証書による通知
がされた場合、BはDのみを債権者と扱わなければならず、Cに弁済しても免
責されない。もっともDへの第二譲渡の通知が到着する前にBがCに弁済した
場合は、Bは弁済による債権の消滅をDに対抗することができ（468条1項→後

述Ⅴ1⑴(a)[247頁])、もはやDはBに対して履行を求めることはできない。

(2) 確定日付ある証書による通知・承諾の競合

(a) 譲受人間の優劣決定基準

次に、Cへの譲渡とDへの譲渡がいずれも確定日付ある証書で通知された場合、CD間の優劣はどのように決定すればよいだろうか。証書に付された確定日付の先後によるべきか（確定日付説）、あるいは通知書が債務者のもとに到達した時点の先後によるべきか（到達時説）。確定日付の先後関係と到達時点の先後関係は通常は一致することが多いが、両者が逆転する場合（とくに通知と承諾が競合する場合に比較的生じやすい）において問題が顕在化する。

たとえば、上の例で、1月7日の確定日付が付された証書によるAからCへの第一譲渡についての通知がBに1月11日に到達し、1月9日の確定日付ある証書によるAからDへの第二譲渡についての通知が同日（1月9日）にBに到達した場合、CとDいずれへの譲渡が優先するのだろうか。

すでに述べた通り、第三者対抗要件は、譲渡された債権の債務者が債権譲渡を認識していることを前提として、債務者に公示機関としての役割を担わせるものである。そこで、このような制度の趣旨に照らし、確定日付ある証書による通知または承諾が競合して行われた場合、通知または承諾に付された確定日付の先後ではなく、確定日付のある通知が債務者に到達した日時または確定日付のある債務者の承諾の日時の先後によって決すべきであると解されている（最判昭和49・3・7民集28巻2号174頁）。したがって、上の例ではDへの譲渡がCへの譲渡に優先する。

この立場からは、確定日付を要求する趣旨は、債権者が債務者と通謀して、譲渡の通知または承諾の日時を遡らせるなど、第三者の権利を害する作為に出ることを防止することにある、と説明されている。

(b) 通知の同時到達

(i) 債務者に対する履行請求

確定日付ある証書による複数の通知が債務者に同時に到達した場合には、第三者対抗要件によって譲受人間の優劣を決めることができない。このような場合、譲受人相互の関係、譲受人と債務者との関係をどう考えればよいだろうか。

上の例で、AからCへの第一譲渡についての通知が１月９日に到達し、到達時が同時の場合、一方の譲受人（たとえばD）から請求を受けたBは、通知に付された確定日付の先後にかかわらず、Dに弁済しなければならないか（→図表11-4）。同時到達の場合、第三者対抗要件によって譲受人間の優劣を決定することができないだけで、債務者対抗要件と第三者対抗要件がともに具備されている以上、債務者はいずれの譲受人からも履行請求された場合は、その一方の請求に応じる義務がある。そして弁済により債務は消滅するものと解される。判例は、差押えと債権譲渡との競合事例において、差押通知と債権譲渡通知が同一日の同一時間帯に債務者のもとに到達した場合、譲受人の債務者に対する譲受債権全額の履行請求を認めている（最判昭和55・１・11民集34巻１号42頁）。また、いずれの譲受人も債権者であることは明白であるから、権利者を過失なく確知することができない場合（494条２項）に当たらず（→第２章Ⅲ２(2)(c)［61頁］）、債務者は供託をすることができないと解されている。

(ii)　債務者が一方に弁済した場合の譲受人間の関係

　上の例で、BがCに弁済すると、Cの給付の保持は少なくともBとの関係では適法な原因に基づくものとみられる。その結果、債務者からの給付を早く受けたCがDに優先しても構わないとするのも１つの考え方である。もっとも、Cによる全額の給付保持がDとの関係でも同様に法律上の原因があるといってよいか、なお検討の余地がある。そこで、CD間において優劣関係がない以上は、譲受債権額に応じて按分した額の分配請求権をDに認めるべきだという考え方もできる。この問題は、倒産に至らない段階において債権者平等の原則がどこまで貫徹されるべきか、という点の評価にかかっている。

【図表11-4】

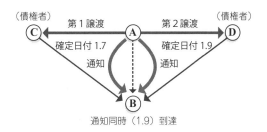

(c) 通知到達時の先後不明

(i) 債務者による供託

　同時到達と似ているがやや異なる場面として、確定日付ある証書による通知の到達時の先後が債務者に不明である場合が考えられる。複数の債権者間の優劣を債務者が判断できない点で同時到達の場合と状況が類似することから、譲受人が互いに自己の優先的地位を主張できないという限りで同等に扱われる。もっとも、先後不明の場合には、同時到達の場合と異なり、客観的には優先債権者が通知到達時の先後が不明な譲受人のうちの誰か一人に決まっていて、その優劣を債務者が判断することができないだけである場合が考えられる。この状況で債務者が一方に弁済しても、有効な弁済とならず、債務が消滅しないリスクを負う。したがって、CDいずれか一方だけが債権者であり、その債権者を過失なく確知することができない場合（494条2項）にあたり、Bは供託すれば免責される。後は、供託金の還付請求権に対して新たな債権者である譲受人CDが取り合う法律関係が残される。

(ii) 供託金還付請求権の帰属

　上の例でAがBに対する債権 α（100万円）をCとDとに二重に譲渡し、確定日付ある証書による通知の到達時の先後が不明のため、Bが100万円を供託したとしよう（→図表11-5）。このとき、CとDとが譲り受けた債権の合計額（200万円）が供託金額（100万円）を超過する場合、各譲受人は「公平の原則に照らし」譲受債権額に応じて供託金額を按分した額である50万円の供託金還付請求権をそれぞれ分割取得するものと解されている（最判平成5・3・30民集47巻4号3334頁参照）。

　　単なる通知が競合した場合

　本文で述べた事例において、Cへの第一譲渡とDへの第二譲渡いずれについてもBに対して単なる通知がされた場合はどうか。CDともに債務者対抗要件を備えた債権者であるから、Bが一方に弁済をすれば債権は消滅し、他方からの請求に応じる必要はないことについて、異論はない。これに対して、CまたはDから請求を受けた場合、Bはどちらか一方に弁済しなければならないか、それとも第三者対抗要件としての適格性を備える通知がされる可能性をも想定して両方に対して弁済を拒絶することができるか、という問題については見解

が分かれうる。

【図表11-5】

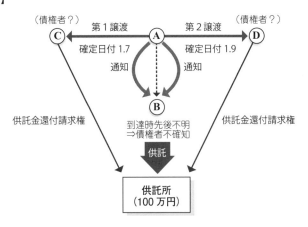

IV 将来債権譲渡

1 将来債権とは何か

たとえば、医師が診療行為に基づき将来取得する診療報酬債権や、賃貸不動産の所有者が将来取得する賃料債権のように、譲渡の時点においてまだ発生していない債権を将来債権という。将来債権には、譲渡行為の時点で、発生原因すら存在していないもの（「狭義の将来債権」）と発生原因となる基本的法律関係（賃貸借契約や継続的売買にかかる基本契約など）が存在する場合（「広義の将来債権」）の両方がありうる。これらは、いずれも、すでに発生しているものの履行期限が未到来の債権（期限付き債権）とは概念上明確に区別される。

2 将来債権譲渡の効力

(1) 契約の有効要件

将来発生する債権も、原則として、債権発生の確実性・可能性を問わず、譲渡することができる（466条の6第1項）。すなわち、譲渡の目的とされる債権がその発生原因や譲渡に係る額などをもって特定されることにより、譲渡時に譲

渡の目的債権を特定することができれば足りる。たとえば、医師Aが社会保険
診療報酬支払基金Bに対して今後5年間に取得する診療報酬債権をCに譲渡す
るという契約も有効である。債権譲渡の予約の場合、予約完結時において譲渡
の目的となるべき債権を譲渡人が有する他の債権から識別することができる程
度に特定されていれば足り、このことは、将来発生すべき債権が譲渡予約の目
的とされている場合でも変わるところがない（最判平成12・4・21民集54巻4号
1562頁）。

　もっとも、たとえば、譲渡人が現在有する債権と将来取得する債権につき期
間を定めることなくすべてを譲受人に譲渡する場合など、契約内容が譲渡人の
営業活動等に対して社会通念に照らし相当な範囲を著しく逸脱する制限を加
え、または他の債権者に不当な不利益を与えるものであるとみられるなどの特
段の事情が存在する場合は、公序良俗（90条）に反し無効となりうると解され
ている（最判平成11・1・29民集53巻1号151頁）。

(2)　処分行為の効力発生時点

　個々の債権が未発生の段階においても、債権譲渡の効力は確定的に生じ、第
三者対抗要件を備えることにより、第三者にも対抗することができる（467条1
項かっこ書参照）。債権譲渡の効力は譲渡時に発生しており、発生した個々の債
権は別途何らの行為なしに譲受人が当然に取得する（466条の6第2項）。発生し
た債権を譲受人が取得する時期については解釈に委ねられている。

(3)　将来債権の譲渡後に付された譲渡制限特約

　将来債権が譲渡された後に、譲渡の対象とされた債権につき譲渡人と債務者
との間で譲渡制限特約が付された場合、譲受人からの履行請求に対して、債務
者は特約を対抗することができるだろうか。

　将来債権の譲渡後に付された譲渡制限特約の効力については、譲渡制限の意
思表示がされた時点が債務者対抗要件具備の時点の前か後かによって区別され
ている。すなわち、債務者対抗要件の具備前に譲渡制限の意思表示が行われて
いた場合、自らの関与しない将来債権譲渡により債務者の契約自由が一方的に
制約されるべき理由はない。そこで、この場合は、実際の主観的態様いかんに

かかわらず、譲受人その他の第三者がそのことを知っていたものとみなし、債務者は譲受人に譲渡制限特約を対抗できるものとされている（466条の6第3項）。これに対して、債務者対抗要件の具備後に譲渡制限の意思表示が行われた場合は、債務者は特約を対抗することができない。この場合、債務者が譲渡を望まないのであれば、当該債権を発生させる取引をしないという対応を選択することができるから、このように解しても支障がないと考えられる。

V　債務者の抗弁

1　債務者の利益保護

(1)　抗弁の対抗とは何か

(a)　債務者対抗要件具備時までに生じた事由

たとえば、AがBに対する売掛代金債権 α をCに譲渡し、譲渡の債務者対抗要件も具備したうえで、CがBに対して債権 α の履行を請求したところ、債務者対抗要件が具備される前にBが債権 α をAに弁済していた場合、Bは債権 α の弁済による消滅を理由としてCに対する履行を拒絶することができるか。ここでは、債務者が譲渡人に対して履行を拒絶する抗弁として主張できた事由（抗弁事由）を譲受人にも主張できるかどうかが問われている。

債権譲渡は、債権の同一性を変えることなく、その帰属を譲渡人から譲受人に変更するものである。譲渡人は自己が有している地位以上のものを譲受人に移転することはできない。他面において、債務者は、自分が関与しない債権譲渡によって、従来よりも不利な地位におかれるべきではない。上の例でBのAに対する弁済が債権譲渡以前に行われた場合はもちろん、債権譲渡後に債務者が譲渡の事実を知りうるまでの間に行われた場合であっても、弁済による債務の消滅を債務者は譲受人に対して主張することができてしかるべきである。そこで、債務者は債務者対抗要件具備時において譲渡人に主張しえた抗弁を譲受人にも対抗することができる（468条1項）。このことを抗弁の対抗という。

よって、上の例で、Bは債権 α の弁済による消滅を主張して、Cからの履行請求を拒絶することができる。そのため、譲受人は、債権を譲り受けるにあ

たって、当該債権の発生原因に照らして債務者が法律または契約上どのような抗弁を有しているかにつき十分注意を払う必要がある。

(b) 譲渡制限特約付債権に関する基準時の特則

先の例において債権αに譲渡制限特約が付されており、Cがこの特約の存在を知りながら譲り受けた場合にはどうなるであろうか。

譲渡制限特約付債権の譲渡において、悪意・重過失の譲受人は債務者に対して譲渡人への履行催告をすることができるところ（466条4項→Ⅱ2(4)(a)［236頁］）、この場合、譲受人に対抗可能な抗弁かどうかを判断する基準時は、上に見た債務者対抗要件の具備時ではなく、催告後相当期間が経過した時点とされる（468条2項）。相当期間が経過して譲受人が債務者に対して直接請求できるようになるまでは、債務者が譲渡制限特約を主張して、譲渡人に弁済などをすることを法が認めている以上、直接請求可能な時点までに生じた弁済などの事由を譲受人に対抗することを認めても差し支えないからである。

(2) 抗弁事由の具体例

抗弁事由の主な例としては、譲渡債権の弁済による消滅や同時履行の抗弁のほか、譲渡債権の発生原因契約の無効・遡及的消滅に関する抗弁が挙げられる。

(a) 発生原因契約の無効・遡及的消滅に関する抗弁

まず、譲渡債権の発生原因契約に無効原因（公序良俗違反、虚偽表示等）がある場合、債務者は債権の不成立を譲受人に対抗することができる。もっとも、虚偽表示であることを知らなかった譲受人は善意の第三者（94条2項）に当たると解されるため、債務者は不成立を主張することができない。

次に、発生原因契約に取消原因がある場合（錯誤、詐欺、強迫等）、通知時に取消権が行使されていた場合はもちろん、取消原因のみが存在した場合でも、通知後に取消権を行使することによって、債務者は譲渡債権の遡及的消滅を譲受人に対抗することができる。もっとも、この場合も、錯誤・詐欺の事実を過失なく知らなかった譲受人には消滅を対抗できない（95条4項、96条3項）。

通知時に譲渡債権の発生原因契約が債務不履行を理由に解除されていた場合はもちろん、解除権が行使されたのが通知後であっても、解除原因が通知前に発生していた場合には、これらを抗弁事由として、債務者は譲渡債権の遡及的

消滅を譲受人に対抗することができる。譲受人は、解除された契約から生じた法律効果を基礎として解除までに新たに権利を取得した者とはいえないため、民法545条1項ただし書の「第三者」として保護されず（大判大正7・9・25民録24輯1811頁）、債務者は解除を譲受人に対抗することができると解されている。もっとも、無効・取消しの場合との整合性を重視して、同条の「第三者」として保護すべきだとする考え方も有力である。

(b) 抗弁発生の基礎

では、譲渡債権の発生原因契約の解除事由である債務不履行が債務者対抗要件具備時には生じていなかった場合はどうか。抗弁事由である解除原因は債務者対抗要件具備時には存在しないため、対抗可能な抗弁ではないようにも思われる。しかし、判例は、債務者対抗要件具備時点で抗弁事由が具体化していなくても、抗弁発生の基礎が存在していればよいと解している（最判昭和42・10・27民集21巻8号2161頁）。すなわち、請負人が仕事の未完成部分に相当する報酬債権の一部を譲渡し、債務者対抗要件を具備した後に、注文者が請負人の債務不履行を理由に契約を解除した場合、不履行が債務者対抗要件具備後に生じた場合であっても、報酬債権の譲受人に解除を対抗できると解されている。法定解除権発生の直接の（具体的な）原因は債務不履行であるが、双務契約において解除の可能性は抽象的には常に存在している。ここでは双務契約である請負契約の締結により、解除権発生の基礎が債務者対抗要件具備時点ですでに存在するとみることができるというのである。

2 抗弁の放棄

債務者が抗弁を放棄した場合、その効果として、抗弁を譲受人に主張することはできなくなる。もっとも、ここにいう抗弁とは、債務者が譲渡人に対して主張することができたものに限られ、たとえば譲受人に対する抗弁として認められている譲渡制限特約の抗弁（→Ⅱ2(3)(a)［234頁］）などを含まない。そして、抗弁放棄の意思表示は、債権譲渡の前であれば譲渡人に対して、債権譲渡後であれば、その抗弁を主張することができた相手方である譲受人に対して行われるべきものと考えられる。いずれにせよ、自己に不利に作用する抗弁の放棄を債務者が自発的に行うことは稀であり、譲渡人または譲受人との合意（放

棄合意）に基づく場合が多いと考えられる。なお、抗弁放棄の意思表示に一定の方式具備は要求されておらず、書面のほか口頭によっても行うことができる。

　抗弁を放棄する意思表示の存否、意味内容及び効力については、抗弁事由ごとに丁寧に解釈する必要がある。同時履行の抗弁権や相殺の抗弁のように債務者が有する権利として主張可能な抗弁権の放棄については、権利の放棄という性質決定が無理なくあてはまる。他方、弁済等による債務消滅の抗弁や譲渡債権の発生原因についての無効・取消し・解除等に基づく消滅の抗弁の放棄については、既に消滅した譲渡債権と同じ内容の債務を譲受人との間で新たに負担する債務者の意思表明として理解されるべきである。

　放棄の対象は特定されている必要がある。たとえば「譲渡債権に係るすべての抗弁を放棄します。」という包括的な定めがある場合に、対象の特定がないことを理由に放棄の意思表示を無効と評価することまではできないとしても、債務者にとってその存在が認識不可能であった抗弁や譲受人がその存在を認識していた抗弁まで対象となりうるか、問題となる。

　また、抗弁の放棄は意思表示であるから、放棄につき錯誤・詐欺・強迫の各要件が満たされる場合には、債務者は放棄の意思表示を取り消すことができる。さらに消費者契約や定型約款による契約においては、消費者契約法10条あるいは民法548条の2第2項の適用により放棄の効力が否定される場合もある。

　なお、賭博債権のように、債権発生原因である契約が公序良俗に違反し、債権者が満足を受けることの禁止を法が強く要請する場合、譲受人の取引の安全に対する利益よりも、そうした公益的要請が優越する（最判平成9・11・11民集51巻10号4077頁参照）。したがって、債務者はたとえ無効主張の抗弁を放棄する意思表示をしたとしても、その効力は認められない。

譲渡債権に付された担保物権のゆくえ？

　2017年改正前民法には債権譲渡を債務者が異議をとどめることなく承諾した場合、債務者は善意・無過失の譲受人に抗弁を主張することができなくなる（抗弁が切断される）旨の規定（改正前468条1項）が存在した。譲渡債権の不成立または消滅などの抗弁を債務者が主張できなくなる結果、譲渡債権に付されていた抵当権等の担保物権はどうなるのかが議論されてきた。

同規定は廃止されたが、債務者が抗弁放棄の意思表示をした場合に、譲渡債権に付された担保物権のゆくえの問題はなお残る。物上保証人、抵当不動産の第三取得者および後順位抵当権者等が弁済などによる担保物権の不成立または消滅という法律状態に対して正当に有すべき利益は債務者の意思表示によって一方的に害されるべきでなく、抗弁放棄後にそのことを知りながらあえて目的物に法的利害関係に入るなど担保物権の存在を覚悟すべき場合を除き、第三者は担保物権の不存在・消滅を主張することができると考えられる（最判平成4・11・6判時1454号85頁等を参照）。

　これに対して、自己の財産に担保物権を設定した債務者が抗弁を放棄した場合における被担保債権の不成立あるいは消滅にともなう担保物権の消長は、債務者の意思解釈の問題に帰着するから、譲受債権が存続する一方で担保物権は存続しない場合も理論上は考えられる。

3　債権譲渡と相殺

　たとえば、請負人Ａが注文者Ｂに対して有する報酬債権 α をＣに譲渡し、債務者対抗要件を具備した後に、ＢがＡに対して有する反対債権 β を自働債権として相殺の意思表示をしたとする。このとき、Ｂは相殺による債権 α の消滅をＣに対抗することができるだろうか。

　この場合においてＢが主張する相殺の抗弁は、受働債権（報酬債権 α）の債務者としての地位に基づく抗弁というよりは、自働債権（反対債権 β）の債権者として有すべき相殺の担保的機能に対する期待利益がどの範囲で保護されるべきかという評価に基づく抗弁としての性質を有することから、債務者の抗弁に関する一般原則である468条1項とは別に規定されている。

(1)　対抗要件具備時前に取得した自働債権
　差押えと相殺の場合と同様に（→第9章Ⅳ4(2)［219頁］）、自働債権と受働債権の弁済期の先後関係を問わず、債務者対抗要件具備時に既に発生している債権に関しては、当事者間に同種債権の対立関係さえ存在すれば、当然に相殺の期待利益が認められる（469条1項）。

(2) 対抗要件具備時前の原因に基づいて取得した自働債権

　次に、自働債権の取得が債務者対抗要件具備後であっても、その発生原因が対抗要件具備時前にあると解される場合には、相殺に対する期待が正当なものとして保護される（469条2項1号）。その趣旨は差押えと相殺の場合と基本的に同様である（→第9章Ⅳ4(3)［221頁］）。

　たとえば、①DがEに対して有する貸金債権について、FがEから委託を受けて保証契約を締結し、②EがFに対して有する売掛代金債権δをGに譲渡し、譲渡の債務者対抗要件を具備した後で、③FがDに対して保証債務を履行し、Eに対する事後求償権γを取得したとする（→図表11-6）。

【図表11-6】

　このとき、Fは債権γを自働債権、債権δを受働債権とする相殺をGに対抗することができる。Fが債権γを取得した時点（③）は、Gへの譲渡につき債務者対抗要件が具備された時点（②）の後であるが、Fはそれ以前にEから委託を受けてDとの間で保証契約を締結しているところ、その時点（①）で相殺に対する正当な期待が基礎づけられているからである。

　もっとも、債務者が対抗要件具備時より後に他人の債権を取得したときはこの限りでない（469条2項ただし書）。たとえば、①Eから委託を受けて保証契約を締結したのがFではなくHであったとする。②その後EがFに対して有する売掛代金債権δをGに譲渡し、債務者対抗要件を具備し、③さらにその後Hが保証債務を履行して取得した事後求償権εを、④Fが譲り受けて事後求償権εを自働債権、売掛代金債権δを受働債権として相殺することは許されない。

(3) 同一契約上の関連性が認められる債権相互間の相殺

　さらに、将来債権譲渡においては、譲受人の取得した債権の発生原因である

契約に基づいて生じた債権については、対抗要件具備時後の発生原因に基づくものであっても、相殺を対抗することができる（469条2項2号）。

　たとえば、AがBとの間で将来締結すべき請負契約から生じる報酬債権をCに譲渡して、その対抗要件を具備した後で、AB間で請負契約甲が締結されて報酬債権 α が発生し、さらにAの債務不履行によりBが損害賠償債権 β を取得した場合のように、たとえ譲渡の債務者対抗要件具備後に債権 α を発生させる請負契約が AB 間で締結された場合でも、Bは債権 β を自働債権、債権 α を受働債権とする相殺による債権消滅をCに主張できる。

　債務者対抗要件具備の時点において、反対債権の発生原因すら存在していない以上、相殺に対する正当な期待を基礎づける同一当事者間における債権の対立関係は認められない。それにもかかわらず相殺の対抗を認める469条2項2号は、同条1項および2項1号の原則からは本来相殺を認められない場合につき、将来債権譲渡を促進する趣旨から特別に相殺の期待利益の範囲を拡大したものだという説明が考えられる。すなわち、将来債権の譲渡は、譲渡人が正常な状態で業務の一環として行われるものであり、譲渡後も譲渡人と債務者との間における取引が継続することが想定されることから、取引を継続するインセンティブとして債務者の相殺に対する期待利益を保障することが債権譲渡に関与する者すべてにとって好都合だと考えられる。そのため、差押えと相殺の場合よりも相殺の期待利益を広く保護することが望ましく、また譲受人も相殺のリスクを計算に入れて譲り受けるべきだというわけである。

　他方で、469条2項2号は、自働債権と受働債権が同一の契約に基づいているという意味での債権間の関連性を根拠として、その担保的機能に対する期待は正当なものでありうるという一般的な考えが具体化されたものとみる余地もある。差押えと相殺の場面ではこれに相当する規定はないが（511条参照）、この見方による場合は、差押えと相殺の場面にも同様の法的保護が与えられるべきことになる。

第12章

債務引受

I　債務引受とは何か

　債務引受とは、契約により、債務の内容を変えることなく、すなわち債務の同一性を維持したまま、他人がその債務を引き受けることをいう。たとえば、会社Aの役員BがAと共に自分自身も取引先Cに対する債務を負担する場合や、資力の乏しいDが不法行為の加害者として被害者Eに対して負う損害賠償債務を資力のあるDの親族Fが引き受ける場合などがあてはまる。これに対して、相続や会社の合併など、法律の規定に基づいて債務を他人から承継する場合は、債務引受に当たらない。

　引受人は自らが債務者となる。債務の履行のみを引き受ける履行引受における引受人は債務者とはならない。債務引受はこの点で履行引受と異なる。

　債務引受には、従来の債務者に新たな債務者を加える場合（併存的債務引受）と従来の債務者は債務を免れ、新たな債務者のみが債務を負う場合（免責的債務引受）の2種類がある。併存的債務引受と免責的債務引受の関係については、前者が債務引受の原則的な形態であり、後者は債権者が旧債務者に対する免責の意思表示を付け加えたものであるとする見方が一方にある。他方で、前者と後者は異質であり、前者は債務者が負担している内容と同一内容の債務を引受人が新たに負担する行為であるのに対して、後者は債務者の負担する債務が同一性を変えることなく引受人に移転する（債権譲渡と表裏の関係にある債務者の交替としての意味をもつ）ものと捉える見方もある。

II 併存的債務引受

1 要件

併存的債務引受は、債権者・債務者・引受人三者の合意に基づき行うことができるほか、債権者と引受人となる者との契約によっても行うことができる（470条2項）。保証契約が債務者の委託の有無や債務者の意思いかんにかかわらず、債権者と保証人となる者との契約によって締結できるのと同様である。

保証と異なるのは、債務者と引受人との間の契約によっても可能である点にある（同条3項）。これは併存的債務引受が第三者のためにする契約であるという性質によるものであり（同条4項）、この場合は、第三者（債権者）が引受人となる者に承諾の意思表示をした時点で、その効力を生じる（同条3項、537条3項参照）。

保証契約は書面によってする必要があるが（446条2項）、併存的債務引受に方式は要求されていない。また、保証と異なり、付従性や補充性も認められない。

2 効果

併存的債務引受により、引受人は、債務者と連帯して、債務者が債権者に対して負担する債務と同一の内容の債務を負担する（470条1項）。つまり引受人と債務者の債務は連帯債務の関係に立つ（→第6章III 3(3)(a)［160頁］）。

引受人は、債権者からの権利主張に対して、併存的債務引受の効力を生じた時に債務者が主張することができた抗弁をもって、債権者に対抗することができる（471条1項）。たとえば、債務者が相殺の抗弁を主張することができたときは、引受人は債務者の負担部分の限度で債権者に対して債務の履行を拒むことができる（439条2項）。

このほか、債務者が債権者に対して取消権や解除権を有するときも、引受人は、これらの権利の行使によって債務者がその債務を免れるべき限度において、債権者に対して債務の履行を拒むことができる（471条2項）。

Ⅲ　免責的債務引受

1　要件

　免責的債務引受とは、債務者の債務と同一の内容の債務を引受人が債権者に対して負担するとともに、債権者が債務者に対してその債務を免除することをいう。債務の履行可能性は債務者の信用力にかかっているから、債権譲渡とは対照的に、債権者の関与なしに債務者が自由に交替してよいことにはならない。そのため、免責的債務引受は債権者と引受人となる者の契約によって行うことはできるが（472条2項）、債務者と引受人となる者の契約のみでは有効に成立せず、債権者の承諾を必要とする（同条3項）。

　承諾に遡及効はなく、免責的債務引受の効力は債権者の承諾時点から生じる。また、免責的債務引受には対抗要件制度が存在しない。よって、原債務者に対する債権は、免責的債務引受の効力が生じた時点で、第三者との関係においても当然に消滅する。

2　効果

　引受人は債務者が債権者に対して負担していた債務と同一内容の債務を負担し、債務者は自己の債務を免れる（472条1項）。債権者と引受人となる者の契約による場合、免責的債務引受の効力が生じるのは、債権者が債務者に対してその契約をした旨を通知した時点である（同条2項）。

　引受人は債権者に対して弁済した場合でも、債務者に対して求償権を有しない（472条の3）。引受人には債務の履行に要するコストを自らが最終的に負担する意思があると認められることから、求償関係を発生させる基礎を欠いていると考えられるからである。

3　抗弁

　併存的債務引受の場合と同様に、引受人は、免責的債務引受の効力が生じたときに債務者が主張することができた抗弁をもって債権者に対抗することができる（472条の2第1項）。また、債務者が債権者に対して取消権や解除権を有す

るとき、引受人はこれらの権利の行使によって債務者がその債務を免れる限度において、債権者に対して債務の履行を拒むことができる（同条2項）。

4　免責的債務引受による担保の移転

　債務引受の対象となる債務の担保として設定されていた担保権を、債務引受後の債務を担保するものとして、引受人が負担する債務に移すことができる（472条の4第1項本文）。担保権移転の意思表示は、免責的債務引受に際し、あらかじめまたは同時に引受人に対して行われる必要がある（同条2項）。担保されている債務が消滅した後で担保権が移転するのは、消滅に関する付従性の原則と抵触することになり、これを避けるためである。

　意思表示による担保権の移転は、引受人以外の者が担保権を設定した場合には、その承諾を得なければならない（472条の4第1項ただし書）。「引受人以外の者」として、具体的には、債務者、物上保証人、第三取得者などが想定される。債務引受の対象となる債務が保証されていた場合、債権者は保証人の承諾を得て、保証を引受人の債務に移すことができる（427条の4第3項）。この場合の保証人の承諾は、書面によってしなければ効力を生じない（427条の4第4項及び第5項）。

第13章

契約上の地位の移転

I　「契約上の地位の移転」とは何か

　債権譲渡とも債務引受とも異なる財産権の移転行為の類型として、契約上の地位の移転というものがある。地位の移転を受ける相手方は引受人とよばれ、「契約上の地位の移転」のほか、「契約引受」という表現が用いられることもある。

　典型契約を例にとると、売主または買主たる地位、賃貸人たる地位や使用者たる地位を移転する場合などが考えられる。このほか、様々な継続的契約に基づく地位（保険契約上の地位、ゴルフ会員権契約上の地位、特許権のライセンサーたる地位）の移転なども実務上問題となっている。

　買主たる地位の移転により、売買契約に基づく引渡債権・代金支払義務だけではなく、売買契約の当事者として有すべき権能（取消権や解除権を行使しうる地位）もまとめて移転する。このように契約上の地位の移転は、当該契約に基づく債権譲渡と債務の免責的引受を組み合わせたものにとどまらない意味がある。

II　要件としての相手方の承諾

　契約上の地位の移転は、契約の両当事者と引受人との3者間の合意による場合のほか、契約当事者の一方と引受人との間の契約によって行うこともできる。もっとも、契約上の地位の移転は必然的に債務引受をともなうため、相手方の承諾が必要である（539条の2）。たとえば、買主の地位が第三者に移転すると、売主に対する代金支払義務の履行可能性は当該第三者の資力に左右されることとなり、売主に不測の不利益を及ぼさないようにする必要があるからである。

　これに対して、賃貸不動産が譲渡された場合の賃貸人の地位の移転に関しては特別の定めがあり（605条の3）、賃借人の承諾は不要である。賃貸人の義務は、目的物を用法にしたがって使用収益させる義務に尽きており（601条）、このような義務は所有者（賃貸人）が誰であるかによってその履行仕方にほとんど差が生じないと考えられること、所有者に使用収益させる義務を承継させたほうが賃借人にとって好都合であること、がその理由である。

事項索引

●著者紹介

石田　剛（いしだ・たけし）
一橋大学大学院法学研究科教授
京都大学大学院法学研究科博士課程単位取得退学（1995年）
博士（法学）
［はじめに・第 2 章 I III・第 9 章・第10章・第11章・第12章・第13章］

『債権譲渡禁止特約の研究』（商事法務、2013年）
『〈判旨〉から読み解く民法』（共著、有斐閣、2017年）など

荻野奈緒（おぎの・なお）
同志社大学法学部教授
同志社大学大学院法学研究科博士後期課程単位取得満期退学（2009年）
［第 1 章・第 2 章 II・第 3 章］

『新注釈民法（8）』（分担執筆［416条〜419条］、有斐閣、2022年）
『民法 4 　（債権総論）〔第 2 版〕』（共著、有斐閣、2023年）など

齋藤由起（さいとう・ゆき）
北海道大学大学院法学研究科教授
北海道大学大学院法学研究科博士後期課程単位取得満期退学（2005年）
［第 4 章・第 5 章・第 6 章・第 7 章・第 8 章］

「個人保証規制のあり方を考える——フランスにおける事業債務の保証規制
を手がかりに」民法理論の対話と創造研究会編『民法理論の対話と創造』
（日本評論社、2018年）
「フランスにおける債権担保法制の現在地」藤原正則ほか編『松久三四彦先
生古稀記念　時効・民事法制度の新展開』（信山社、2022年）など

日本評論社ベーシック・シリーズ＝NBS

債権総論［第2版］
（さいけんそうろん）

2018年10月30日第1版第1刷発行
2023年9月30日第2版第1刷発行

著　者―――――石田　剛・荻野奈緒・齋藤由起
発行所―――――株式会社　日本評論社
　　　　　　　　〒170-8474　東京都豊島区南大塚3-12-4
電　話―――――03-3987-8621（販売）
振　替―――――00100-3-16
印　刷―――――精文堂印刷株式会社
製　本―――――株式会社難波製本
装　幀―――――図工ファイブ

検印省略　©T.Ishida, N.Ogino, Y.Saito　2023　　　　ISBN 978-4-535-80699-3